Freundschaft

MIEKE MOSMULLER

FREUNDSCHAFT

OCCIDENT VERLAG

Band MM 65

Occident Verlag
Geerstraat 1
5111 PS Baarle Nassau
Niederlande

Telefon: +31 (0)13 - 507 99 48
E-Mail: info@occident-verlag.de
Internet: www.occident-verlag.de

Umschlaggestaltung: Occident Media B.V.
Umschlagabbildung: Ruth Kaspers-Mosmuller

ISBN/EAN: 978-3-946699-25-5

INHALT

ERSTER TEIL

Freundschaft durch Anziehung

Freund 11
Novalis 17
Goethe und Schiller 22
Martin Buber 28
Das Rätsel 32
Ein Freund eines Freundes sein 36
Was erwarte ich von einem Freund? 40
Brüderlichkeit und Freundschaft 43
Liebe 47
Freundschaft und Lebenspartner 51

ZWEITER TEIL

Aus dem ‚Nichts' Freundschaft gründen

Wahrhaftigkeit 57
Aufmerksamkeit 62
Verstehen und Begreifen 66
Die Mitte 71
Menschenvertrauen 75
Hindernisse 79
Sympathie oder Liebe 83
Umkehrung des Willens 88
Tatkraft 91
Besinnung 94

Berühmte Freundschaften in der Geschichte 97

ERSTER TEIL

FREUNDSCHAFT DURCH ANZIEHUNG

FREUND

Du brauchst jemanden,
ruhig und aufrichtig
der, wenn es darauf ankommt,
für dich betet und für dich kämpft.
Erst wenn du jemanden hast
der mit dir lacht und weint
Nur dann kannst du sagen:
Ich habe einen Freund.

Wenn du jemanden hast,
der alles mit dir teilt
den Tisch und das Bett
der dich nie langweilt,
wenn du jemanden hast,
der alle deine Sorgen heilt,
weißt du, was das sagen will,
weißt du, was das bedeutet?

Du brauchst jemanden,
ruhig und aufrichtig
der, wenn es darauf ankommt,
für dich betet und für dich kämpft
Erst wenn du jemanden hast
der mit dir lacht und weint
Nur dann kannst du sagen:
Ich habe einen Freund.

Erst wenn du jemanden hast
der mit dir lacht und weint,
Nur dann kannst du sagen:
Ich habe einen Freund.

Toon Hermans

Dieses kleine Gedicht von Toon Hermans hat vielleicht Millionen von Menschen angesprochen, weil es mit einem Augenzwinkern innig ist. Vielleicht kann in einem solchen kleinen Gedicht mehr gesagt werden als in einem ganzen Buch über Freundschaft, und doch glaube ich, dass Freundschaft etwas ist, das weit über das hinausgeht, was in diesem kleinen Gedicht als notwendige Seite der Freundschaft dargestellt wird. Ich möchte versuchen, die Freundschaft so ins Bewusstsein zu bringen, dass es dem Leser, der sich daran beteiligt, möglich wird, sein eigenes Leben auf die Freundschaft hin zu überprüfen und die Fähigkeit zur Freundschaft zu steigern.

Bereits Aristoteles hat in seiner *Ethica Nicomachea* ausführlich über die Freundschaft und ihre verschiedenen Formen berichtet. Es ist ein Text, der leicht zu lesen ist und aus dem man schon beim Lesen viele Erkenntnisse über Freundschaft gewinnen kann. Aber wir leben über 2.000 Jahre später und sind in einen völlig anderen inneren Zustand eingetreten. Wir leben in einem ganz veränderten Umfeld und es ist gut, sich auf die vielleicht schönste Eigenschaft des Menschen zu besinnen, nämlich ein Freund zu sein und einen Freund zu haben.

Das fängt schon in der Schule an. Schauen wir zurück in den Kindergarten und sehen wir nach, ob es dort Freunde gab. Kann ich mich daran erinnern? Und wenn ja, wie ist es dazu gekommen? Weiß ich das noch?

Wenn man versucht, sich an so etwas zu erinnern, fällt einem oft erst einmal gar nichts ein. Aber wenn man dann länger darüber nachdenkt, entsteht ein Bild von dieser Zeit, in dem man sich immer mehr erinnern kann. Dann findet sich wahrscheinlich in jedem Menschenleben ein Hinweis auf eine Freundschaft zwischen Kindern. Ihr wohnt zusammen in einer Straße oder ihr geht zusammen zur Schule; ihr seid zusammen in einer Klasse, ihr kommt zu einer Geburtstagsfeier, ihr ladet Kinder zu eurer Geburtstagsfeier ein... So klein ihr auch seid, ihr habt Vorlieben. Vielleicht wird diese Vorliebe zum Teil dadurch bestimmt, was üblich ist, welche Kinder immer für eine Feier gefragt werden. Aber wenn wir anfangen, unser Gedächtnis genau zu erforschen, werden wir Hinweise auf bestimmte Sympathien finden, die wir für bestimmte Kinder oder vielleicht nur für ein einziges hatten. Und wenn man in der Grundschule höher und höher kommt, wird das bewusster eingesetzt. Dann tauchen sehr starke Sympathien und Antipathien auf.

Wenn man an seine Schulzeit zurückdenkt und sich an die Kinder erinnert, mit denen man am liebsten gespielt hat, kann man sich vorsichtig fragen: Warum habe ich mit diesem Mädchen oder diesem Jungen am liebsten gespielt? Warum hatte ich den Wunsch, dieses Kind zu mir nach Hause einzuladen, oder die Hoffnung, dass ich zum Spielen mit diesem Kind eingeladen würde, dass ich zum Abendessen oder vielleicht sogar über Nacht bleiben dürfte?

Versuchen wir mal, uns diese Erinnerungen ins Gedächtnis zu rufen, und konzentrieren wir uns dann darauf, was genau uns dazu veranlasst hat, mit diesem Kind so gerne umgehen zu wollen.

Vielleicht sind Sie jetzt in Ihren Dreißigern oder Sie sind schon 60 oder 70 und das Kind ist immer noch Ihr bester Freund oder Ihre beste Freundin. Das kommt vor. Normalerweise ist das nicht der Fall, und es sind vorübergehende Freundschaften, die im Laufe des Lebens verloren gehen.

Wie dem auch sei, wir wollen versuchen, der Sache auf den Grund zu gehen: Was war es, das mich dazu brachte, gerade mit diesem Kind die Freundschaft zu suchen? Ich hatte noch gar keine Definition von Freundschaft, ich brauchte auch keine, aber ich wollte gerade mit diesem Kind ein Stück meines Lebens teilen und konnte mich danach sehnen.

Nicht wie ein verliebter Jugendlicher sich nach einem Freund oder einer Freundin sehnt, sondern wie ein Grundschulkind sich nach einer Freundschaft mit einem anderen Kind sehnen kann.

Oft waren es rein äußerliche Merkmale: die Kleidung, die Ohrringe, der Pferdeschwanz oder die Schuhe. Gab es eine Neigung zu einem bestimmten Charakter? Später, vielleicht. Als Schulkind konzentriert man sich ohnehin meist auf die äußeren Merkmale. Wie kommt eine Freundin zur Schule, wird sie gebracht, geht sie von zu Hause zur Schule, kommt sie mit dem Auto oder dem Bus? Was für Eltern und Geschwister hat sie? Sie aßen immer frisches Weißbrot mit Butter und Streuseln zum Mittagessen…

Wie war es mit Ihren anderen Freunden in der Klasse? Gab es Eifersucht? Wollten Sie sie oder ihn ganz für sich allein haben? Was sagt das alles über Freundschaft aus?

ÜBUNG: Erinnerung und Vertiefung von Freundschaften im Kindergarten und in der Grundschule.

Auf der anderen Seite des Universums, gegenüber von Toon Hermans und doch im Einklang mit ihm, steht Friedrich Schillers Gedicht über die Freude, vertont in Beethovens neunter Symphonie. Darin wird auch die Freundschaft angesprochen.

Oh Freunde, nicht diese Töne!
Sondern lasst uns angenehmere anstimmen
und freudenvollere.
Freude! Freude!

Freude, schöner Götterfunken,
Tochter aus Elysium,
Wir betreten feuertrunken,
Himmlische, dein Heiligtum!
Deine Zauber binden wieder,
Was die Mode streng geteilt;
Alle Menschen werden Brüder,
Wo dein sanfter Flügel weilt.

Wem der große Wurf gelungen
Eines Freundes Freund zu sein;
Wer ein holdes Weib errungen
Mische seinen Jubel ein!
Ja, wer auch nur eine Seele
Sein nennt auf dem Erdenrund!
Und wer's nie gekonnt, der stehle
Weinend sich aus diesem Bund!

Freude trinken alle Wesen
An den Brüsten der Natur;
Alle Guten, alle Bösen
Folgen ihrer Rosenspur.
Küsse gab sie uns und Reben,
Einen Freund, geprüft im Tod.
Wollust ward dem Wurm gegeben,
Und der Cherub steht vor Gott.

Froh, wie seine Sonnen fliegen
Durch des Himmels prächt'gen Plan.
Laufet, Brüder, eure Bahn,
Freudig, wie ein Held zum Siegen.

Seid umschlungen, Millionen!
Diesen Kuß der ganzen Welt!

Brüder, über'm Sternenzelt
Muß ein lieber Vater wohnen.
Ihr stürzt nieder, Millionen?
Ahnest du den Schöpfer, Welt?
Such' ihn über'm Sternenzelt!
Über Sternen muß er wohnen.

Ode an die Freude, Friedrich Schiller

NOVALIS

Erinnern wir uns an unsere Freundschaften aus der Jugendzeit, aus der Pubertät. Ich glaube, dass in diesem Alter sehr reine Freundschaften geschlossen werden, während auf der anderen Seite das aufkeimende Lustleben das wiederum durchkreuzt.

Aristoteles unterscheidet drei Arten von Freundschaft. Die Freundschaft, die auf der Nützlichkeit der Freundschaft beruht - das bedeutet nicht unbedingt, dass man wirklich tiefe Sympathie füreinander hat, aber man hat etwas voneinander zu gewinnen. Dann die Freundschaft, die auf Begehren beruht, was natürlich Erotik und Sexualität einschließt, aber nicht ausschließlich. Natürlich kann man jemanden auch begehren, weil er etwa reich ist oder weil man sich durch ihn wertvoll fühlt. Es gibt eine ganze Palette von Möglichkeiten einer Freundschaft, die auf Begehren beruht. An sich gehören auch diese Freundschaften in die Zeit der beginnenden Geschlechtsreife. Die dritte Form der Freundschaft ist die schönste. Diese Freundschaft entsteht, wenn man als Freunde ein gemeinsames Ideal teilt, ein Streben nach Tugend, nach dem Guten, einen gleichgesinnten guten Willen. Diese Form der Freundschaft könnte gerade in der Adoleszenz eine wichtige Rolle spielen. Denn es ist die Zeit, in der Ideale bewusst werden und noch die tiefe Überzeugung besteht, dass die Wahrheit eine reale Möglichkeit ist. Wenn sich junge Menschen, die im 21. Jahrhundert heranwachsen, auf der Basis von Wahrheit, Schönheit und Güte begegnen würden, könnten reine Freundschaften fürs Leben entstehen.

Aber im 21. Jahrhundert gibt es viele Ablenkungen. Es gibt auch einen Trend zur Hoffnungslosigkeit, zur Ohnmacht unter jungen Menschen. Es werden die Ablenkungen gesucht, und ich muss nicht alles aufzählen, aber ich denke vor allem an Computerspiele, die man mit Freunden machen kann, und an Partys mit Drogen, die man auch mit Freunden machen kann. Man nennt diese Leute Freunde, aber die Frage ist, ob dieses Wort auf sie zutrifft.

Wenn man nun etwas älter ist, blickt man auf eine Zeit zurück, in der es noch keine Computerspiele gab, sondern in der der Drogenkonsum gerade aufkam. Es ist eine besondere Aktivität, seine Erinnerungen auf diese Zeit zu richten und zu versuchen, sich daran zu erinnern, welche Gefühle man mit welchen Gleichaltrigen hatte und mit wem man schließlich viel zusammen war, sodass man sagen könnte: Das ist mein Freund, das ist meine Freundin. Nicht der Freund im Sinne einer Liebesbeziehung, sondern die Freundin oder der Freund im Sinne einer Freundschaft.

Wenn Sie sich auf die Emotionen konzentrieren, werden Sie feststellen, dass eine Freundschaft in der Pubertät etwas ganz anderes ist als eine Freundschaft in der Grundschule. Natürlich ist auch dort von Verliebtheit und Lust die Rede, aber wenn man tiefer in die Gefühle eindringt, wird man sich daran erinnern, dass sie ganz anders waren als in der Pubertät. Dort spielen Begierden eine viel größere Rolle, die Nützlichkeit vielleicht nur gelegentlich. Zum Beispiel kann es sein, dass man sich mit jemandem anfreundet, der einem hilft, bessere Lernergebnisse zu erzielen, oder hilft, im Sport mehr zu leisten.

Aber meistens liegt die Entstehung der Freundschaft im Jugendlichenalter in der Begegnung selbst. Während man in der Grundschule die Freundschaft vielleicht eher aus einer gewissen Ehrfurcht vor dem Freund oder der Freundin heraus geschlossen hat, ist es hier viel mehr der Spaß, den man miteinander hat. Freundschaften können ein Leben lang halten, können auch in eine eheliche Beziehung übergehen, können auch vergessen werden. Aber versuchen wir uns daran zu erinnern, wer diese Menschen zu unserer Zeit waren und welche Gefühle wir mit ihnen hatten.

Die Art und Weise, wie Menschen miteinander umgehen und was sie erwarten, ist natürlich sehr unterschiedlich. Das gilt auch in der Pubertät. Es gibt Kinder, die sich dann schon gerne miteinander unterhalten, andere wollen lieber gemeinsam etwas unternehmen, wieder andere feiern lieber gemeinsam... Es gibt eine gewisse Anziehungskraft, die aufgrund von ähnlicher Einstimmung eine Rolle spielt, aber es ist gut, sich zu fragen: War das jetzt das, was ich unter Freundschaft verstehe? Ich habe keine Definition von Freundschaft, aber ich habe eine gefühlte Definition davon, was Freundschaft ist. Kann man in der Pubertät schon von echter Freundschaft sprechen, und was ist, wenn aus dieser Freundschaft sozusagen eine Liebesbeziehung wird? Oder wenn sich die Liebesbeziehung tatsächlich als Freundschaft entwickelt? Das sind Fragen, die man sich stellen sollte, wenn man das Phänomen der Freundschaft besser kennenlernen will, um dadurch vielleicht auch ein besserer Freund zu werden.

Die verschiedenen Formen der Freundschaft können auch ineinander übergehen. Es kann durchaus sein, dass man eine Freundschaft zunächst aus Nützlichkeitsgründen annimmt, nämlich dass man in einer großen Klasse von Schülern nicht ganz allein ist. Später stellt sich vielleicht heraus, dass man eine Verbindung zueinander hat, die sozusagen aus der Ewigkeit zu kommen scheint, dass man sich versteht, dass man sich an den gleichen Dingen erfreuen kann - auch wenn man so unterschiedlich ist wie Nord und Süd.

In ähnlicher Weise kann sich natürlich auch in einer Freundschaft, die auf Sehnsucht beruht, z. -B. der Sehnsucht, dieses Mädchen als Freundin zu haben, weil sie so hübsch und so nett ist, eine Beständigkeit in einer solchen Liebesbeziehung entwickeln, die die Stürme der Jahre überdauert.

Oft vergehen auch Freundschaften aus der Kindheit, sie waren nützlich, sie basierten auf Begehrlichkeiten oder es herrschte vielleicht sogar eine gewisse Einigkeit über die Wahrheit... Doch wenn sich Freunde und Freundinnen aus den Augen verlieren, besteht oft kein Bedürfnis, miteinander in Kontakt zu treten.

ÜBUNG: Erinnerung und Vertiefung von Freundschaften in der Adoleszenz.

Was genau ist Freundschaft? Toon Hermans hat versucht, dies in einem Gedicht auszudrücken. Das folgende Gedicht zeigt uns eine gereifte Vision von Freundschaft, die in höhere Gefilde reicht und alle drei Formen der Freundschaft umfasst, um schließlich im höheren Ursprung des *Ich und Du* ihre Verwirklichung zu finden.

Was paßt, das muß sich ründen,
Was sich versteht, sich finden,
Was gut ist, sich verbinden,
Was liebt, zusammen sein.
Was hindert, muß entweichen,
Was krumm ist, muß sich gleichen,
Was fern ist, sich erreichen,
Was keimt, das muß gedeihn.

Gib traulich mir die Hände,
Sei Bruder mir und wende
Den Blick vor Deinem Ende
Nicht wieder weg von mir.
Ein Tempel – wo wir knien –

Ein Ort – wohin wir ziehen
Ein Glück – für das wir glühen
Ein Himmel – mir und dir.

Friedrich von Hardenberg (Novalis), 1772-1801

GOETHE UND SCHILLER

Vermutlich weiß jeder Erwachsene, was Freundschaft ist. Die Tatsache, dass dieses Wort auch für Beziehungen verwendet wird, die etwas ganz anderes als Freundschaft sind, bedeutet nicht, dass nicht jeder weiß, was wahre Freundschaft ist. Deshalb sind solche Gedichte so reizvoll, weil sie so vertraut und so wahr sind, dass man sagt: Ja, so ist es! Aber wenn man sich dann selbst fragt, um zum Beispiel aufzuschreiben, was man unter Freundschaft versteht, wird es sehr schwierig.

Es gibt Menschen, die haben viele Freunde, andere haben nur ein paar, manchmal hat jemand nur einen. Wenn man viele Freunde hat, bedeutet das nicht, dass man dann ein Talent für Freundschaft hat. Es kann sehr gut sein, dass die Beziehung zu diesen Freunden nicht auf echter Freundschaft beruht, sondern auf Nebeneffekten der Freundschaft, während die echte Freundschaft nicht vorhanden ist. Vielleicht ist derjenige, der nur einen einzigen Freund hat, besser zur Freundschaft fähig als derjenige, der so viele Freunde hat. Das soll natürlich nicht dazu führen, dass man sagt: Jemand mit vielen Freunden kennt keine Freundschaft, oder jemand mit einem Freund kennt Freundschaft. Immerhin kennen wir einen Diktator aus dem letzten Jahrhundert, der in seiner Jugend einen einzigen Freund hatte … da fragt man sich schon, was das für eine Beziehung war…

Was ist Freundschaft?

Wir alle wissen es und keiner von uns kann es aussprechen, auch ich nicht. Wir können nur versuchen, durch das Bewusstwerden der Beziehung, die wir zu bestimmten

Menschen haben, wovon man weiß: Das ist Freundschaft! -, die Gefühlsbedeutung von Freundschaft ins Bewusstsein zu bringen. Wann erleben wir jemanden als Freund oder Freundin? Es kann sein, dass man mit jemandem, den man gut kennt, in den Urlaub fährt, beide aus dem Wunsch heraus, nicht allein in den Urlaub fahren zu müssen. Zwei Frauen fahren zusammen in den Urlaub, weil sie sonst niemanden haben. Das tägliche Leben wird dann sehr intim. Man bekommt es mit dem normalen Leben dieser Person zu tun, von der man vielleicht dachte: Das ist mein Freund. Man wird mit dem alltäglichen Verhalten dieser Person konfrontiert und stellt vielleicht fest, dass man für die Person, die man vor dem Urlaub als Freund bezeichnet hat, überhaupt keine Freundschaft empfindet. *Wenn man jemanden kennenlernen will, muss man mit ihm in den Urlaub fahren.* Natürlich kann man sich auch auf andere Art und Weise kennenlernen, aber es scheint eine Weisheit darin zu liegen. Wenn man wirklich befreundet ist, dann stört einen das gewöhnliche Leben nicht, dann stören einen die alltäglichen Reaktionen nicht, dann ist es, als ob alles, was der andere an Eigenschaften hat, harmonisch mit dem eigenen gewöhnlichen Leben und den eigenen Reaktionen übereinstimmt. Man stellt überdies fest, dass die andere Person auch keinen Anstoß an Ihnen nimmt. Das scheint mir eine notwendige Grundlage für Freundschaft zu sein. Ich glaube, dass das äußere Erscheinungsbild keine Rolle spielt, ob jemand schön oder hässlich ist, spielt in einer Freundschaft keine Rolle. Natürlich kann man es mögen, wenn man mit einem gut aussehenden Freund ausgeht, aber für die Freundschaft an sich hat das keine Bedeutung. Eine Freundschaft kann mit einer Vertrautheit im Alltag beginnen. Wenn man mit seinem Mitmenschen im Alltag nicht vertraut sein kann, hat eine Freundschaft wenig Chancen, und es ist schon jetzt klar, dass dieser gewohnte Alltag eine Freundschaft nicht erzwingbar macht. Man kann denken, dass man mit diesem und jenem unbedingt befreundet sein sollte, aber wenn einen das gewöhnliche Leben abstößt, die Art und Weise, wie jemand im Alltag mit den Dingen umgeht, dann wird eine Freundschaft sehr schwierig. Eine echte Freundschaft führt zwar dazu, dass man oft zusammen sein möchte, aber sie muss nicht bedeuten, dass man heiratet oder zusammenlebt. Ich spreche hier nicht von der Liebesbeziehung, sondern von der *Freundschaft*. Aber wenn Freundschaft bedeutet, dass man gerne zusammen ist, dann sollte man diese Zweisamkeit auch genießen. Wenn man sich ständig über die Kleinigkeiten des Alltags ärgert, dann fehlt die Grundlage für eine Freundschaft.

Wenn man ganz auf die andere Seite schaut, vom hohen geistigen Ideal der Freundschaft aus, kann man sagen: Wenn man von dort aus Freundschaft schließt, steigt diese Kraft hinab in das Gefühlsleben und schließlich auch in das Gewohnheitsleben, sodass man auch dann, wenn das Gewohnheitsleben nicht angenehm ist, darüber hinwegkommt und die Freundschaft pflegt - auch wenn das Bedürfnis, zusammen zu sein, weniger stark sein wird. Man kann sich vorstellen, dass man im Bereich der Lebensideale, der Wissenschaft, der Kunst, einig ist, aber im Alltag völlig unterschiedliche Lebensstile hat. Dann kann man seine Freundschaft pflegen, indem man zusammen essen geht oder ein Konzert besucht oder ein gutes Gespräch führt - aber man wird nicht zusammen in den Urlaub fahren. Die Frage ist, ob es dann eine Freundschaft geben kann. Freundschaft reicht von der Sympathie für jemanden bis hin zu den tiefsten Neigungen und der höchsten Weisheit. Wahre Freundschaften werden daher geschlossen oder fortgesetzt, wenn man reif ist, wenn man Zugang zu einem wachsenden Bewusstsein von Weisheit, Schönheit und Stärke hat. In diesen Bereichen wird jede Freundschaft wirklich. Es ist etwas ganz Besonderes, wenn zwei Menschen eine Freundschaft schließen.

Das klassische Beispiel ist die Freundschaft zwischen Goethe und Schiller. Ich habe das schon oft erwähnt, weil es eine Freundschaft zwischen zwei Menschen war, die nicht uneingeschränkt füreinander empfänglich waren. Goethe war ein großer Geist, berühmt. Schiller war eher ein revolutionärer Geist und vielleicht etwas berüchtigt. Goethe mochte das Revolutionäre nicht und fand auch, dass Schiller zu abstrakt war. Dieser litt darunter, aber sie kannten sich und gingen sich aus dem Weg. Dann aber trafen sie sich einmal bei einem Vortrag und waren gemeinsam unzufrieden mit dem, was der Vortragende vorgetragen hatte. Sie kamen nach der Vorlesung darüber ins Gespräch und Goethe ging mit ihm zu Schillers Haus, der ihn hereinbat. So überbrückte die Weisheit, die in beiden lebendig war, die Kluft. Sie vergaßen die Widersprüche, die es gab, bis das Gespräch auf den Unterschied zwischen Idee und Wirklichkeit kam. Schiller war ein Anhänger von Kant und hegte die Vorstellung, dass die Wirklichkeit ein unerkennbares ‚Ding an sich' sei. Goethe hingegen sah in der Wirklichkeit die Idee. Das kam zur Sprache, und für einen Moment kam Goethes alte Irritation wieder zum Vorschein, als Schiller zu Goethes Zeichnung der Urpflanze sagte: Ja, aber ist das nicht nur eine Idee? Aber Goethe überwand das und sagte: Dann bin ich froh, wenn ich Ideen mit Augen sehen kann. So haben sie sich gefunden, und sie haben sich gefunden in der Erkenntnis, dass die Bildung des Menschen zu ihrer Zeit mangelhaft war und dass sie beide genau wussten, was mangelhaft war. Das brachte sie zusammen und war die Grundlage für die reinste Freundschaft. Aber das war keine

Freundschaft, in der sie gemeinsam in den Urlaub fuhren oder in allen Lebensbereichen einer Meinung waren. Es war die höchste Form der Freundschaft, die schließlich in die Schichten einsickerte, in denen die ursprüngliche Irritation gelebt hatte.

Wenn Sie Goethes Beschreibung von Schillers Schädel lesen - Schiller starb vor Goethe -, dann lesen Sie in dieser Beschreibung die grenzenlose Liebe zu dem Mann, der diesen Schädel hatte. Das ist Freundschaft.

Im ernsten Beinhaus war's, wo ich beschaute,
Wie Schädel Schädeln angeordnet paßten;
Die alte Zeit gedacht ich, die ergraute.
Sie stehn in Reih' geklemmt, die sonst sich haßten,
Und derbe Knochen, die sich tödlich schlugen,
Sie liegen kreuzweis zahm allhier zu rasten.
Entrenkte Schulterblätter! was sie trugen,
Fragt niemand mehr, und zierlich-tät'ge Glieder,
Die Hand, der Fuß, zerstreut aus Lebensfugen.
Ihr Müden also lagt vergebens nieder,
Nicht Ruh' im Grabe ließ man euch, vertrieben
Seid ihr herauf zum lichten Tage wieder,
Und niemand kann die dürre Schale lieben,
Welch herrlich edlen Kern sie auch bewahrte.
Doch mir Adepten war die Schrift geschrieben,
Die heil'gen Sinn nicht jedem offenbarte,
Als ich inmitten solcher starren Menge
Unschätzbar herrlich ein Gebild gewahrte,
Daß in des Raumes Moderkält' und Enge
Ich frei und wärmefühlend mich erquickte,
Als ob ein Lebensquell dem Tod entspränge.
Wie mich geheimnisvoll die Form entzückte!
Die gottgedachte Spur, die sich erhalten!
Ein Blick, der mich an jenes Meer entrückte,

Das flutend strömt gesteigerte Gestalten.
Geheim Gefäß! Orakelsprüche spendend,
Wie bin ich wert, dich in der Hand zu halten,
Dich höchsten Schatz aus Moder fromm entwendend
Und in die freie Luft zu freiem Sinnen,
Zum Sonnenlicht andächtig hin mich wendend.
Was kann der Mensch im Leben mehr gewinnen,
Als daß sich Gott-Natur ihm offenbare ?
Wie sie das Feste läßt zu Geist verrinnen,
Wie sie das Geisterzeugte fest bewahre.[1]

Zum Thema Schillers Schädel, Johann Wolfgang von Goethe (1749 - 1832)

---

[1] Natürlich kenne ich die DNA-Forschung von 2008, die zeigen sollte, dass dies nicht Schillers Schädel war. Sie sagt mir nichts und widerlegt die Freundschaft zu Goethe nicht.

MARTIN BUBER

Um am Ende des Buches besser zu wissen, was Freundschaft ist, als am Anfang, mache ich eine Wanderung durch die vielen Ideen, die mit Freundschaft zu tun haben. Die Philosophie von Martin Buber hat mich immer sehr fasziniert. Er stellt *die Frage nach dem Menschen* im frühen 20. Jahrhundert, und mit dieser Frage kommt die Frage nach der Begegnung.

In einem Zeitungsartikel, einem Interview mit Martin Buber, habe ich gelesen, dass er die Begegnung nicht als selbstverständlich leicht empfunden hat. Vielleicht hat die *Ich-Du-Philosophie* gerade deshalb eine solche Tiefe, weil sie nicht selbstverständlich leicht ist. Er entwickelt die Idee der Dreiheit von *Ich*, *Du* und *Es*. Die Beziehung zwischen diesen dreien bestimmt die Qualität der Begegnung.

Er sieht das große Ideal des Menschen im *Ich und Du*. Das lernt man am besten in der Begegnung mit dem Mitmenschen, der auch ein Ich ist, der aber für das Ich des anderen ein Du ist. Das Schrecklichste in der Dreiheit ist, wenn der Mensch zum *Es* gemacht wird, wenn der Mensch, der Mitmensch, nicht als gleichwertiges Ich, das zum Du geworden ist, weil es ein anderes ist, betrachtet und behandelt wird, sondern als ein *Ding*, als *Es*. Dann ist der Tiefpunkt der Begegnungsmöglichkeiten erreicht.

Im Idealfall hingegen wird nicht nur der Mitmensch zum Du des Menschen, sondern *die ganze Welt* wird als *Du* erfahren. Würde man diesen Standpunkt mit Hilfe der Mystik erhöhen, dann könnte man sich außerhalb seiner selbst aufstellen und sein eigenes Ich zu einem Du machen, das zum Reich aller anderen gehört, die auch Du sind. Dann ist der Egoismus überwunden. Ob Martin Buber so weit gegangen ist? Ich glaube nicht. In seinem Buch über *Ich und Du* wird deutlich, dass er in der Begegnung die Möglichkeit sieht, dass man in dem anderen, der ein Du ist, eine Gleichwertigkeit für das eigene Ich sieht, und dass in diesem Moment Ich und Du miteinander vereint werden, verschmelzen, zu einem Wir verschmelzen.

Es gibt wunderbare Textstellen in diesem Buch, das Teil des Buches *Das dialogische Prinzip* ist. Es ist eine Philosophie des Dialogs, des Gesprächs sozusagen, aber des Gesprächs, in dem auch Stille möglich ist. So wird eine Situation geschildert, in der zwei Menschen, die sich nicht kennen, zusammen auf einer Bank in der Einsamkeit der Natur sitzen. Zunächst sind sie zwei isolierte Menschen; sie sprechen auch nicht miteinander. Doch plötzlich beginnt das Du des anderen Wirklichkeit zu werden und verwebt sich mit dem eignen Ich. Dann ist die Trennung zwischen Ich und Du aufgelöst.

„Und nun stellen wir uns vor, daß dies eine der Stunden ist, die es fertigbringen, die sieben Eisenbande um unser Herz aufzubrechen - löst sich unversehens der Bann. Aber auch jetzt spricht der Mann kein Wort, rührt keinen Finger. Dennoch tut er etwas. Die Lösung hat sich ohne sein Tun an ihm ereignet, gleichviel woher, jetzt aber tut er dies, daß er einen Rückhalt, über den nur er selber Macht hat, in sich aufhebt. Rückhaltlos strömt die Mitteilung aus ihm, und das Schweigen trägt sie zu seinem Nachbarn, dem sie ja doch zugedacht war und der sie, wie alles echte Schicksal, das ihm begegnet, rückhaltlos aufnimmt. Er wird niemand, auch nicht sich selbst, erzählen können, was er erfahren hat. Was ‚weiß' er nun vom andern? Es bedarf keines Wissens mehr. Denn wo Rückhaltlosigkeit zwischen Menschen, sei es auch wortlose, gewaltet hat, ist das dialogische Wort sakramental geschehen."

Martin Buber (1878 - 1965), *Zwiesprache*

Das könnte man mit allen Menschen haben, das ist dann nicht Freundschaft mit jedem, sondern das ist ein gewisser innerer Wille, der sich dann in jeder Begegnung durchsetzt und die Begegnung zu einem mystischen Ereignis macht, das Ewigkeitswert hat. In einer wahren Freundschaft kann man erwarten, dass dies ganz natürlich geschieht, dass dies das Kennzeichen der Freundschaft ist, dass man, wenn man zusammen ist, nicht das eine Ich und das andere Ich bleiben, sondern dass man in der Interaktion *Ich und Du* wird, wodurch alle in sich geschlossene Ichhaftigkeit in ein Du zu fließen beginnt.

Die Frage ist: Kann man das auch in die Hand bekommen, oder ist das etwas, das vom Schicksal bestimmt wird, bei einem Menschen ja, bei einem anderen Menschen nein?

Wenn Sie wie ich einen Beruf ausgeübt haben, in dem Sie viel mit Menschen gearbeitet haben, wenn Sie eine Sprechstunde hatten, in der Sie unzählige Menschen für einen Kontakt über ihre Gesundheit getroffen haben, dann kennen Sie den Unterschied sehr gut. Sie können das ganz sachlich angehen, dann ist der andere ein Fall, ein *Es*. Sie können sich auch in das Du des anderen hineinversetzen. Die meisten Menschen sind dafür empfänglich, einige wenige wehren sich mit aller Kraft - und die muss man dann meist gewähren lassen, weil sie es so wollen.

Die meisten Menschen wollen sich gar nicht wehren, sie wollen eine wirkliche Begegnung mit einem Arzt haben, gerade mit einem Arzt, damit sie, wenn sie wieder nach Hause gehen, mit der Überzeugung nach Hause gehen: Ich bin gesehen und gehört und verstanden worden. Das ist eine Form der Freundschaft, die sich auch im Berufsleben entwickeln kann, auch wenn man sich vielleicht nur einmal gesehen hat.

Wenn Sie ein Arzt sind, der selbst ein Es bleiben will, werden Sie zu all Ihren Patienten eine Es-Beziehung haben. Es sei denn, unter Ihren Patienten befindet sich gelegentlich ein *Ich-und-Du-Künstler*, der es schafft, das *Es* in ein *Du* zu verwandeln. Vielleicht spüren Sie dann zum ersten Mal, was menschliches Leben eigentlich ist, und lassen sich dann bekehren. Dasselbe kann auch andersherum passieren. Sie haben vielleicht einen Patienten, der in seinen Es-Bedürfnissen verschlossen ist, sich aber in einem unbewachten Moment kurz wie ein *Du* gefühlt hat. In diesem unbewachten Moment kommt die wahre Menschlichkeit zum Vorschein, und kein Mensch hat kein Bedürfnis nach ihr. Die Es-Bedürfnisse beruhen meist auf Einsamkeit und Angst. Man kann nie jemanden dazu zwingen, sich von einem *Es* in ein *Du* zu verwandeln, aber manchmal geschieht ein Wunder. Vielleicht sind das die heilsamsten Momente im Leben eines Arztes.

ÜBUNG: Vertiefung des ICH UND DU

Es ist eine Freundschaft, wie sie Martin Buber so schön beschrieben hat, zum Beispiel in dem folgenden Zitat:

„Nur das Wesen, dessen Anderheit, von meinem Wesen angenommen, ganz existenzdicht mir gegenüberlebt, trägt mir die Strahlung der Ewigkeit zu. Nur wenn Zwei mit allem, was sie sind, zueinander sagen: ‚Du bist es!', ist die Einwohnung des Seienden zwischen ihnen."

Martin Buber (1878 - 1965), *Das dialogische Prinzip*

DAS RÄTSEL

Wir haben unsere Freundschaften aus der Kindheit, der Schulzeit und der Jugendzeit betrachtet. Jetzt wollen wir uns fragen, wie es im Erwachsenenalter aussieht: Wer ist jetzt mein wahrer Freund oder meine wahre Freundin? Mit wem habe ich wahre Freundschaft?

ÜBUNG: Wer ist mein bester Freund?

Wir können die Merkmale dieser Freundschaft in unser Bewusstsein bringen. Am besten schreibt man sie dann auf und gibt sich nicht so leicht zufrieden. Was lässt mich diese Person als meinen besten Freund erleben? Wenn man das so macht, kommt man der Erkenntnis, was Freundschaft ist, schon viel näher.

Welche Eigenschaften werden die meisten Menschen finden, wenn sie über das Wesen der Freundschaft mit ihrem besten Freund nachdenken? Das wichtigste Merkmal einer Freundschaft ist wahrscheinlich die *Treue.* Diese ist bedeutsam, denn es geht nicht nur darum, dass man einander Freund bleibt, wenn man es einmal ist, sondern auch darum, *wie* treu man als Freunde zueinander ist. Ich würde sagen, das Herzstück der besten Freundschaft ist die absolute Überzeugung, dass man dem anderen voll und ganz vertrauen kann und dass nichts zwischen euch kommen kann, was dieses Vertrauen enttäuschen könnte. Natürlich geht es nicht nur um äußere Ereignisse, sondern vor allem um innere Treue. Wenn Sie Klatsch und Tratsch über Ihren Freund oder Ihre Freundin hören, werden Sie nicht erschüttert, Sie fangen nicht an zu zweifeln, sondern Sie setzen sich mit aller Kraft für ihn oder sie ein, weil Sie vom guten Willen der anderen Person, die Sie durch dick und dünn verteidigen werden, vollkommen überzeugt sind. Eine Freundschaft zerbricht, wenn diese Treue gebrochen wird. Natürlich kann man danach immer noch miteinander umgehen, aber irgendetwas ist zerbrochen, und es wird viel Mühe kosten, es wieder in Ordnung zu bringen. Das gilt nicht nur für Umstände, die andere Menschen betreffen, sondern auch für die Beziehung zwischen beiden. Treue bedeutet, nicht zu wanken, den Respekt, die Wertschätzung für den anderen zu bewahren, auch wenn man Meinungsverschiedenheiten hat - und das ist unter Menschen natürlich unvermeidlich. Man kann auch nicht erwarten, dass es keinen Ärger geben wird, dass es nie eine Falte in einer geglätteten Leinwand geben wird. Man begegnet einander, ist miteinander vertraut. Perfekt ist man selbst auch nicht, also kann man nicht erwarten, dass man sich immer perfekt verhält. Würde die andere Person dies erwarten, wäre sie kein Freund. Freundschaft bedeutet, dass die Schwächen des anderen keine Rolle spielen, dass man sie als Teil einer Gesamtpersönlichkeit erlebt, für die man freundschaftliche Treue empfindet und das Gleiche von der anderen Person erwartet. Ich glaube, das ist das Wichtigste, was man in Worte fassen kann. Denn wenn man so tief in das Wesen der wahren Freundschaft mit jemandem eindringt, stößt man früher oder später auf ein Rätsel. Dieses Rätsel besteht darin, dass, wenn man alles über die Freundschaft mit dem anderen herausgefunden hat, etwas Unbeschreibliches übrigbleibt, von dem man erfährt: *Das ist es* eigentlich, worum es in dieser Freundschaft geht. Alles andere, auch die Treue, ist eine Ode an dieses Rätsel. Damit sind wir wieder bei dem Rätsel der menschlichen Persönlichkeit, das sich aus der Summe der Phänomene nicht vollständig verstehen lässt. Je tiefer man in das Bewusstsein der Freundschaft mit dem besten Freund eindringt, desto unverständlicher wird die treibende Kraft in dieser Freundschaft. Man kann mit Aristoteles nach der Nützlichkeit dieser Freundschaft, nach dem Vergnügen in dieser Freundschaft, nach den Idealen in der Freundschaft suchen, und man findet vielleicht eine enorme Fülle davon. Aber ist das wirklich alles? Nein, das Rätsel ist der *Träger all dieser Eigenschaften*, die man nicht mit all diesen Merkmalen zusammenfassen kann. Es geht weit darüber hinaus, es lässt sich nicht in einer Liste erfassen, und es ist genau das, worauf es ankommt! Das bringt uns zurück zu Martin Buber. Es muss *das Wesen* des anderen sein, zu dem der andere „Ich" sagt und der vielleicht selbst den Schlüssel zum Rätsel noch nicht kennt. Gemeinsam, in der Freundschaft, ist man dabei, diesen Schlüssel zu finden. Das ist es, was eine Freundschaft so faszinierend macht, dass sie ein Rätsel ist, zwei Rätsel, die sich gegenseitig lösen wollen und dabei auch sich selbst lösen: *mich und dich.*

Miteinander plaudern und lachen,
sich gegenseitig Gefälligkeiten erweisen,
gemeinsam schöngeistige Bücher lesen,
einander bald necken, bald Achtung bezeugen,
bis weilen Meinungsverschiedenheiten austragen,
aber ohne Haß, wie man ja auch wohl mit sich selber uneins ist, durch den nur selten vorkommenden Streit
die sonst meist bestehende Übereinstimmung würzen,
einander belehren und voneinander lernen,
die Abwesenden schmerzlich vermissen,
die Rückkehrenden freudig begrüßen,
durch solche und ähnliche Zeichen,
wie sie in Liebe und Gegenliebe,
durch Kuß, Rede, Blicke und tausend freundliche Gebärden
sich kundtun, die Herzen in Glut versetzen
und die vielen zur Einheit verschmelzen.

Das ist's, was man an Freunden liebt und dermaßen liebt, daß man sich Gewissensvorwürfe machte, wollte man nicht Liebe mit Gegenliebe, Gegenliebe mit Liebe vergelten, wollte man vom andern noch Greifbareres verlangen als solche Beweise des Wohlwollens. Daher diese Trauer, wenn einer stirbt, diese Finsternis des Jammers, dies Siechtum des Herzens, dessen Wonne in Bitterkeit verkehrt ist, aus dem hingestorbenen Leben der Abgeschiedenen entspringend dieses Todes weh der Überlebenden. Selig, wer dich liebt, in dir seinen Freund und um deinetwillen auch den Feind! Er allein verliert keinen, der ihm lieb ist, da er alle in dem Einen liebt, der nie verloren gehen kann.

Augustinus (354 - 430), *Bekenntnisse*, 4. Buch

EIN FREUND EINES FREUNDES SEIN

Wir haben also die Quelle für eine Freundschaft im Ich und Du gefunden, die auf Gegenseitigkeit beruht, eine Anziehungskraft, die zu ewiger Freundschaftstreue führt. Die nächste Frage lautet nun: Was sind wir selbst bereit und fähig zu tun, um der Freund eines Freundes zu sein? Ich werde das Wort Freund von nun an geschlechtsneutral verwenden, wie es auch im Wort ‚Freundschaft' verwendet wird, dann sagen wir auch nicht *Freundschaft* oder *Freundinschaft*. Außerdem kommt Freundschaft auch zwischen Männern und Frauen vor, was soll man dann sagen? Ich spreche von Freund und meine damit die echte Freundschaftsbeziehung, die zwischen Menschen bestehen kann, ohne dass das Geschlecht eine Rolle spielt.

Was wollen wir tun, um ein Freund seines Freundes zu sein?

Zweifellos wollen wir sicherstellen, dass es eine nützliche Freundschaft ist, dass die andere Person etwas davon hat; auch dass die Freude an der Freundschaft eine Rolle spielt, dass wir uns gemeinsam wohl fühlen und glücklich sind. Aber das ist natürlich nicht die Aktivität, von der eine wahre Freundschaft lebt.

Was möchte man der anderen Person bedeuten?

ÜBUNG: Wie kann ich ein bester Freund sein?

In erster Linie wird das ein vollständiges Hinnehmen der Gesamtpersönlichkeit sein, einschließlich all ihrer großen und kleinen Fehler. Wahre Freundschaft erfordert Nachsicht gegenüber einem störenden Charakterzug, und zwar so, dass man ihn mit einem Augenzwinkern in die Liebe zur Gesamtpersönlichkeit einordnen kann. Dadurch fühlt sich der andere völlig wohl, und man braucht keine Verurteilung zu befürchten, weil sie unmöglich ist.

Was es wohl gibt, ist eine wachsende Selbsterkenntnis, denn die Freunde lernen sich gegenseitig immer besser kennen. Das, was in dem anderen an Wissen über den einen aufleuchtet, ist auch eine wachsende Selbsterkenntnis in dem einen. Man könnte es auch *Verständnis füreinander* nennen, aber dies geht über das Verstehen hinaus. Hier ist das Herz beteiligt, um alles zu empfangen, was der andere zu geben hat. Das heißt wiederum nicht, dass man niemals Kritik äußern sollte, aber in der Freundschaft wird solche Kritik nicht schmerzhaft sein und es wird so sein, als ob man aus eigenem Willen zur Selbsterkenntnis kommt. Vielleicht nicht sofort - meist gibt es einen Prozess, in dem so etwas wie Streit, Zank, Uneinigkeit entsteht - aber die Liebe zueinander trägt die Freunde hindurch, und wenn sie die Berge und Täler der Unbeholfenheit überwunden haben, scheint die Sonne der Freundschaft noch heller.

Was will ich meinem Freund sein? Das unbegrenzte Interesse an den Höhen und Tiefen. Zusammengefasst von Toon Hermans in: Wenn du jemanden hast, der mit dir lacht und mit dir weint, hast du einen Freund. Das ist der Ausdruck der Sympathie. Aber in der Freundschaft erstreckt sich diese Sympathie auf das gesamte Wesen des Freundes.

Man hat eine Freundschaft, weil man den anderen für das liebt, was er ist, nicht weil er etwas repräsentiert oder tut. Aber man befindet sich gemeinsam in einem Prozess der Selbsterkenntnis und man entwickelt sich.

Im vorigen Kapitel habe ich gesagt: Man löst sich gegenseitig. Das Rätsel, das Sie sind und das der andere ist, wird von euch beiden gelöst. Das ist die Vertrautheit in der Freundschaft und das ist die Entwicklung in der Freundschaft.

Aber Freundschaft besteht nicht nur darin, dass man zusammen am Tisch sitzt und tiefe Gespräche führt. Freundschaft besteht auch darin, hart durchzugreifen, wenn eine Katastrophe eintritt. Das wiederum ist etwas ganz anderes, als ein nützlicher Freund zu sein. Das sind Sie vielleicht, aber nützlich ist hier nicht das richtige Wort. In der Not will man bis zum Äußersten helfen, und wenn man die Möglichkeit dazu hat, will man so weit gehen, dass man dafür vorübergehend sein eigenes Leben vergisst.

Solche Dinge passieren manchmal, auch wenn keine Freundschaft zwischen Menschen besteht. In Stadt Leiden fuhr eine Frau mit ihrem Auto in einen Kanal, wobei das Auto kopfüber im Wasser lag. Ein Student sah dies von seinem Studentenzimmer aus und rannte hinunter. Es war eiskalt. Er sprang in das buchstäblich frierende Wasser und zog die Frau mit einiger Mühe heraus. Die Scheibe des Autos musste gewaltsam eingeschlagen werden. Die Frau war einen Moment später unverletzt am Ufer.

Das ist ein Bild für Freundschaft. Diese Leute kannten sich überhaupt nicht, aber der Junge tat das, was man für seinen besten Freund tun würde.

Wahre Freundschaft geht so weit, dass man bereit ist, in die physische Existenz einzugreifen, um den Freund zu retten, wenn er in Not ist. In wahrer Freundschaft kommen alle Werte des Lebens nicht nur zum Tragen, sondern werden auch *miteinander gelebt*, weshalb sich die großen Geister der Geschichte fast immer auch zur Freundschaft geäußert haben.

Freundschaft ist ein Geheimnis, aber auch das bekannteste Glück, das ein Mensch in seinem Leben hat.

In diesem Buch versuchen wir, Licht in dieses Geheimnis zu bringen, ohne dass das Geheimnisvolle durch das Licht verloren geht.

„Liebt jeden mit der Liebe einer wahren, starken Nächstenliebe, aber schenkt eure Freundschaft nur den Menschen, mit denen ihr gute Dinge, Tugenden, austauschen könnt. Und je wertvoller die ausgetauschten Tugenden sind, desto mehr wird auch eure Freundschaft an Wert gewinnen. Wenn zum Beispiel die Wissenschaft das gemeinsame Interesse eurer Freundschaft ist, dann ist sie schon sehr schön. Noch schöner wäre es natürlich, wenn ihr gemeinsam die Tugenden Klugheit, Bescheidenheit, Stärke und Gerechtigkeit praktizieren würdet."

François de Sales (1567 - 1622), *Philothée*

WAS ERWARTE ICH VON EINEM FREUND?

Bei dieser Frage könnte man denken, dass man wieder das Gleiche sagen könnte, wie bei der Frage: Wie kann ich ein Freund eines Freundes sein?

Aber das würde bedeuten, dass man noch kein echter Freund ist.

Ein wahrer Freund erwartet in der Freundschaft das Äußerste von sich selbst, aber gar nichts von dem Freund.

ÜBUNG: Über die Wünsche in der Freundschaft nachdenken

Wir haben gesehen, dass man, wenn man über die Qualitäten der Freundschaft mit seinem besten Freund nachdenkt, diese Freundschaft nicht mit physischen Äußerlichkeiten zusammenfassen kann, mit Vergnügungen, Übereinstimmung der Gefühle, Übereinstimmung der Ideale, der Art und Weise, wie man Dinge tut, was jemand bereit ist, für einen zu tun. All dies bezieht sich nur auf die eigentliche Grundlage der Freundschaft, die in gewisser Weise ein Geheimnis bleibt, denn es ist das unsagbare Wesen des anderen, auf dem die Freundschaftsliebe beruht.

Ein Kennzeichen der allerbesten Freundschaft ist die Gewissheit, dass diese Liebe für das Wesen auf Gegenseitigkeit beruht. Es gibt keine Freundschaft, die nur in eine Richtung geht. Das mag in der Liebe so sein, aber in der Freundschaft beruht die Freundschaft genau auf Gegenseitigkeit. So kommt man also an eine Grenze mit dem Unaussprechlichen. Man erfährt das Wesen des anderen, obwohl man es, wenn es Worte dafür gäbe, immer mit der Freude, der Übereinstimmung von Gefühlen und Idealen und so weiter ausdrücken würde, während das nicht das Wesen ist. Wenn man sich dann fragt, was man von diesem besten Freund in der Freundschaft erwartet, sollte es sich eigentlich auf den Wunsch beschränken, dass dieser Freund sein Wesen mit dir teilt, so dass das Ich ein Du und das Du ein Ich wird. In der Tat braucht man in wahrer Freundschaft nichts anderes, denn daraus ergeben sich all die herrlichen Eigenschaften wahrer Freundschaft.

Natürlich erwartet man diese glorreichen Eigenschaften, aber eigentlich sollte man in dem Vertrauen leben, dass die andere Person sich einem wirklich offenbaren will und dass man das Gleiche von ihr verlangt. Das bedeutet eine Offenheit, die im Leben mit gewöhnlichen Bekannten nicht gegeben ist. Da muss man immer mit Machtverhältnissen rechnen, mit denen man sowieso umgehen können muss, so ist das eben im menschlichen Leben.

In wahrer Freundschaft haben die Machtverhältnisse ein Ende. Es gibt kein Mehr oder Weniger, es gibt keinen Wettbewerb, es gibt keine Notwendigkeit, etwas zu leisten, es gibt nur das Bedürfnis, das Wesen des anderen in seiner Offenbarung anzunehmen. In der Tat ist jeder Augenblick in der Begegnung mit einem wahren Freund darauf ausgerichtet. Es gibt einen Durst nach dem Wesen des anderen, und wenn man zusammen ist, kann der Durst gestillt werden, aber man wird sich immer bewusst sein, dass es ein wechselseitiger Prozess ist. Wenn also der Durst nicht gestillt wird, dann liegt das zum Teil daran, dass man selbst nicht in der Lage ist, den anderen in voller Offenheit so sein zu lassen, wie er oder sie ist. Das bedeutet, dass alle Formen des Urteils, des Ärgers, der Besserwisserei, usw. verstummen, wenn man mit einem wahren Freund zusammen ist.

Selbst wenn dieser Freund nicht in der Nähe ist, setzt sich

dieser Prozess des Vertrauens unvermindert fort. Sogar in der Erinnerung und in der Erwartung der Zukunft ist der Freund völlig offen und ungehindert von Vorurteilen.

Was für eine Gnade, als Menschen so zusammen sein zu können, in dem absoluten Vertrauen, dass man genau das für den anderen ist, so wie der andere genau das für einen ist. Mehr braucht es eigentlich nicht, denn alles andere, was man sich in einer Freundschaft wünscht, ergibt sich daraus. Aber das, was so einfach scheint, ist nur bei wenigen möglich.

Wenn Sie Ihre Freundschaften auf ihre Tiefe hin untersuchen, werden Sie feststellen, dass im Strauß Ihrer Freundschaften nur eine oder zwei oder vielleicht drei zu dieser wahren, tiefsten, aber auch höchsten Freundschaft gehören.

Wenn man länger darüber nachdenkt, sollte man ein zweites Rätsel erleben, und das ist die Frage: Was genau ist es denn, was eine so intensive Verbindung zu diesen ein oder zwei oder drei Menschen in meinem Leben herstellt? Bei allen anderen Freundschaften spricht man ja eher von Bekanntschaften, Kollegen.... Warum erreicht die Freundschaft mit all diesen anderen nicht diese Tiefe und Höhe? Das ist zunächst einmal ein Rätsel. Aber wenn Sie immer wieder auf dieses Rätsel zurückkommen und versuchen, die Qualität dieser echten Freundschaft zu erfahren, werden Sie immer mehr zu der Erkenntnis gelangen, dass die Beziehungen zwischen Menschen einzigartig sind und dass sie sozusagen aus einer Welt stammen, die Sie längst vergessen haben.

„Ich weiß, du bist mein Freund, wenn du mich kennst: Und eines solchen Freunds bedurft' ich lange."

Johann Wolfgang von Goethe (1749 - 1832), *Tasso*

Das Gleichnis vom barmherzigen Samariter.

Da stand ein Gesetzeslehrer auf und sagte, um ihn auf die Probe zu stellen: Meister, was muss ich tun, damit ich ewiges Leben erbe? Er sagte zu ihm: Was steht im Gesetz geschrieben? Was liest du da? Der antwortete: Du sollst den Herrn, deinen Gott, lieben mit deinem ganzen Herzen und mit deiner ganzen Seele und mit all deiner Kraft und mit deinem ganzen Verstand, und deinen Nächsten wie dich selbst. Er sagte zu ihm: Recht hast du; tu das, und du wirst leben. Der aber wollte sich rechtfertigen und sagte zu Jesus: Und wer ist mein Nächster? Jesus gab ihm zur Antwort: Ein Mensch ging von Jerusalem nach Jericho hinab und fiel unter die Räuber. Die zogen ihn aus, schlugen ihn nieder, machten sich davon und liessen ihn halb tot liegen. Zufällig kam ein Priester denselben Weg herab, sah ihn und ging vorüber. Auch ein Levit, der an den Ort kam, sah ihn und ging vorüber. Ein Samaritaner aber, der unterwegs war, kam vorbei, sah ihn und fühlte Mitleid. Und er ging zu ihm hin, goss Öl und Wein auf seine Wunden und verband sie ihm. Dann hob er ihn auf sein Reittier und brachte ihn in ein Wirtshaus und sorgte für ihn. Am andern Morgen zog er zwei Denare hervor und gab sie dem Wirt und sagte: Sorge für ihn! Und was du darüber hinaus aufwendest, werde ich dir erstatten, wenn ich wieder vorbeikomme. Wer von diesen dreien, meinst du, ist dem, der unter die Räuber fiel, der Nächste geworden? Der sagte: Derjenige, der ihm Barmherzigkeit erwiesen hat. Da sagte Jesus zu ihm: Geh auch du und handle ebenso.

Lukasevangelium, Kapitel 10.25 - 37

Jede wahre Freundschaft ist auch Brüderlichkeit, denn was verstehen wir unter Brüderlichkeit? Die Verwandtschaft ist so beschaffen, dass wir uns um die Höhen und Tiefen der anderen Person kümmern. Wenn es einem Mitmenschen nicht gut geht, werden wir unser Möglichstes tun, um ihn zu unterstützen, zu helfen, vielleicht sogar Probleme zu lösen. Das große Beispiel für Brüderlichkeit ist das Bild des barmherzigen Samariters aus dem Lukasevangelium. Dort wird deutlich, wer der wirkliche Bruder des verletzten Mannes am Straßenrand ist. Die beiden sind nicht befreundet, aber das Handeln des Samariters ist brüderlich. Barmherzigkeit ist die Qualität der Brüderlichkeit. Hier wird sie auf der physischen Ebene dargestellt, aber als Menschen können wir uns auch als Brüder und Schwestern im spirituellen Sinne oder der Seele nach fühlen, basierend auf einer gewissen Verwandtschaft, die dazu führt, dass wir in Zeiten der Not Hilfe anbieten, auch wenn dies ein Opfer von uns verlangt.

Ich habe das Beispiel des Studenten genannt, der ins eiskalte Wasser springt, um eine Frau aus einem sinkenden Auto zu retten. Das ist ein Akt der Brüderlichkeit. Aber wenn ein Psychologe oder ein Psychiater - oder ein Seelsorger - einem Mitmenschen in seelischer Not helfen kann, aus dieser Not herauszukommen, ist auch das ein Ausdruck von Brüderlichkeit.

Das große Ideal ist, dass *alle Menschen zu Brüdern werden*, dass wir uns als Menschheit bewusst werden, dass wir verwandt sind, nicht durch Blut, sondern durch Abstammung.

Das setzt natürlich einen gewissen Glauben an das Transzendente voraus, einen Glauben an die Existenz eines Schöpfers. Denn wenn du den Vater als deinen Vater anerkennst, dann sind deine Brüder und Schwestern diejenigen, die denselben Vater haben.

Das ist das große Ideal der Zukunft. Ich glaube, es bewegt jeden Menschen, wenn es zum Beispiel in Beethovens Neunter Symphonie heißt: *Alle Menschen werden Brüder.*

Aber das ist etwas anderes, als Freunde zu werden. Ein Freund ist immer auch ein Bruder oder eine Schwester, aber Brüderlichkeit ist nicht synonym mit Freundschaft. Freundschaft geht in gewissem Sinne darüber hinaus, denn sie ist ein Band der Liebe, das auf der Verbindung zwischen zwei Individuen, mir und dir, beruht. Das ist nicht bei allen Menschen möglich, zumindest ist es in unserem irdischen Dasein nicht denkbar.

Christus ist der Freund aller Menschen genannt worden. Man kann sich vorstellen, dass es ein göttliches Attribut sein könnte, die Würde eines jeden Menschen so hoch zu schätzen, dass man mit jedem Menschen wahre Freundschaft haben könnte. Aber das ist für uns normale Menschen eine Perspektive, die viel weiter entfernt ist als die der Brüderlichkeit.

Dennoch kann man sagen, dass diese Überhöhung der Brüderlichkeit zur Freundschaft in der Arbeit mit Menschen potentiell vorhanden ist. Man kann seine Arbeit in einer Sprechstunde machen und sie gut machen. Man kann ein guter, kompetenter Arzt sein und sich wirklich um das Leiden der Mitmenschen kümmern und versuchen, mit allem, was man hat, Heilung zu bieten. Das ist Verbrüderung.

Aber man kann sich vorstellen, dass man auch in diesem Kontakt mit Patienten erahnen kann, wer der andere wirklich ist. Martin Buber beschreibt Beispiele für Momente, in denen diese Verschmelzung von einer Individualität mit einer anderen stattfindet. Das kann in einer Sprechstunde geschehen, aber auch, wenn man z.B. an einer Tankstelle mit der Kreditkarte bezahlen will. Dann kann am Schalter etwas zu fließen beginnen, was nicht nur Brüderlichkeit ist - denn die ist in diesem Moment nicht im Spiel, man muss für die Dienstleistung, die einem erbracht wird, bezahlen -, sondern im Blick des einen, der dem Blick des anderen begegnet, oder in der Aura des einen, die mit der Aura des anderen in Einklang kommt, gibt es einen Moment der Verschmelzung von *Ich und Du*, der der Freundschaft entspricht.

Nur der Kontakt dauert vielleicht zwei Minuten. Sie drehen sich um, gehen zurück zum Auto und setzen Ihren Weg fort. Was bleibt, ist bestenfalls ein Gefühl der Verwunderung, dass dies möglich ist, ein Gefühl des Glücks, dass dies anscheinend mit jedem möglich ist.

Das gibt einem natürlich einen Anstoß, wenn man das öfter erlebt, zu untersuchen, ob das vielleicht kultiviert werden kann. Jetzt geschieht es auf einer natürlichen Weise. Aber was genau haben du und ich getan, dass dieser Moment des Gleichklangs eingetreten ist?

Wenn das doch nur unter allen wohlmeinenden Menschen so sein könnte?

Aber dann müsste man wissen: Gibt es irgendetwas, was man dafür tun kann, dass das entfesselt wird? Buber sagt: Wenn die Zurückhaltung zwischen zwei Menschen aufgehoben ist, beginnt es zu fließen.

ÜBUNG: Kann man das bestätigen? Gibt es vielleicht noch mehr, was man tun kann, um nicht nur mit allen Menschen Brüder zu werden, sondern schließlich sogar an dieser Freundschaft teilzuhaben, die vielleicht übersinnlicher Natur ist?

LIEBE

Was ist nun Liebe im Verhältnis zur Freundschaft?

Dazu sollten wir erst einmal wissen, was Liebe eigentlich ist. Viele Gefühle, die man als Liebe bezeichnet, sind es nicht wirklich. Wenn man eine starke Sympathie für jemanden empfindet, kann man es Liebe nennen. Man kann das Aussehen, die Eigenarten, die Charaktereigenschaften und sogar die Gewohnheiten von jemandem lieben. Man kann sich darüber freuen, dass man Komplimente bekommt, dass jemand einen versteht. Man kann das alles Liebe nennen, aber in Wirklichkeit sind das Vorübungen für die Liebe.

Wahre Liebe ist völlig uneigennützig. In der Literatur gibt es schöne Texte über die Liebe. Im Buch, der Bibel, in einem der Briefe des Paulus, finden wir ein Loblied auf die Liebe. Ich zitiere am Ende dieses kleinen Kapitels einen Text von Thomas von Aquin, dem großen Denker aus dem 13. Jahrhundert. Darin wird die Liebe wahrhaftig angesprochen, aber das ist dann eine Liebe, die der Mensch nicht nur zu einem Mitmenschen hat, sondern auch zu Tieren, zu Pflanzen, zu Steinen, zur Erde, zum Mond und zur Sonne und zu den Sternen, zu den Planeten, zur ganzen Schöpfung mit allen darin wirkenden Wesen. Wahre Liebe erstreckt sich über die gesamte Existenz. Für jemanden wie Thomas von Aquin ist die wahre Liebe zugleich die Liebe zu Gott. Gott ist ein Wesen, das man nur erfassen kann, wenn man die Offenbarung, wie sie in der Bibel - aber auch bei den großen Denkern - zu finden ist, gewissermaßen überblicken kann, wie ein Adler im Flug die Erde überblicken kann. In diesem Überblick würde man das Göttliche erahnen, zumindest wenn man in der

Lage ist, die Liebe so zu vergeistigen, dass man nicht an die Gegenwart eines greifbaren Geschöpfes gebunden ist.

Aber nehmen wir an, Sie sind ein Mensch, der mit dem Göttlichen nicht vertraut ist und auf der Erde mit einem fröhlichen Geist, einem klaren Verstand und einem guten Willen lebt. Was ist dann Liebe für diesen Menschen? Liebe ist das Gegenteil von Egoismus, und wenn man den Egoismus gut kennt und ihn umstülpen, ihn sozusagen in sein völliges Gegenteil verwandeln könnte, dann würde man die absolute Liebe kennen.

Wo immer der Egoismus dem anderen weicht, da ist Liebe. Wenn diese Liebe auf die höchste Stufe gehoben wird, bedeutet das, dass man dem anderen das Allerbeste wünscht und dass man auch bereit ist, daran mitzuarbeiten, dass dieses Allerbeste dem anderen zugänglich gemacht wird.

Das ist ähnlich wie bei der Brüderlichkeit. Brüderlichkeit ohne Liebe ist unvorstellbar. Aber die Liebe ist viel größer als die Brüderlichkeit. Sie ist auch größer als Freundschaft. Die Liebe kann so groß werden wie der Makrokosmos.

Stellen wir uns vor, wir wären wirklich von dem Wunsch beseelt, dass es allen und allem gut geht. Dann hätte der Wettbewerb seinen Platz in der Welt verloren und auch die Eifersucht würde der Vergangenheit angehören. Denn wenn man dem anderen nur das Beste wünscht, freut man sich, wenn er es auch hat. Dann ist es undenkbar, aus dem Augenwinkel mit Neid und Missgunst auf all die guten Gaben des Anderen zu schauen.

Das wäre Liebe, ein Vorzug, ein Wunsch, das Beste für die andere Person zu erreichen.

In einer Freundschaft ist es ein nicht unterschriebener Pakt, dass man sich gegenseitig diese Liebe schenken will. Man fühlt Unruhe, wenn der andere Unruhe hat, man bekommt Sorgen, wenn der andere sie hat. Es gibt nichts in einem, was auch nur im Geringsten finden könnte, dass der andere ein bisschen Unglück ab und zu auch braucht....

Das steckt natürlich in diesen drei Sätzen von Toon Hermans: Wenn du jemanden hast, der mit dir lacht und mit dir weint, dann hast du einen Freund.

Gemeinsam zu weinen ist viel einfacher als gemeinsam über das Glück zu lachen, das nicht das eigene ist, sondern das des anderen. Gemeinsam glücklich zu sein für das Glück des anderen, das ist wahre Liebe.

ÜBUNG: Über die eigenen Fähigkeiten, wirklich zu lieben, nachdenken.

Ich denke, in den meisten Freundschaften muss diese hohe Ebene der Liebe erst noch entwickelt werden. Es ist auch der Kummer, der mit einer Freundschaft einhergeht, dass wir unvollkommene Menschen bleiben, die sich gegenseitig nicht das geben können, was sie eigentlich möchten, weil das Ego von Zeit zu Zeit mit ungeheurer Kraft aus der Tiefe aufsteigt und seine Rechte einfordert. Aber in einer Freundschaft hat man keine Rechte. Man gibt Rechte, aber man fordert sie nicht ein.

Es ist leicht, all dies auszudrücken. Es ist nicht so schwer, all die tieferen Vorgänge in der Seele, die mit Freundschaft verbunden sind, zu erkennen und in Worte zu fassen. Aber diese Worte in Taten umzusetzen, das erst ist Liebe, das ist Lebenskunst. Und ich glaube, die ganze Welt würde mit einem befreundet sein wollen, wenn man das könnte. Denn dann würde der ganzen Welt bewusstwerden, wer du wirklich bist, und das wäre eine große Gnade auch für dich, denn du kannst sagen: Was kann es Schöneres geben, als von einem Mitmenschen verstanden zu werden, das heißt, in seinem wahren Wesen gesehen zu werden?

„In diesem Sinne wird der Liebende von sich selbst aus in

den Geliebten versetzt, insofern er das Gute für den Geliebten will und durch seine Fürsorge für dessen Wohl tätig ist wie für sich selbst. Deshalb sagt auch Dionysius (der Aeropagit) in ‚Über die göttlichen Namen': ‚Man kann aber so viel als Wahrheit aussprechen, dass auch Gott selbst, die Ursache von allem, durch das Überfließen seiner liebenden Güte aus sich selbst herausgeht, indem er sich um alles, was ist, kümmert.'"

Thomas von Aquin (1225 - 1274)

Ein solcher Text hat in unserer Zeit keinen Platz, es sei denn, man denkt länger darüber nach und versucht zu fühlen, zu erleben, was da gesagt wird. Im Rahmen dieses Buches über Freundschaft geht es um die Fähigkeit des Liebenden, sich in den Geliebten hineinzuversetzen und dann sein Interesse zu leben und zu behandeln, als wäre es sein eigenes.

FREUNDSCHAFT UND LEBENSPARTNER

Wir haben bisher über Freundschaft im Allgemeinen gesprochen, aber natürlich gibt es eine ganz besondere Form der Freundschaft, nämlich die Freundschaft zwischen Lebenspartnern. Die Frage ist, ob man die gleiche Art von Freundschaft mit seinem Lebenspartner haben kann, wie mit Menschen, mit denen man keine körperliche Beziehung hat. Oft entsteht die Freundschaft vor der körperlichen Beziehung, was eine günstige Reihenfolge für die Freundschaft ist.

Ich denke, jeder weiß, dass eine körperliche Beziehung Prüfungen mit sich bringt. Durch die erotisch-sexuelle Beziehung werden Macht und Ohnmacht, mehr und weniger, oben und unten erprobt. Das hat zwar einen gewissen Platz im Geschlechtsverkehr, sollte sich aber eigentlich nicht in der Beziehung außerhalb des Geschlechtsverkehrs fortsetzen. Natürlich tut es das oft doch.

Man könnte natürlich sagen: Was sagst du nun jetzt zur Sexualität? Ist das nicht die höchste, intimste Verbindung, die wir als menschliche Wesen haben können? So kann man es sehen... Aber die Tatsache, dass es Lustdelikte im Zusammenhang mit der Sexualität gibt, zeigt, dass eine körperliche Verbindung mit einem Mitmenschen sehr kompliziert ist. Deshalb sage ich: Wenn die Freundschaft der körperlichen Beziehung vorausgeht, ist das die günstigste Reihenfolge, auch wenn diese körperliche Beziehung die Freundschaft zweifellos auf die Probe stellen wird. Denn wir haben gesehen: In der Freundschaft spielen Macht und Ohnmacht, mehr oder weniger, absolut keine Rolle. Dort gedeiht die Freundschaft nur, wenn solche Unterschiede zwischen den Freunden nicht existieren oder beseitigt werden.

Wenn die Freundschaft stark genug ist, wird sie die Unterschiede, die das physische Leben schafft, überstrahlen und ertragen können, und das Positive einer physischen Beziehung wird eine Vertiefung der Freundschaft sein. Sicherlich ist das etwas ganz Besonderes und auch wirklich Exklusives, wenn man in der Freundschaft so weit gehen kann, dass man zu *einem* Körper wird. So können die tiefsten Liebesfreundschaften auf dem Fundament einer körperlichen Beziehung gedeihen. Wenn die körperliche Liebe zuerst kommt und sich dann ein Zusammenleben zwischen zwei Menschen entwickelt, die anfangen, ihre weltliche Existenz miteinander zu teilen, dann kann es sehr gut sein, dass sich keine Freundschaft entwickelt. Dann wird es ein Zusammenleben, das auf körperlicher Anziehung beruht, und dasjenige, was für eine wahre Freundschaft notwendig ist, wird nicht entwickelt oder ist nicht vorhanden. Es kann aber auch sein, dass sich durch das tagtägliche Teilen der Lasten und Freuden des irdischen Daseins eine echte Freundschaft entwickelt, in der die Freunde einander durch dick und dünn treu sind und bleiben.

In diesem Buch spreche ich über ideale Freundschaft. Es versteht sich dann von selbst, dass die Partner, wenn sie miteinander befreundet sind, nicht gelegentlich zu jemand anderem gehen werden. Im Lichte der Freundschaft ist das ein Ding der Unmöglichkeit und wird daher nicht passieren. Wenn es doch passiert, ist es eigentlich ein Symptom für eine mangelhafte Freundschaft. Wenn man wirklich befreundet ist, tut man sich so etwas nicht an. Nicht einmal in Zeiten, in denen die Dinge sehr schwierig sind oder die andere Person schwierig ist oder in einer Depression steckt oder krank wird oder aggressiv wird. Dann wäre es schwierig, eine wahre Freundschaft aufrechtzuerhalten. Aber gerade wahre Freundschaft ist die Garantie dafür, dass man das kann.

Gibt es im irdischen Leben eine Liebe zwischen zwei

Menschen, die über eine freundschaftliche Bindung hinausgeht und mit einer körperlichen Liebe verbunden ist?

Die körperliche Liebe mag ab einem bestimmten Punkt an Bedeutung verlieren, aber die Freundschaftsliebe hat dadurch eine ganz besondere Qualität bekommen, die nicht entstehen kann, wenn die körperliche Liebe nicht da war.

Die Freundschaftsliebe, die lebt und gedeiht, ohne dass eine körperliche Liebe dabei eine Rolle spielt, ist natürlich in gewisser Weise edler und übersinnlicher Natur. In diesem Sinne steht dieses Band der Freundschaft höher. Würde man nur der Freundschaft zwischen Partnern Wert beimessen, würde dies bedeuten, dass man keine Freundschaft mehr mit anderen haben könnte. Natürlich ist das absolut nicht der Fall. Aber die Verbindung einer körperlichen Liebe mit einem Freundschaftsband, in dem man alles miteinander teilt und alles füreinander tut, hat eine sehr große Bedeutung im irdischen Dasein.

Stellen Sie sich vor, nicht nur einmal, sondern mehrmals auf der Erde zu sein, dann ist die Freundschaft, die Liebe zu dieser anderen Individualität als ewig denkbar. Dann ist es auch denkbar, dass die Freundschaft, die dann in jeder Inkarnation wiederkehrt, sich nur einmal auf eine körperliche Liebe erstreckt.

Wenn Sie dies im Geiste abwägen, erwägen, beginnen Sie einmal mehr zu erfahren, wie besonders es ist, wenn zwei Menschen, die eine wahre Freundschaft miteinander haben, diese in körperliche Liebe ausweiten dürfen.

„Treulich geführt, ziehet dahin,
Wo euch der Segen der Liebe bewahrt.
Siegreicher Mut, Minnegewinn,
eint euch in Treue zum seligsten Paar.“

Richard Wagner, *Lohengrin, Hochzeitslied*

ZWEITER TEIL

AUS DEM ‚NICHTS' FREUNDSCHAFT SCHLIESSEN

WAHRHAFTIGKEIT

In diesem zweiten Teil wollen wir die Frage beantworten: Wie schließe ich wahre Freundschaft, *wenn ich das will.* Bisher haben wir über Freundschaften gesprochen, die das Schicksal uns beschert. Wenn man Freundschaften erforscht, kommt man an einen Punkt, an dem man sagen muss: Es sind nicht so sehr die Eigenschaften oder Ereignisse, auf denen diese Freundschaft beruht, sondern sie beruht auf dem Rätsel der Individualität. Es ist nicht so, dass ich dieser Individualität voll und ganz gegenüberstehe, aber in der Tiefe ist sie offensichtlich, denn von dort aus entsteht eine unvorstellbare Anziehung zu dieser Person. So kommt auch die Partnerwahl zustande, weshalb man mit Recht sagen kann, dass es keine Freiheit in der Partnerwahl gibt. Natürlich gibt es Freiheit bei der Gestaltung der Beziehung im Laufe des Lebens, aber sich so stark zu einem Menschen hingezogen zu fühlen, dass man ein Leben lang mit ihm zusammenleben möchte, bis hin zu den körperlichen Details - das beruht nicht auf freier Wahl.

Aber wir Menschen sind an einem Punkt angelangt, an dem wir zunehmend selbst bestimmen wollen, wie sich unser Leben entwickelt. Das Schicksal hilft zwar immer noch mit aller Macht, dieses Leben zu gestalten, aber wir stehen zunehmend selbst in ihm auf und wollen die Zügel selbst in die Hand nehmen. Das geschieht zunächst dadurch, dass man in den Beziehungen, die das Schicksal für einen schafft, frei wird, indem man die Dinge so tut, wie man sie tun möchte. Aber kann man auch Beziehungen zu Menschen eingehen, die sozusagen ‚neu' sind, bei denen die Macht des Schicksals nicht oder nicht so stark am Werk ist?

Das sind Menschen, an denen man schicksalhaft vorbeigehen würde, für die man sich aber mit seinem wachen, bewussten Auge interessieren und mit denen man aus freiem Willen eine Freundschaft aufbauen könnte? Die Antwort darauf ist eindeutig „ja!“ Die zweite Frage ist dann natürlich: Wie schließt man Freundschaften mit Menschen, zu denen der natürliche Drang nicht so sehr treibt? Zweifellos haben wir bereits solche Freundschaften, aber sie nehmen keinen so wichtigen Platz in unserem Leben ein.

Gehen wir noch einmal zurück in die Jugendzeit und in die Zeit danach, das junge Erwachsenenalter. Da ist es sicher nicht so, dass man nur zu Menschen getrieben wird. Wenn Sie zurückblicken, werden Sie sich zweifellos an Bindungen mit Menschen erinnern, die gut waren, in denen Sie eine gute Zeit mit diesen Menschen hatten, in denen auch Treue und Liebe eine Rolle spielten, in denen aber diese wechselseitige Anziehung fehlte. Das ist in etwa der Unterschied zwischen der Romantik des Vollmonds und der Alltäglichkeit des hellen Tageslichts. In der Dunkelheit, wo der Mond scheint, braucht man nicht viele Sinneseindrücke, um die Anziehung zu spüren, die zwischen Menschen bestehen kann - und ich spreche nicht nur von Verliebtheit, sondern von Freundschaft im Allgemeinen.

Tagsüber ist das Leben viel sachlicher, man muss seine Arbeit erledigen, hat Pflichten und neigt weniger dazu, die Menschen zu idealisieren oder in ihnen etwas zu sehen, was bei dem normalen Tageslicht nicht sichtbar ist.

Das ist ein Vergleich, und natürlich kann man seine allerbesten Freunde auch tagsüber treffen, und man kann auch einfach abends draußen eine Beziehung anfangen. Aber hier geht es darum, ‚Beziehungen bei Tageslicht‘ aufzubauen. Dann ist die Frage, wie man das macht. Wäre es vielleicht möglich, sich mit allen Menschen anzufreunden, so wie es auch heißt: Alle Menschen werden Brüder?

Als ich in meiner Jugend das Buch von Martin Buber über Ich und Du gelesen habe, hat mich diese unwiderstehliche Anziehungskraft zwischen Ich und Du sehr angesprochen, aber gleichzeitig hatte ich schon die Frage: Ist es nicht möglich, sich so zu gestalten, dass man das auch mit Menschen machen kann, denen gegenüber man zunächst eher gleichgültig ist? Denn eigentlich ist natürlich jeder Mensch ein Wunder und man müsste eigentlich in jedem Menschen dieses Transzendentale oder dieses Ideal sehen können, das man immer in der Freundschaft sieht. Man ist also tatsächlich blind, wenn man nicht mit jedem, mit allen Menschen Freundschaft schließen kann. Ist es möglich, das zu entwickeln?

So habe ich festgestellt, dass die allererste Voraussetzung für die Entwicklung einer echten Freundschaft zwischen ‚allen' die Wahrhaftigkeit ist.

Während des Krieges kamen amerikanische Soldaten zum Essen zu meiner Familie, und wie so oft schwärmten sie von der Mahlzeit und waren auch sehr dankbar. Sie konnten nicht aufhören, zu sagen, wie wunderbar sie es fanden. Sie kamen nur einmal. Aber als sie weg waren, lag vieles von dem köstlichen Essen unter dem Tisch.

Das ist ein groteskes Bild für Unwahrhaftigkeit, auch wenn es gut gemeint ist. Man kann es nicht essen, weil es einen anekelt, aber man will es der Gastgeberin oder dem Herrn nicht antun, es liegen zu lassen, also erschöpft man sich in Komplimenten und sieht in der Zwischenzeit einfach zu, dass man es los wird, ohne es essen zu müssen. Ein Pflanzgefäß oder ein Kohleneimer sind auch Orte, die man dann dankbar nutzen kann.

Wenn wir ehrlich sind, werden wir feststellen, dass diese Unwahrhaftigkeit zwischen Menschen eine Hauptrolle spielt. Nicht so grotesk wie in diesem Beispiel, sondern auf eine ganz gewöhnliche Weise. Die Menschen sind sehr leicht nett zueinander, während dahinter eine ganze Welt von zerstörerischen Urteilen steht. Oder Menschen sind sehr leicht nett zueinander, aber wenn im nächsten Moment etwas Unangenehmes passiert, ist diese Nettigkeit vergessen und verwandelt sich in Unfreundlichkeit.

Was ist Wahrhaftigkeit? Das heißt, dass das Verhalten und das, was man sagt, völlig mit dem übereinstimmt, was im geheimen inneren Selbst vorhanden ist. Natürlich kann man etwas widerwillig für jemanden tun und den Anschein erwecken, dass man es gerne tut. Das ist nicht wahrheitsgemäß. Das bedeutet nicht, dass man es nicht tun sollte, aber es bedeutet, dass man sich selbst anpacken sollte und es tatsächlich gerne tun. Dazu muss man sich selbst in die Hand nehmen, und das erfordert natürlich auch Selbsterkenntnis. Die meisten Menschen leben so, wie es den Anschein hat, und sind sich dieser Unterschiede zwischen äußerer Darstellung und innerem Zustand überhaupt nicht bewusst.

Sicher ist auf jeden Fall, dass sich eine Freundschaft auf dieser Basis nie entwickeln kann, denn Freundschaft beruht auf Vertrauen, und Vertrauen wird immer wieder beschädigt, wenn die Wahrhaftigkeit nicht gegeben ist. Man könnte sagen, dass man Vorübungen machen muss, um das Freunde-Werden in den Griff zu bekommen. Diese Vorübungen bestehen darin, dass man sich selbst auf seinen Wahrheitsgehalt hin überprüft. Ist das, was Sie sagen, wirklich das, was Sie denken? Dabei geht es nicht einmal darum, nicht mehr zu lügen. Wenn man lügt, ist man natürlich auch unehrlich und Freundschaft ist dann eine Unmöglichkeit. Aber es gibt eine viel feinere Unwahrhaftigkeit bei Menschen, die sonst immer die Wahrheit sagen, die aber trotzdem nicht wahrhaftig sind. Die Mitmenschen merken das vielleicht nicht immer, aber sie spüren es, und das schafft Unsicherheit im Kontakt. Wenn Unsicherheit im Kontakt herrscht, wird keine Freundschaft entstehen. Dann ist man froh, wenn das Gespräch oder die Begegnung vorbei ist. Man muss also mit einer gewissen Selbsterkenntnis auf die Übereinstimmung zwischen dem, was man sagt und dem, was man tut, mit dem, was man denkt und fühlt, achten. Wenn man einen Unterschied zwischen dem, was man sagt, und dem, was man tut, feststellt, dann lügen Sie im Grunde, wenn auch auf feinere Weise als bei einer groben Tatsachenlüge. Wenn man nämlich etwas anderes innerlich findet, als das, was man vorgibt zu sein, dann ist das auch der Fall. Man kann nette Dinge sagen, aber wenn man es nicht so fühlt, sagt man es lieber nicht. Eine Freundschaft wird sich dann sowieso nicht entwickeln, also kann man es auch gleich weglassen. Wenn man diese Freundschaft wirklich will, dann muss man das, was man fühlt, mit dem, was man sagt, in Einklang bringen. Natürlich kann man sagen: Ja aber, ich denke, was ich denke, und ich kann das nicht ändern. Warum willst du dann Freundschaft? Dann sage positive Dinge, die du wirklich fühlst!

Kurz gesagt, die erste ÜBUNG für eine Person, die ein Freund werden will, ist: Entwickle Wahrhaftigkeit!

„Der Hass verschwindet nie aus dieser Welt, wenn man hasst, sondern wenn man liebt; das ist eine ewige Wahrheit. Überwinde den Zorn durch Liebe, überwinde das Böse durch das Gute. Überwinde den Geizigen durch Geben, überwinde den Lügner durch Wahrhaftigkeit.“

Buddha (ca. 450 v. Chr. - ca. 370 v. Chr.)

AUFMERKSAMKEIT

Wenn wir eine Freundschaft aus dem Nichts schaffen wollen, schaffen wir etwas Neues. Wahrhaftigkeit ist die erste Bedingung. Dann kommt das, was für alle Menschen das Wichtigste ist: dass jemand einem Aufmerksamkeit schenkt. Ich glaube, ein großer Wunsch aller Menschen, auch derjenigen, die schlechte Dinge tun, ist es, verstanden zu werden. Man wünscht sich so sehr, dass die Menschen einen so wahrnehmen, wie man wirklich ist. Unter wahren Freunden ist das auch so. Aber wenn wir als neues Ideal eine Freundschaft von Grund auf aufbauen wollen, was mit jedem möglich sein sollte, müssen wir uns dieses großen Wunsches der Menschen bewusst werden, verstanden zu werden. Wenn du es bist, der eine Freundschaft schließen will, dann bedeutet das, dass du dieses Verständnis selbst nicht verlangen wirst. Wir müssen also den eigenen Wunsch, verstanden zu werden, vollständig in den Willen umwandeln, diesen zukünftigen Freund zu verstehen. Dies erfordert höchste Aufmerksamkeit.

Im zwischenmenschlichen Umgang ist meist jeder in seine eigene Gedankenwelt eingeschlossen. Gelegentlich wird der Vorhang der Verträumtheit ein wenig gelüftet. Man wacht auf und nimmt wahr, dass der andere auch da ist und was er tut. Das kann sogar ein wenig länger als ein paar Sekunden dauern.

Wenn man sich nach Freundschaft sehnt, muss man diese Schwäche in Kauf nehmen. Die Bücher *Lerne Denken!*, *Lerne Fühlen!*, *Tun!* beschreiben Übungen, die zur Aufmerksamkeit führen, ohne sich wirklich auf die Freundschaft zu konzentrieren. Wenn wir Freundschaft anstreben, brauchen wir diese Qualitäten. Wir müssen in der Lage sein, aus unserer Wolke der Sehnsucht und der Wolke der Gedanken aufzuwachen; wir müssen lernen, unsere Augen zur Sonne des anderen zu erheben. Es kann sein, dass seine Sonne so stark scheint, dass man den Blick aus Selbsterhaltungstrieb wieder senken muss. Dann muss man sehen, was man tun kann, inwieweit diese andere Person ein Freund werden kann. Aber normalerweise ist es sehr einfach, zum anderen die Augen aufzuschlagen, und man stellt mit Erstaunen fest, dass man das eigentlich die ganze Zeit tun könnte. Man stellt fest, dass der Egoismus einen auch jetzt noch völlig in sich selbst einschließt und dass man es nicht einmal merkt.

Jetzt wollen wir eine Freundschaft mit jemandem. Dafür sind wir vielleicht bereit, uns von Zeit zu Zeit völlig zu vergessen und die ganze Aufmerksamkeit auf diesen potenziellen Freund zu richten. Dieser kann gar nicht anders, als sich über den Strom der gefühlten Aufmerksamkeit zu wundern, denn der Mensch spürt ihn, auch wenn er sich dessen vielleicht nicht bewusst wird. Aufmerksamkeit und Verständnis sind Elemente, nach denen sich jeder Mensch sehnt und die jeder Mensch im Leben viel zu wenig bekommt. Man hebt sozusagen die Augen zum anderen, man stellt die Ohren weit auf, die Wärme der ersehnten Freundschaft strömt aus einem heraus. Man wartet ab, wie der andere reagiert. Normalerweise, wenn Zeit dafür ist, fangen die Menschen dann an, von sich zu erzählen - denn das können sie nirgendwo, außer vielleicht beim Psychologen oder beim Hausarzt, wenn der Zeit hat. Selbst Freunde untereinander sind oft zu sehr mit dem beschäftigt, was ihre Freundschaft fordert, als das sie sie mit Aufmerksamkeit und Verständnis pflegen.

Jetzt möchte man eine Freundschaft mit jemandem eingehen, bei dem dieser rätselhafte Antrieb der Persönlichkeit nicht offensichtlich ist. Man könnte leicht an dieser Person vorbeigehen, aber man tut es nicht. Man bleibt sozusagen stehen, schlägt die Augen auf und öffnet die Ohren und sieht den anderen und hört, was er zu sagen hat. Und selbst dann kann es sein, dass trotz der erhöhten Aufmerksamkeit das, was diese Person zu sagen hat, zum einen Ohr rein und zum anderen wieder raus geht, dass es an einem vorbeigeht, weil man immer noch in den eigenen Gedanken und dem, was man sagen will, gefangen ist. Natürlich möchte man selbst derjenige sein, der erzählt, vielleicht hat man es in seinem Kopf schon getan. Aber das ist kein Thema, denn man weiß: Freundschaft schließe ich nicht aufgrund dessen, was ich zu sagen habe, sondern Freundschaft entsteht aufgrund dessen, was ich aufnehmen will. Man sieht und hört die andere Person dank erhöhter Aufmerksamkeit. Nun muss man sich noch genügend für das interessieren, was einem gegeben wird, damit man sich hinterher daran erinnern kann. Als Arzt schreibt man sich während einer Konsultation ein paar Stichworte auf, damit man sich, wenn der Patient wiederkommt, daran erinnert, worüber man gesprochen hat. Bei den tausend Patienten, die der Arzt in ein paar Monaten sieht, kann man sich unmöglich an alles erinnern. Aber für eine Freundschaft, die man schließt, sollte man keine Akte brauchen, sondern diese Akte sollte in dem Herzen sein. Echtes Interesse führt dazu, dass man sich an Dinge erinnert, als hätte man sie selbst erlebt. Das kann man natürlich üben. Man tut das nicht, wenn man sich mit einem potenziellen Freund unterhält, aber man kann versuchen, bei anderen Gelegenheiten das Interesse an dem, was man aufnimmt, so zu steigern, dass es bestehen bleibt. Junge Menschen haben oft ein lebhafteres Interesse als ältere Menschen. Und wenn dieses Interesse nachlässt, dann lauert die Gefahr der Demenz. Andererseits haben ältere Menschen viel mehr Lebenserfahrung, was bedeutet, dass sie viel verständnisvoller sein können, wenn sie den Mut aufbringen, dem anderen wirklich zuzuhören und ihn anzuschauen. Als jemand, der Freundschaft sucht, muss man also das geben, was man hat. Man kann nicht geben, was man nicht hat. Aber Aufmerksamkeit kann von jedem gegeben werden, ob jung oder alt, und Interesse kann geweckt werden. Wenn man wirklich eine Freundschaft mit jemandem sucht, warum sollte man nicht an jedem Bild, das er mit seiner Person zeigt, und an jedem Wort, das er spricht, bis zum Äußersten interessiert sein? Wenn uns jemand seine Lebensgeschichte erzählt, können wir uns dann nicht dazu durchringen, uns dafür genauso zu interessieren wie für unsere eigenen Lebensereignisse?

Vom Standpunkt der Natur aus kann man das nicht, das eigene Leben ist von höchstem Interesse, das Leben eines anderen ist höchstens etwas Interessantes.

Aber das Interesse dafür kann geweckt, kann verstärkt werden, und es ist absehbar, dass, wenn man das erringt, der andere damit ein Stück Glück bekommt, das so außergewöhnlich ist, dass er oder sie zunehmend selbst die Freundschaft mit einem sucht.

ÜBUNG: Prüfen der Aufmerksamkeit!

„Wenn man sich in einem empfänglichen Geisteszustand befindet, kann man die Dinge leicht verstehen; man hört zu, wenn man seine wahre Aufmerksamkeit auf etwas richtet.“

Krishnamurti (1895 - 1986)

VERSTEHEN UND BEGREIFEN

Die Menschen sehnen sich danach, von anderen verstanden zu werden, aber es ist nicht leicht, einen anderen wirklich zu verstehen. Was tun wir, wenn wir zuhören und aus dem Zuhören unser Verständnis bilden? Wir bedienen uns unseres bereits vorhandenen Rahmens von Begriffen, den wir im Laufe unseres Lebens aufgebaut haben und der auch stark von der Erziehung, dem Umfeld sowie den Vorlieben und Abneigungen mitbestimmt wird. Begriffe sind schließlich auch teilweise persönlich.

Der Begriff an sich ist etwas Allgemeines. Im Mittelalter, als die Wissenschaft des Denkens aufblühte, nannte man Begriffe *Universalien*, das heißt, sie haben einen universellen Charakter, sie sind für alle Menschen gleich. Aber die Synthese der Begriffe ist etwas ganz anderes. Da spielt die Persönlichkeit mit all den Aspekten, die ich erwähnt habe, die Hauptrolle. Wenn man jemandem zuhört, besteht die große Gefahr, dass man das, was man mit seinen eigenen Begriffen begreift, zurückgibt. Dann fühlt sich der andere wirklich missverstanden, weil er sein Bestes getan hat, um alles so genau wie möglich zu erzählen, und man versäumt hat es wirklich zu verstehen.

Das passiert auch, wenn man in der Öffentlichkeit bestimmte Dinge sagt oder schreibt. Die Leute hören zu, die Leute lesen und sagen hinterher: Sie hat dies oder jenes gesagt oder geschrieben. Wenn man das dann als Redner oder Schreiber wieder hört, ist man oft überrascht, was daraus im Begriff des Hörers oder Lesers geworden ist. Es ist also gar nicht so einfach, einem Mitmenschen das zu vermitteln, was er sich eigentlich wünscht, nämlich dass man das Gesagte begreift und man das Gesagte auch begreifen kann, so, wie der andere es wirklich meint. Dazu müssten wir sozusagen in das Denken und Sprechen des anderen einfließen, was bedeutet, dass wir nicht mehr bei uns selbst sind und uns somit auch nicht in das Verstehen einbeziehen, sondern sozusagen an der Gestaltung der Gedanken in der Sprache teilnehmen.

Das ist eine hohe menschliche Qualität. Es ist ein Aspekt der Liebe.

Wenn man das nicht kann, muss man Brücken zu dieser anderen Person bauen, durch die man sie erreichen und erfassen kann, was sie sagen will, ohne dass man die Möglichkeit hat, schon wirklich ganz in die Selbstvergessenheit zu gehen und ganz in der Einheit mit der anderen Person zu bleiben.

Eine sehr wirksame Brücke ist, dass man alles, was er sagt, *versteht*. In der Tat ist das Verstehen vor dem Begreifen. Natürlich versteht man, was die andere Person sagt, wenn man die gleiche Sprache spricht. Jetzt meine ich das Verstehen, wie es in der deutschen Sprache heißt, *verstehen statt begreifen*. Verstehen ist eine andere Tätigkeit. Es bedeutet, dass man wirklich hört und versteht, was die andere Person sagt, aber man lässt es nicht in den eigenen Begriffsrahmen einfließen, man bleibt sozusagen in den Phänomenen dessen, was die andere Person sagt, man bleibt in den Tatsachen und interpretiert überhaupt nicht. Das ist eine Vorstufe der Liebe, und man wird feststellen, dass es allmählich gelingt, sich loszulassen und sich im Denken und Sprechen mit dem anderen zu vereinen.

Stellen Sie sich vor, Sie hätten ein Gespräch mit jemandem, der das kann. Der nicht urteilt, sondern ganz im Verständnis bleibt. Endlich gibt es jemanden, der wirklich zuhört, was Sie zu sagen haben, und der durch dieses Zuhören versteht, was Sie sagen wollen.

Wenn Sie das tun können, haben Sie sich vollständig von

Kritik, von Urteilen distanziert. Es entsteht kein positives Urteil, kein negatives Urteil, nicht einmal ein neutrales Urteil, überhaupt kein Urteil. Alles, was auftaucht, ist Verständnis.

Es ist eine ungewohnte Art der Kommunikation, und es könnte sein, dass sie auch als Mangel empfunden wird, als ob man nicht urteilt, als ob man sich nicht einmischt, als ob man sozusagen dem folgt, was jemand sagt, ohne einen eigenen Standpunkt einzunehmen.

Aber in einer Freundschaft ist der eigene Standpunkt nur erwünscht, wenn er gefragt wird. Natürlich kann es vorkommen, dass jemand einen um den Standpunkt bittet, zum Beispiel in einer Situation, in der er oder sie einen Rat braucht. Dann reicht das bloße Verstehen nicht aus. Dann muss man das, was man verstanden hat, in die Begriffe eindringen lassen und dem anderen dann aus diesen Begriffen heraus eine Form des Urteils zurückgeben. Wenn aber das Verstehen zwischen Zuhören und Begreifen liegt, wird das Verstehen viel mehr mit dem übereinstimmen, was die andere Person sagen wollte, und das Urteil wird tatsächlich in die Lebenssituation der anderen Person passen.

Das erfordert große Sorgfalt und Vorsicht. Das passt nicht in unsere Gesprächskultur. Wir ziehen es vor, zu reden und zu sehen, wo wir landen. Natürlich kann das unter bestimmten Umständen in Ordnung sein, es kann sehr gesellig sein, auch unter Freunden, und man braucht diesen Aspekt in einer Freundschaft natürlich. Aber wenn man eine Freundschaft aufbauen will, wird nicht viel dabei herauskommen, wenn man nicht dazu kommt, die Worte des Freundes, der Freundin wirklich zu verstehen. Und das beschränkt sich nicht nur auf die Worte. Was nicht gesagt wird, wird man auch immer besser verstehen.

Wenn wir uns in einem fremden Land befinden, in dem eine Fremdsprache gesprochen wird, die wir nur ein wenig beherrschen, sind wir ganz auf dieses Verständnis konzentriert. Das Kuriose ist, dass man dann oft aus dem Kontext, viel mehr aus dem Umriss, versteht, was der andere in dieser Fremdsprache sagt. Man kommt nicht dazu, ein Verständnis oder ein Urteil zu bilden, weil die ganze Aufmerksamkeit auf das Verstehen des Gesagten gerichtet sein muss. Man muss dann auch wahrnehmen, was *nicht* gesagt wird. Die Haltung, die man dann notwendigerweise einnimmt, ist ein gutes Beispiel für die Seelenhaltung, die man einnehmen muss, wenn man den Freund wirklich verstehen will.

Wenn man dieselbe Sprache spricht, ist die sprachliche Verständigung natürlich kein Problem. Aber das Verstehen der Absicht – *was* der andere nun eigentlich meint – hängt ebenso sehr vom Kontext ab wie bei demjenigen, der eine fremde Sprache spricht. Um die Absicht zu verstehen, muss man sich selbst vergessen und sich ganz dem hingeben, was in der anderen Person vorgeht.

Natürlich ist es bei weitem nicht immer so, dass das, was die andere Person sagt, tatsächlich von Bedeutung ist. Auch der zukünftige Freund oder die zukünftige Freundin kann eine Menge Unsinn erzählen und dann ist diese Form des Zuhörens natürlich eine Verschwendung von Aufmerksamkeitsenergie. Aber man lernt, das zu erkennen, und die meisten Menschen erkennen das immer!

Die Kunst ist, zu lernen, auf all diese Dinge zu achten. Eine echte Freundschaft, so freudig und glücklich sie auch sein mag, ist immer noch eine ernste Angelegenheit, und irgendwann kommt man an die Grenze von allem, was sichtbar und hörbar ist, und bekommt eine Ahnung davon, wer das eigentlich ist, mit dem man befreundet sein möchte.

Dann ist es nicht mehr so sehr das Rätsel der Person, das die beiden zusammengebracht hat. Wenn man erst einmal zusammen ist, beginnt diese andere Person sowieso immer mehr zu sprechen.

Wenn dies wechselseitig auftritt, entwickelt sich eine Freundschaft. Das muss unbedingt geschehen.

In der Literatur sind sich alle einig, dass Freundschaft auf Gegenseitigkeit beruht. Keine Freundschaft entwickelt sich nur in eine Richtung. Man kann sich noch so sehr bemühen, jemanden zu seinem Freund oder seiner Freundin zu machen. Wenn derjenige nicht selbst einen Schritt macht, wird daraus nichts.

Die Befriedigung des Wunsches nach Verständnis ist ein fast sicherer Weg zur gegenseitigen Freundschaft.

ÜBUNG: Mache eine Woche lang die Übung, die Freunde zu verstehen.

„Die Wirklichkeit eines anderen Menschen liegt nicht in dem, was er Ihnen offenbart, sondern in dem, was er Ihnen nicht offenbaren kann. Wenn du ihn also verstehen willst, dann höre nicht auf das, was er sagt, sondern auf das, was er verbirgt."

Khalil Gibran (1883 - 1931)

„Hilf uns, mehr danach zu streben, zu verstehen, als verstanden zu werden."

Franz von Assisi (1181 - 1226)

Es geht natürlich nicht darum, dass man einen Kurs besuchen muss, bevor man eine Freundschaft schließen kann. Ich möchte nur einige offensichtliche Eigenschaften, Gewohnheiten, besprechen, die die Grundlage für wahre Freundschaft sind. Die kann man übrigens selbst herausfinden, wenn man sich fragt: Wann erlebe ich, dass jemand wirklich ein Freund ist? Ich denke, das Wort *Sicherheit* spielt dann eine wichtige Rolle. Wenn man ständig aufpassen muss, wie man sich verhält, was man sagt, was man denkt, was man tut, dann fühlt man sich nicht sicher, sondern man fühlt sich einer Prüfung ausgesetzt, die der andere einem abnimmt. Natürlich ist das extrem ausgedrückt, es ist normalerweise nicht so intensiv. Aber an sich ist es ein normales Verhalten, dass man sich aus dem einen oder anderen Grund nicht sicher fühlt. In einer Freundschaft sollte diese Sicherheit par excellence gegeben sein. Wann fühlen wir uns bei einem anderen Menschen sicher? Ich habe bereits über Wahrhaftigkeit, Aufmerksamkeit und Verständnis gesprochen. Aber es gibt noch etwas anderes, das sehr wichtig ist, nämlich dass man nicht jeden Moment durch unerwartete Äußerungen aufgeschreckt wird.

Wenn wir sagen: „Ich muss wahrhaftig sein", könnte das bedeuten, dass wir meinen, wir sollten in der Lage sein, alles zu sagen und zu tun, was uns in den Sinn kommt, und zwar ungehemmt. Das ist in der Tat wahrhaftig, aber das ist nicht beherrscht, und diese Vorsicht ist eigentlich Teil der Wahrhaftigkeit. Manche Dinge kann man nicht sagen, manche Dinge kann man nicht tun. Wenn man es trotzdem tut, wenn man es trotzdem sagt, ist es schlimmstenfalls schamlos, zumindest aber indiskret oder taktlos. Taktgefühl und Diskretion sind wichtige Eigenschaften, wenn wir wirklich mit Menschen befreundet sein wollen. Sie sollten uns vertrauen können und nicht jeden Moment durch eine extreme Aussage oder Annäherung aufgeschreckt werden. Es gibt Menschen, die sich wirklich für die Höhen und Tiefen ihrer Mitmenschen interessieren, aber darin nicht gehemmt sind. Sie setzen sich sozusagen auf den Schoß des anderen, um zu hören, was er zu sagen hat, und die meisten Menschen sind darüber nicht glücklich. Außerdem sagen sie Dinge, die man lieber nicht hören möchte, auch wenn sie noch so gut gemeint sind. Jemand, der einen sehr enthusiastischen Charakter hat, sollte das unbedingt beachten. Diejenigen, die sehr direkt sind, haben im Allgemeinen auch die Eigenschaft, etwas zu schnell zu sagen oder zu tun. Es gibt auch Menschen, die tiefe Kontakte so sehr mögen, dass sie in Gesprächen mit Menschen, die sie gar nicht so gut kennen, das Gespräch genauso weit führen wie mit jemandem, den sie sehr gut kennen.

All das liegt im Bereich der Diskretion und des Takts. Takt ist eher eine Höflichkeit, ein Charakterzug, der an Unwahrhaftigkeit grenzen könnte. Diskretion ist eher selbstbewusst und edel.

Wenn es jemals eine Ära geben wird, in der alle Menschen Freunde sind, werden sich diese Menschen nicht nur überschwänglich lieben, sondern sie werden auch ehrfürchtige Scheu für die Unberührbarkeit der Individualität, des Wesens haben.

Das Wesen darf man anschauen, ihm seine Aufmerksamkeit schenken, man kann versuchen, es zu verstehen, aber man darf sich nicht einmischen. Man sollte lernen zu fühlen, dass es ein gewisses Maß an Respekt für die Integrität des anderen Menschen geben sollte. Die Freiheit sollte bestehen bleiben, dass die andere Person das geben kann, was sie wirklich geben will, und nicht, dass ihr etwas weggenommen wird von jemandem, der weiß, wie er sich auf eine bestimmte Weise Zugang verschaffen kann. Man kann sicher sein, dass der potenzielle Freund frustriert zurückbleibt, wenn er dann aus der Tür geht. Diese Person hat dann Dinge gesagt oder getan, die sie eigentlich nicht wollte, zu denen sie aber in irgendeiner Form verleitet wurde. Dabei handelt es sich nicht um eine körperliche Versuchung, sondern um eine bestimmte Art der Ansprache, die einen dazu bringt, Dinge zu sagen oder zu tun, die man eigentlich nicht sagen oder tun möchte. Wenn diese Versuchung sehr stark ist, dann ist sie schamlos. Meistens ist sie nicht so stark. Aber ein solcher Freundschaftssucher wird es schwer haben, echte Freundschaften zu schließen. Am Anfang geht alles gut, aber sobald sich eine gewisse Vertrautheit einstellt, geht man zu weit, und dann fühlt sich die andere Person nicht mehr sicher, nicht wohl und schließt die Jalousien oder öffnet den Kühlschrank - und man versteht nicht, warum.

Die Suche nach dem Guten im Leben ist immer die Suche nach *der goldenen Mitte der Wahrhaftigkeit*. Wir wollen, dass unsere Äußerungen mit dem übereinstimmen, was wir denken und fühlen, aber um in der Mitte zu bleiben, müssen wir darin zurückhaltend sein. Man muss in der Lage sein, die Folgen seiner Worte und Handlungen abzuschätzen, bevor sie eintreten. *Aufmerksamkeit* ist eine schöne Eigenschaft, aber auch dabei kann man zu weit gehen. Stellen Sie sich vor, Sie schenken jemandem Aufmerksamkeit, indem Sie seinen Blick einfangen, ihm in die Augen sehen und nicht damit aufhören. Nicht jeder ist davon begeistert. Man kann auch mit der Aufmerksamkeit selbst zu weit gehen und muss immer wieder zurückkommen und *reagieren*, um zu zeigen, dass man die Aufmerksamkeit hatte, sonst wird es zu einem starren Schauspiel.

Das Gleiche gilt für das Verstehen und Begreifen. Ich

glaube, man kann in seinem Willen nicht weit genug gehen, um wirklich zu begreifen, was jemand meint, nicht nur mit Worten, sondern auch mit Taten. Aber in der Begegnung mit Menschen muss es immer einen Rhythmus geben, von einem zum anderen, vom anderen zum einen. Wenn das einseitig ist, kommt man auch aus der Mitte heraus.

ÜBUNG: Überlege: Die Mitte ist aus Gold, und so ist auch wahre Freundschaft.

„Die Tugend ist der Mittelweg zwischen zwei Übeln."

Aristoteles (384 v. Chr. - 322 v. Chr.), *Ethica Nicomachea*

MENSCHENVERTRAUEN

„Wenn wir uns fragen: Was benötigst du am meisten, wenn du in Zukunft ein sittlicher Mensch sein willst? So können wir nur die Antwort geben: Menschenvertrauen mußt du haben.“

Rudolf Steiner (1861 - 1925) GA 217, S. 96

Beim Entstehen von Freundschaften ist der Egoismus ein sehr großes Hindernis. Wegen des Egoismus kapselt man sich ab und lebt in einem Haus ohne Fenster, aber mit unzähligen Spiegeln an der Wand. Alles, was hereinkommt, spiegelt sich in seinem Wesen, und so lernt man die Welt eigentlich gar nicht kennen, sondern sieht die Welt ständig in einem Spiegelbild von sich selbst. Das ist ein sehr trauriger Zustand, und doch will man sich nicht davon befreien. Im Extremfall führt dies im Alter zu Demenz, weil der Kontakt zur Außenwelt so schlecht gepflegt wird, dass man nur noch in seinem Spiegelbild lebt. Die Aufmerksamkeit für die Außenwelt nimmt immer weiter ab. Die kleinen Öffnungen, die man in der Kindheit noch hatte, sind im Gedächtnis, aber die jüngsten Erlebnisse vergehen beim Aufkommen unmittelbar wieder.

Ein Egoist schließt keine Freundschaften außer mit sich selbst. Nun sind die meisten Menschen nicht absolut egoistisch, sondern haben ein oder mehrere Fenster nach außen, durch die das Licht des anderen trotzdem hineinscheint. Die Strahlung von außen kann so stark sein, dass der Spiegel nicht mehr funktioniert und die Realität wirklich zu einem durchdringt. Das passiert in der Liebe, die sich auf vergangene Ereignisse stützt.

Ein großer Egoist ist nicht damit beschäftigt, eine Freundschaft auf der Grundlage seiner eigenen Aktivität zu suchen, sondern wartet passiv ab, ob jemand sieht, wie großartig er ist. Mehr oder weniger egoistisch sind wir natürlich sowieso alle. Bei der Selbstuntersuchung eines Menschen, der gerne Freundschaften schließt, ist es wichtig, diesen Spiegelungsprozess kennen zu lernen. In der Psychologie wird er auch Projektion genannt. Es bedeutet, dass man alles, was man erlebt, nach seinem eigenen Rahmen interpretiert und über den anderen hinüberstülpt. Das ist derselbe Prozess, aber anders beschrieben.

Ein Freund muss Liebe kennen, und Liebe ist kein Egoismus.

Nun kann man natürlich das ganze Ego ablehnen und versuchen, völlig Ego-los zu werden. Aber das Wort Selbstsucht bedeutet ein Verlangen nach dem Selbst. Man kann genauso gut sagen, dass man den Egoismus erst aufgeben kann, wenn man das Selbst gefunden hat. Wenn man es gefunden hat, kann man es nach Belieben behaupten oder zurücknehmen.

Der Egoist vertraut faktisch nur sich selbst, denn er kennt die Außenwelt nicht, und alles Fremde wird mit Misstrauen betrachtet. Der Freund hingegen sucht den anderen, wie er ist, und strebt im Gegenteil danach, sich mit diesem fremden anderen vollständig zu identifizieren, so dass das *Ich zu einem Du* und das *Du zu einem Ich* wird.

Dies ist nur möglich, wenn der Ausgangspunkt völliges *Vertrauen* in den anderen Menschen ist. Das bedeutet, die Vorsicht aufzugeben, das Risiko einzugehen, schlecht behandelt oder belogen zu werden. Man geht davon aus, dass die andere Person nicht so sein wird, dass sie nicht zulassen wird, dass einem etwas Schlimmes passiert.

Im Umgang mit Menschen hat man immer das Gefühl, dass man verletzt werden kann. Nicht, dass alle Menschen böse Absichten haben, aber alle Menschen sind in gewisser

Weise auch egoistisch und können einen auch ganz ungewollt verletzen. Das scheint ein Relikt aus der Zeit zu sein, als die menschliche Seele noch eine starke animalische Natur hatte, die da sein musste, um ihr Territorium abzustecken und um Macht und Ohnmacht zu bekämpfen. Das sind tierische Prozesse, die im menschlichen Verkehr keinen Platz mehr haben, aber natürlich trotzdem ständig alles durchdringen wollen.

Als Freund sollten wir davor keine Angst haben. Vielleicht ist es notwendig, Angst davor zu haben, aber wir müssen das trotzdem vergessen und dem anderen unser volles Vertrauen schenken - so wie wir vielleicht hoffen, dass der andere das auch bei uns tut. Früher habe ich dies Sicherheit genannt. Jetzt nenne ich es Vertrauen.

Das Vertrauen liegt im Herzen. Es muss sich öffnen und das Wesen der anderen Person voll und ganz akzeptieren, ebenso wie ihre Schwächen. Es ist gut möglich, dass man das nicht tun kann. Dann ist eine echte Freundschaft mit dieser Person nicht möglich. So wie das Schicksal uns Menschen bringt, mit denen wir durch die Wirkung des anderen Freundschaft empfinden, so bringt das Schicksal uns natürlich auch Menschen, für die wir mit keiner Möglichkeit Freundschaft empfinden können. Das können wir akzeptieren oder nicht. Eine hochentwickelte Seele wird es vielleicht schaffen, eine natürliche Antipathie in eine Sympathie zu verwandeln. In bestimmten Fällen ist es sicher einen Versuch wert. Es mag sogar notwendig sein, es zu versuchen. Aber es ist natürlich auch klar, dass das Ideal, dass *alle Menschen Freunde werden*, in unserer Zeit noch nicht erreichbar ist. Andererseits müsste man sich nicht mit den Freundschaften zufrieden geben, die einem sozusagen passiv in den Schoß fallen. Man kann das Ideal haben, dass *alle Menschen Freunde werden*, und sehen, wie weit man kommt, wenn man die Freundschaft pflegt.

In der Natur sind bestimmte Pflanzen in bestimmten Regionen zu Hause. Es ist aber oft möglich und kommt auch vor, dass bestimmte Pflanzen aus ihrer Heimat in andere Regionen gebracht werden, dort angebaut werden und dann auch dort gedeihen. So ist es auch mit der Freundschaft.

Wenn man das Wesentliche der Freundschaft lernt, kann man sie mit vielen Menschen pflegen. Das erfordert ein offenes Herz des Vertrauens und man muss den Mut haben, verletzlich zu sein und keine Angst zu haben. Es ist unter Menschen unvermeidlich, dass sie sich gegenseitig verletzen. Dann kann man immer noch sehen, wie man weiterkommt, ob diese Verletzungen heilbar sind und man gerade in der Freundschaft weitergekommen ist, oder ob eine weitere Entwicklung der Freundschaft unmöglich ist.

Man wird auch manchmal erleben, dass in einer wachsenden Freundschaft die andere Person einem nicht vertraut. In einem solchen Fall gibt es viel über Freundschaft zu lernen, weil man dann selbst erfahren kann, was Freundschaft eigentlich ist, weil man selbst erlebt, dass die Freundschaft, die man jemandem widmen möchte, verletzt ist.

ÜBUNG: Eine ganze Woche nur mit Menschenvertrauen leben!!

Wahre Freundschaft an sich ist ein Ideal. Die Freundschaft mit allen Menschen ist ein Ideal für die Zukunft, das noch weiter geht als dass *alle Menschen zu Brüdern werden.*

HINDERNISSE

Natürlich gibt es zahlreiche Hindernisse für eine Freundschaft. Das Haupthindernis ist, dass der gewünschte Freund nicht will, und da eine Freundschaft nur auf Gegenseitigkeit beruhen kann, schließt der Unwille eines der beiden eine Freundschaft aus. Manchmal kann man sehr stark den Willen verspüren, diesen Unwillen zu überwinden. Natürlich kann man das versuchen, und ich glaube auch, dass die Freundschaft, die sich daraus entwickelt, sehr stark und tief ist, wenn es gelingt. Aber normalerweise bedeutet der Unwille eines der beiden, dass man einfach aufgeben muss.

Dann gibt es natürlich andere Menschen, die ein Hindernis sein können. Es gibt Menschen, die ein Interesse daran haben, dass diese Freundschaft nicht besteht, nicht entsteht. Ein Partner kann zum Beispiel bedauern, dass der Freund oder die Freundin noch eine Beziehung zu jemand anderem hat. Es können auch geschäftliche Interessen sein, die eine Freundschaft zwischen bestimmten Personen unerwünscht machen.

Es gibt also verschiedene Ursachen für das Scheitern einer Freundschaft, die sich im Interesse anderer Menschen entwickelt. Die Frage ist immer, ob man in solchen Fällen nicht einfach zurücktreten sollte.

Der Wunsch nach Freundschaft ist bestimmt nicht dasselbe wie eine Verliebtheit. Freundschaft hat in erster Linie nichts mit einer körperlichen Beziehung zu tun. Man sollte also wirklich mit jedem befreundet sein können und dürfen. Aber wir Menschen sind einfach noch nicht so weit. Es gibt Dinge, die scheinen so unmöglich zu sein, dass es besser ist, sie nicht zu tun.

Eine Freundschaft kann sich auch auf natürliche Weise entwickeln, zwischen Menschen, die ursprünglich ein eher neutrales Verhältnis zueinander hatten. Sie kann entstehen, weil man bestimmte Dinge gemeinsam tut und dabei gegenseitig merkt, dass man es mit einem sehr wertvollen Menschen zu tun hat, mit dem man gerne in Kontakt bleiben möchte, auch wenn die Zusammenarbeit oder das gemeinsame Tun vorbei ist. Dann sind es oft die äußeren Lebensumstände, die dem Erhalt einer solchen Freundschaft im Wege stehen. So verhält es sich auch mit Urlaubsfreundschaften. Oft lässt sich ein so außergewöhnlicher Kontakt, wie er in den Ferien für ewig zu bestehen schien, nach der Rückkehr in den Alltag nicht mehr aufrechterhalten. Wenn sie doch zustande kommen, sind es oft tiefe und wertvolle Freundschaften.

Ereignisse im Leben können auch Hindernisse sein, die während der Entwicklung einer Freundschaft auftreten. Diese können sogar die Form von Prüfungen annehmen. Sie scheinen den guten Willen in der Freundschaft zu prüfen. Natürlich passiert es oft, dass jemand anderes auftaucht und anfängt, etwas über den Freund zu sagen. Etwas, das sehr negativ ist. Wenn das passiert, fragt man sich natürlich: Warum tut diese Person das? Ist da eine gewisse Eifersucht im Spiel? Möchte sie die aufkeimende Freundschaft zerstören? Oder ist es eine berechtigte Warnung?

Letzteres würde ich nicht glauben wollen, denn in einer aufblühenden Freundschaft braucht man keine Warnungen. Im Gegenteil, man setzt sein volles Vertrauen in sie. Wenn etwas nicht vertrauenswürdig ist, wird man das im Laufe der Zeit herausfinden - so schmerzhaft das auch sein wird. Wenn man einander noch nicht voll vertraut, aber bereits mit Misstrauen konfrontiert ist, wird es sehr schwierig, in einem gesunden Prozess zu bleiben.

Die ganz bewusste Suche nach einer Freundschaft mit jemandem kann einen von Zeit zu Zeit das Gefühl geben, dass man es mit Luftschlössern zu tun hat, mit Fantasie, mit Möglichkeiten jenseits der Realität. Wenn solche Gefühle und Gedanken aufkommen, hat man es mit inneren Hindernissen zu tun. In unserer Zeit muss alles nüchtern und gut dokumentiert sein. Wie oft hören wir sagen: Die Forschung hat gezeigt...?

Was ich jetzt über das Zustandekommen einer gewollten Freundschaft erörtere, kann sehr leicht widerlegt werden, vielleicht mit einer Studie, die gezeigt hat, dass es so etwas nicht gibt. Verhalte dich einfach normal, dann bist du verrückt genug. Die Idealisierung eines Mitmenschen ist eine lächerliche Sache... Solche Gefühle und Gedanken können leicht aufkommen und dazu führen, dass man seine Bemühungen aufgibt. Natürlich macht es auch absolut keinen Sinn, verzweifelte Versuche zu unternehmen. Man lernt jemanden kennen und könnte dem gegenüber gleichgültig sein. Aber man hat nun gerade das Gefühl, dass es auch eine Möglichkeit gibt, sich mit dieser Person anzufreunden, wenn man einander begegnet. Wenn sich herausstellt, dass die andere Person auch gerne mit einem umgeht, gibt man ihr die Möglichkeit, mehr für sie zu bedeuten als nur eine Bekanntschaft. Aber in dem Moment, in dem das erzwungen wird, zertrampelt man auch den Keim einer Freundschaft. Sie muss von selbst gedeihen dürfen, und das Einzige, was man tun kann, ist, die Bedingungen so zu gestalten, dass Wachstum und Gedeihen auch möglich sind. Alles, was man zu wenig tut, verhindert die Freundschaft, aber alles, was man zu viel tut, unterdrückt sie.

Mit jemandem Freundschaft schließen zu wollen, bedeutet *Selbsterziehung*. Man will ein guter Kamerad auf dem Lebensweg sein, und das erfordert in allem, dass man selbst kein Hindernis ist, sondern jemand, der zeigt, was ein wahrer Mitmensch bedeuten kann.

ÜBUNG: Eine ganze Woche lang kein Hindernis sein!

„Die Eifersucht von Freunden macht mich kaputt, nicht der Hass von Feinden."

Friedrich von Schiller (1759 - 1805)

SYMPATHIE ODER LIEBE

Wir haben einen breiten Überblick über Freundschaft gewonnen und auch darüber, wie man ein Freund eines Freundes ist oder wird. Wenn wir uns eingehend mit Freundschaft befasst haben, wissen wir, dass es im Kern um das wahre Wesen des anderen geht und dass das viel wichtiger ist als alle Eigenschaften, mit denen man zu tun hat. Natürlich kann man das wahre Wesen auch im Äußeren sehen.

Jeder wird schon einmal die Erfahrung gemacht haben, dass man jemandem begegnet und einen Schock bekommt, obwohl man diese Person noch nie zuvor gesehen hat und daher gar keinen Schock bekommen sollte. Man bekommt einen Schock des Wiedererkennens. Dann weiß man ja noch gar nicht, welche Eigenschaften diese Person hat, und doch fühlt man sich vielleicht unwiderstehlich zu ihr hingezogen. Es ist das Wesen dieser anderen Person, das einen anzieht. Wenn es sich nicht um eine schicksalhafte Begegnung handelt, sondern um eine neue Begegnung mit jemandem, mit dem man keine komplizierte Vergangenheit hat, kann es trotzdem sein, dass das Wesen des anderen einen unwiderstehlich anzieht, ohne dass man sich gleich verlieben muss. Es ist eine angenehme Anziehungskraft, die einen dazu bringt, diese Person weiter kennen zu lernen. Es ist vielleicht nicht Liebe auf den ersten Blick, aber es ist Sympathie. Für eine Freundschaft ist es jedoch wichtig, zwischen diesen beiden Gefühlen und Impulsen zu unterscheiden. Der Unterschied zwischen Sympathie und wahrer Liebe.

Wenn man viel Sympathie für jemanden hat, nennt man das Liebe. Ich liebe dich, ich liebe sie, ich liebe ihn... Das bedeutet, dass man den anderen als einen angenehmen Menschen empfindet, mit dem man gerne zu tun hat. Das ist natürlich eine sehr gute Basis für eine Freundschaft und vor allem, wenn der andere sie auch hat. Es kann eine völlig körperlose Anziehung sein. Sympathie bedeutet, dass man mit dem Wesen des anderen sympathisiert und dass es nicht etwas gibt, was einen so abstößt, dass es zu einer abstoßenden Bewegung wird. Es ist eine anziehende Bewegung. Das ist aber keine feste Bedingung für Freundschaft, wie wir bei der Freundschaft zwischen Goethe und Schiller gesehen haben, wo eher die Antipathie vorherrschend war.

Liebe ist noch etwas ganz anderes. Für Liebe braucht man keine starke Sympathie. Der barmherzige Samariter, der an dem schwer verletzten Mann am Straßenrand vorbeigeht, hat keinen Anlass, diesen Menschen attraktiv zu finden oder nicht. Er ist vom Leid berührt und will sich deshalb bemühen, dieses Leid zu lindern. Das ist Liebe. Liebe ist viel mehr als ein Gefühl, sie drückt sich in einer Handlung aus. Wenn man Liebe für jemanden empfindet, dann ist das in der Regel Sympathie, es ist eine gewisse Freude damit verbunden. Wahre Liebe braucht das alles nicht, Liebe ist eine Kraft, die einen dazu bringt, sich selbst völlig zurückzustellen und sich dem Schicksal des anderen hinzugeben. Natürlich ist diese Liebe nur dann echte Liebe, wenn sie auch in Maßen gegeben wird, d.h. in der richtigen Mitte gehalten wird. Niemand will mit ungewollter Liebe überschüttet werden, dann ist es keine Liebe mehr. Liebe ist sanft und nimmt Rücksicht auf das Wesen desjenigen, der die Liebe empfängt.

Wahre Liebe ist völlig uneigennützig, und deshalb ist Liebe nicht in jedem Fall angenehm. Es kann sein, dass man mit der Notlage eines anderen mitfühlen möchte, und zwar nicht nur gefühlsmäßig, sondern auch, um ein Stück des Lebens des anderen zu übernehmen. Das ist Liebe. Dafür gibt es viele Beispiele in der Religionsgeschichte. Von Frauen und Männern, die schließlich heiliggesprochen wurden, weil sie in der Lage waren, sich selbst völlig zu vergessen und entgegen aller bürgerlichen Moral Caritas zu praktizieren. Das ist in unserer Zeit zur Geschichte gehörend und dann auch noch der katholischen Geschichte, aber man muss es nicht wegwerfen, es ist da. Von diesen extremen Beispielen der Selbstverleugnung kann man viel lernen.

In unserer Zeit, in der sich das Selbstbewusstsein entwickelt, ist es eine wahre Kunst, sich einem anderen Menschen in Liebe hinzugeben, und trotzdem das Selbstbewusstsein aufrecht zu erhalten. Das ist mühsam, das erfordert Einsatz, das kann Leid und Schmerz erzeugen - oft auch Glück und Freude. Aber es geht einen nicht um die Rettung des eigenen Lebens. Sympathie ist eine Vorstufe der Liebe, aber sie ist keine Liebe.

Das ist sehr wichtig für eine Freundschaft. Natürlich muss es Sympathie für etwas geben, sonst kann es keine Freundschaft geben. Aber die Treue der Freundschaft erfordert auch Liebe. Dann genügt Sympathie nicht.

Mit Sympathie kann man an einem Tisch in einem Restaurant zusammensitzen, oder nebeneinander in einem Konzertsaal, oder auf einem Spaziergang durch die Natur gehen, umhüllt von gegenseitiger Sympathie, im Gespräch über gemeinsame Ideale, im Austausch über gemeinsame Interessen... Das ist Freundschaft in der Sphäre der Sympathie. Aber in keinem Leben gibt es nur Glück, es bringt auch Unglück für jeden. Dann wird die Freundschaft auf die Probe gestellt, ob sie echt ist. Wenn man zu sehr mit anderen Sachen beschäftigt ist, um den Freund in Not unterstützen oder retten zu können, dann ist diese Probe nicht bestanden. Die Schwierigkeiten im Leben des Freundes sind nicht sympathisch, es können sogar Ereignisse sein, die man hat kommen sehen, weil man bereits sah, dass die andere Person bestimmte Dinge wirklich falsch macht. Wenn dann etwas schief geht, ist man vielleicht verärgert und empfindet Antipathie angesichts der Tatsache, dass das, was man vorhergesagt hat, nun tatsächlich eintritt. Das sind Prüfungen der Freundschaft, denn es geht nicht darum, dass man sein Leben an der Stelle des Lebens der anderen Person setzt und dann einfach zu wissen meint: „Ich hätte es nicht so gemacht" - sondern es geht darum, zu sehen, was passiert, und als Freund da zu sein, egal was passiert. Solche Prüfungen liegen in ganz kleinen Dingen, liegen auch in großen Ereignissen, und kein Mensch wird diese Prüfungen zu hundert Prozent bestehen. Aber auch hier wird es der Fall sein, dass man trotzdem mit einer Vier durchkommt. Natürlich verzeiht man sich auch gegenseitig sehr viel, wenn also der Freund oder die Freundin in der Not gerade nicht zu Hause ist, wartet man auf ein anderes Mal und dann wird es wieder ganz anders sein.

Es gibt viele Worte für die Eigenschaften, die man in eine Freundschaft einbringt, weil man befreundet ist. Liebe ist das äußerste Wort. Durch Liebe wird alles gegeben und nichts verlangt.

ÜBUNG: Überlegen Sie:
Sympathie ist vor allem ein Gefühl.
Die Liebe liegt viel mehr im Willen.

Der Weg der Liebe

Wenn ich mit Menschen- und mit Engelszungen rede, aber keine Liebe habe, so bin ich ein tönendes Erz, eine lärmende Zimbel.

Und wenn ich die Gabe prophetischer Rede habe und alle

Geheimnisse kenne und alle Erkenntnis besitze und wenn ich allen Glauben habe, Berge zu versetzen, aber keine Liebe habe, so bin ich nichts.

Und wenn ich all meine Habe verschenke und meinen Leib dahingebe, dass ich verbrannt werde, aber keine Liebe habe, so nützt es mir nichts.

Die Liebe hat den langen Atem, gütig ist die Liebe, sie eifert nicht.

Die Liebe prahlt nicht, sie bläht sich nicht auf, sie ist nicht taktlos, sie sucht nicht das ihre, sie lässt sich nicht zum Zorn reizen, sie rechnet das Böse nicht an, sie freut sich nicht über das Unrecht, sie freut sich mit an der Wahrheit.

Sie trägt alles, sie glaubt alles, sie hofft alles, sie erduldet alles.

Die Liebe kommt niemals zu Fall: Prophetische Gaben - sie werden zunichte werden; Zungenreden - sie werden aufhören; Erkenntnis - sie wird zunichte werden.

Denn Stückwerk ist unser Erkennen und Stückwerk unser prophetisches Reden. Wenn aber das Vollkommene kommt, dann wird zunichte werden, was Stückwerk ist. Als ich ein Kind war, redete ich wie ein Kind, dachte wie ein Kind, überlegte wie ein Kind. Als ich aber erwachsen war, hatte ich das Wesen des Kindes abgelegt.

Denn jetzt sehen wir alles in einem Spiegel, in rätselhafter Gestalt, dann aber von Angesicht zu Angesicht. Jetzt ist mein Erkennen Stückwerk, dann aber werde ich ganz erkennen, wie ich auch ganz erkannt worden bin.

Nun aber bleiben Glaube, Hoffnung, Liebe, diese drei. Die grösste unter ihnen aber ist die Liebe.

Die Briefe des Apostels Paulus, 1. Korinther 13

UMKEHRUNG DES WILLENS

Wir haben jetzt im zweiten Teil über die Freundschaft gesprochen, die man bewusst mit Menschen sucht, wo sie nicht spontan entsteht. Die Frage ist: Wenn man eine Freundschaft mit jemandem hat und in der Beziehung etwas völlig schiefläuft, so dass der andere nicht mehr weitermachen will und die Freundschaft abbricht, indem er entweder offen streitet oder sich allen weiteren Absprachen entzieht, dann ist die Frage, ob sich dieser Unwille noch in ein „trotzdem wollen" umkehren lässt. Das scheint dasselbe zu sein wie der Wunsch, eine Freundschaft mit jemandem zu beginnen, mit dem es nicht offensichtlich ist, aber in Wirklichkeit ist es natürlich etwas ganz anderes. Wenn man eine schicksalhafte Beziehung zu jemandem hat, spielen neben den Ereignissen, die man mit der Vernunft nicht erklären kann, immer auch Gefühle und Willensimpulse eine Rolle. So kann aus einer Sympathie eine heftige Antipathie werden, auch ohne direkten Grund. Da Freundschaft immer auf Gegenseitigkeit beruht, endet die Freundschaft an diesem Punkt, auch wenn man weiterhin miteinander zu tun hat. Man kann sogar weiterhin miteinander umgehen und dieselben Dinge tun, dieselben Gespräche führen, auch wenn das Band der Sympathie, das da war, zerrissen ist. Die Frage ist also: Lässt sich diese Antipathie in Sympathie umwandeln?

Wenn derjenige, der die Antipathie hat, dies *will*, ist es natürlich möglich. Aber wenn derjenige auf seinem Unwille beharrt, was müsste man dann tun, um den Zugang zu der anderen Person wiederherzustellen? Der einzige Zugang scheint mir das Gespräch zu sein. Man muss dann den Mut aufbringen, direkt zur Sache zu kommen und versuchen, sich bewusst zu machen, was genau sich verändert hat. Oft weiß es der andere nicht einmal selbst. Es ist wie eine Naturkatastrophe, wie ein aufziehendes Gewitter, das man auch nicht einfach rückgängig machen kann.

Aber unter Menschen wirkt das Gespräch wirklich Wunder. Vielleicht kann man darüber sprechen, wann die Antipathie zum ersten Mal so richtig aufkam. Natürlich gibt es in jeder Beziehung Anzeichen von Antipathie, die aber im Laufe der Beziehung immer mehr überwunden werden. Wenn eine starke Antipathie auftritt, wäre es wunderbar, wenn man gemeinsam darüber sprechen könnte. Ist es möglich, den Moment zu finden, in dem diese Antipathie zum Vorschein kam? Wenn es gelingt, diesen Moment gemeinsam zu finden, selbst wenn die Erinnerung daran schmerzhaft wird, dann ist das Bewusstwerden des Ursprungs der Antipathie gleichzeitig eine Aufhebung der Antipathie. Antipathie kann wie eine Depression so wachsen, dass nichts mehr zu helfen scheint. Wenn man nicht weiß, woran man leidet, wächst das Leiden. Mir scheint, dass der Mut zu einem offenen und ehrlichen Gespräch das einzige Heilmittel ist. Wenn es abgelehnt wird oder ein solches Gespräch scheitert, dann sollte Geduld der heilende Faktor sein. Man distanziert sich dann voneinander und vielleicht kommt eines Tages die Zeit, in der man die alte Verbundenheit wieder spüren kann.

Es ist klar, dass es im menschlichen Miteinander, in der Freundschaft und in der Liebe nicht nur Glück, sondern auch tiefsten Schmerz gibt. Einen Menschen zu verlieren, mit dem man eine gute Zeit hatte, mit dem man befreundet war, ist wie ein Sterben. Wenn man es aber schafft, einen solchen Sterbeprozess zu überwinden, ist das Glück größer als zuvor.

Ist die Trennung wie ein Sterben, ist die Überwindung der Trennung wie eine Auferstehung.

Ich glaube nicht, dass es eine andere Methode gibt, wachsende Antipathie zu überwinden, als das Gespräch. Das Gleiche gilt für Liebespartner. Wenn sie nicht wachsam sind, jedes Mal wenn die Antipathie aufsteigt, und nicht sofort ein Gespräch darüber beginnen, dann wird die Antipathie die Oberhand gewinnen und die Beziehung wird zerbrechen. Menschen, die nicht miteinander über ihre Gefühle füreinander sprechen können, ohne gleich wieder in einen Streit darüber zu geraten, können keine liebevollen Freunde füreinander sein. Man kann es vielleicht gewohnheitsmäßig miteinander aushalten, aber das ist keine Freundschaft und schon gar keine Liebe.

ÜBUNG: Führen Sie eine Woche lang Gespräche, wann immer es Unzufriedenheit gibt, nicht um recht zu haben, sondern um in Einklang zu kommen.

„„Was ist prächtiger als Gold?“ fragte der König.
„Das Licht“, antwortete die Schlange.
„Was ist belebender als Licht?“ fragte der König.
„Das Gespräch“, antwortete die Schlange.“

Aus Goethes Märchen *Von der grünen Schlange und der schönen Lilie.*

TATKRAFT

Die Freunde tun alles füreinander, sie geben sogar ihr Leben füreinander. Die Freundschaft dringt zu der Handlung durch, durchdringt die Tat. Man hilft sich gegenseitig als Brüder und Schwestern. Brüder müssen nicht zwangsläufig Freunde sein. Freunde sind immer Brüder.

Der flämische Comic *Suske und Wiske* endete oft mit diesem Satz:

„Dort allein kann Liebe wohnen,
Dort allein ist das Leben gut,
Wo man still und ungezwungen
Alles füreinander tut.“

Sehr einfach. Aber ach so schwierig. Denn im Tun steckt doch immer eine ganze Welt. Eine Handlung ist nie frei von Gefühlen und Gedanken. Die Menschen denken, sie seien mit ihren Gefühlen und Gedanken in sich selbst eingeschlossen, aber sensible Menschen beweisen, dass die Welt der Gefühle und Gedanken unter den Menschen eine Einheit ist. Wenn man mit Menschen zusammen ist, spürt man, was der andere fühlt. Das Denken ist schwieriger zu beobachten, aber das Fühlen ist eigentlich für jeden zugänglich. Je mehr man in seinen eigenen Gefühlen verankert ist, desto weniger leidet man an dieser Zugänglichkeit.

Die Tatsache, dass die Welt der Gefühle eine Einheit ist - auch wenn sie in gewissem Sinne wieder in sich selbst abgeschlossen ist - bedeutet, dass es, wenn jemand eine Tat für einen vollbringt, wichtig ist, dass die Gefühle während dieser Tat einen nicht belasten.

Auch die Luft ist ein Element, das uns allen gehört, und

doch nehmen wir jedes Mal, wenn wir einatmen, mit dem Einatmen etwas davon auf und geben es mit dem Ausatmen wieder ab.

So ähnlich funktioniert das auch mit den Gefühlen. Unter Freunden ist man einander wohlgesonnen, aber irgendwann braucht einer Hilfe und der andere gibt sie. Unter Freunden scheint es mir nicht möglich, dass Gefühle nicht geteilt werden. Man kann seine Gefühle so gut hinter einem fröhlichen Gesicht und entschlossenem Handeln verstecken - wenn sie tatsächlich negativ sind, spürt der andere das. Das ist im Leben mit der Tat eine unausweichliche Tatsache. Die andere Person spürt auch, wenn der Freund eine Tat vollbringt und stolz darauf ist, oder fühlt: Schau, was für ein liebevoller Mensch ich bin! Das fällt natürlich in den Bereich der Unwahrhaftigkeit. Aber wir Menschen sind eben nicht perfekt und können auch in der Freundschaft Fehler machen. Nur dort kann die Liebe wohnen, nur dort ist das Leben gut, wo Menschen still und ungezwungen alles füreinander tun. Dass ‚man alles füreinander tut' ist die eine Hälfte der Tat, aber ‚still und ungezwungen' ... das ist der schwierigste Teil.

Das Tun liegt im Bereich des Opfers. Wenn man jemandem zuhört, kann man das als Opfer seiner Aufmerksamkeit erleben, aber Aufmerksamkeit ist etwas, das man leicht gibt, es ist eine Seelensubstanz. Aber etwas wirklich *zu tun*, bedeutet, dass man selbst einen Moment lang nicht da ist, dass man keinen Nutzen davon hat, dass man das Feuer seines Willens ganz dem anderen zur Verfügung stellt. Das kann ein Mensch nur aufbringen, wenn das Wohl des anderen im Vordergrund steht. Wenn man glücklich wird, weil man dem anderen ein Stück Glück bringt, indem man etwas für ihn oder sie tut, dann ist das wirklich eine aufrichtige und wahre Hingabe. Wenn man es nur mit schweren Armen und Beinen tut, während die Gedanken und

Gefühle ständig sagen: Ich sollte das tun, aber eigentlich würde ich gerne dieses oder jenes tun - dann ist es kein Opfer. Dann hat man ja aus den Augen verloren, worum es eigentlich ging. Es ging ja nicht darum, sich sagen zu können, dass man wiederum einmal so richtig gut war, um etwas für einen anderen zu tun. Es ging darum, dem anderen ein gewisses Wohlgefühl zu vermitteln. Auch wenn der Freund nichts zeigt, nichts sagt, kann man natürlich davon überzeugt sein, dass es Dankbarkeit für das gibt, was man tut. Aber darum sollte es auch nicht gehen. ‚Still und ungezwungen', nicht mit einem Rucksack voller Frustration darüber, dass man wieder derjenige ist, der es tun muss. Sondern mit echtem Willen zur Tat. Egal, ob es sich um einmal Einkaufen handelt oder um die Pflege eines Patienten für eine ganze Woche. Ob man einen Freund bei sich im Haus aufnimmt oder nur zu Besuch geht. Darauf kommt es bezüglich der Tatkraft gar nicht an. Was zählt, ist das, was zu einem bestimmten Zeitpunkt gebraucht wird. Man wird ja auch nicht anfangen, zu vergleichen und sich zu sagen, na ja, ich möchte mal sehen, was passiert, wenn mir so etwas geschieht, ob er oder sie mir so zu Hilfe kommen wird, wie ich es jetzt tue. Das sind alles menschliche Gedanken und Gefühle. Aber in einer echten Freundschaft haben sie keinen Platz.

Selbstverständlich gehört es zur Freundschaft dazu, dass man dann solche mit Emotionen beladene Handlungen untereinander erträgt.

In dem Bereich, in dem wir etwas füreinander tun, liegt immerhin eine große Herausforderung.

ÜBUNG: Wir könnten diese Woche einmal bewusst „alles füreinander tun, still und ungezwungen."

BESINNUNG

In diesem Buch habe ich den Versuch unternommen, Freundschaft zu beschreiben, Freundschaft, die auf Zuneigung beruht, und Freundschaft, die aus freiem Willen entstanden ist.

Natürlich kann eine Beschreibung der Freundschaft niemals vollständig sein. Wenn man dies anstreben würde, müsste man vielleicht eine ganze Bibliothek voller Bücher schreiben, und das wäre dann nicht mehr interessant.

Wollte man jemandem, der noch nie eine Rose gesehen hat, eine Rose beschreiben, damit er sich ein reales Bild davon machen kann, müsste man unglaublich viele Details nennen und selbst dann wäre man sich sicher, dass sich der andere am Ende zwar etwas vorstellen würde, es aber nicht der realen Rose entsprechen würde. Man kann keine substanzielle Ähnlichkeit mit der Vorstellung erreichen, wenn man das Wesentliche nicht kennt. Bei der Freundschaft ist das nicht der Fall, denn Freundschaft ist eine menschliche Eigenschaft, die niemandem fremd ist. Wenn man also Freundschaft beschreibt, bedeutet das nur, dass man das Vertraute ins Bewusstsein holt - und vielleicht durch eine stärkere Betonung bestimmter Aspekte den Leser auf die Bedeutung dieser bestimmten Aspekte in der Freundschaft hinweist.

So wie jeder Mensch atmet, um am Leben zu bleiben, braucht die Seele Freundschaft. So wie man nicht wissen muss, wie das Atmen geschieht, um zu atmen, muss man auch nicht genau wissen, wie Freundschaft zustande kommt, um sie zu haben.

Aber wir leben in einer Zeit, in der das innere Wesen des Menschen das Bedürfnis verspürt, sich selbst immer besser kennenzulernen und sich selbst in die Hand zu nehmen. In diesem Licht steht diese Beschreibung der Freundschaft. Freundschaft ist eine der größten Gaben, die der Mensch erhalten hat. Die Fähigkeit zur Freundschaft ist ein Geschenk, und wenn man einem anderen Menschen seine Freundschaft schenkt, ist die schenkende Gabe eine Erweiterung der Gabe, die man selbst erhalten hat.

Auch Menschen, die als böswillig bekannt sind, kennen Freundschaft, oft sogar sehr ausgeprägt. Wir können an bestimmte kriminelle Gruppen denken, in denen Freundschaft noch eine sehr wichtige Rolle spielt. Nur ist sie dort natürlich an bestimmte Gesetze gebunden. Hält man sich nicht daran, kann es passieren, dass die Freundschaft eisig wird und zeigt, dass es doch keine echte Menschenfreundschaft war. Wahre Freundschaft wird nicht gebrochen. Es mag eine Zeit geben, in der es keine Möglichkeit gibt, miteinander auszukommen. Daran zerbricht die Freundschaft nicht. Freundschaft ist eine menschliche Größe und hängt mit Kopf, Herz und Willen zusammen. Ohne Verstand und Weisheit gibt es keine wahre Freundschaft. Auch nicht ohne ein warmes Herz. Wenn guter Wille und Standhaftigkeit fehlen, Treue, dann gibt es auch keine wahre Freundschaft.

Aber sogar, wenn diese drei Säulen der Freundschaft im Menschen zu schwach sind, wird es in diesem menschlichen Leben noch mehrmals einen Hauch von Freundschaft geben.

Wahre Freundschaft geht über Verliebtheit hinaus, obwohl die Romantik der Verliebtheit wiederum über die Freundschaft hinausgeht. Man verliebt sich nicht in jeden. Das sollte auch nicht angestrebt werden. Aber dass alle Menschen eines Tages Freunde sein könnten, mit idealisierten Wesensbildern, ist natürlich ein hohes und berechtigtes Ziel.

Man wünscht sich, man wäre ein Dichter und könnte eine Ode an die Freundschaft schreiben. Das müssen wir jetzt leider belassen. Ich beschränke mich auf diesen einen Satz von Schiller, der besagt, dass man ein Freund eines Freundes sein kann. Das kennzeichnet die Gegenseitigkeit der Freundschaft.

Diese Überlegungen zur Freundschaft haben natürlich ihre Grenzen. Ich habe mir Freundschaft als ein besonderes Band zwischen Menschen vorgestellt, die nicht unbedingt Partner sein müssen. Es gibt auch eine besondere Verbindung zu Tieren, aber sie sollte anders bezeichnet werden; das Wort Freundschaft ist hier nicht angebracht. Auch ist die Freundschaft zwischen Kindern kein Beispiel für eine vollständige Freundschaft unter Erwachsenen, aber sie ist ein Anfang davon und ein Ausgangspunkt, um erwachsene Freundschaften zu durchschauen.

Beispiele für Freundschaft sind in der Geschichte zu finden. Ich werde einige Beispiele in dem Abschnitt nach dieser Besinnung geben.

Schließen möchte ich mit dem Eindruck, wie der romantische Schriftsteller Novalis über seinen Freund Schiller schreibt, den er meisterhaft idealisiert. Er ruft mehr oder weniger aus, dass die höheren Wesen, wie die Engel, die sich nicht in einem physischen Körper auf der Erde inkarnieren können, den sehnlichen Wunsch haben, dies zu können. Und warum? Weil sie dann den inkarnierten Menschen Schiller auf Erden erleben könnten!

Wenn man zu seinem Freund mit solcher Liebe und Wertschätzung aufschauen kann....

Möge der Inhalt dieses Buches viele Menschen für die Freundschaft entflammen, unterstützt und verstärkt durch die Übungen, die jedes Kapitel begleiten.

BERÜHMTE FREUNDSCHAFTEN

Ich fange an mit der legendären Freundschaft zwischen **David und Jonathan**, dem Sohn von Saul.

Buch Samuel 18, Altes Testament:

Und als sein Gespräch mit Saul zu Ende war, schloss Jonathan den David in sein Herz, und er gewann ihn lieb wie sein eignes Leben. Saul aber nahm ihn an jenem Tage zu sich und ließ ihn nicht mehr in seines Vaters Haus zurückkehren. Und Jonathan schloss einen Bund mit David, weil er ihn lieb hatte wie sein eignes Leben. Und Jonathan zog den Mantel aus, den er anhatte, und gab ihn David, auch seine Rüstung und sogar sein Schwert, seinen Bogen und seinen Gürtel.

Thomas von Aquin und Reginald von Piperno

Reginald wurde um 1230 in Piperno geboren. Seit 1927 heißt diese Stadt in der Region Latium in Mittelitalien Priverno. In Neapel trat er in den Dominikanerorden ein. Thomas von Aquin wählte ihn um 1265 in Rom zu seinem Sozius und Beichtvater. *Von da an war Reginald der ständige und vertraute Begleiter von Thomas.*

Thomas widmete Reginald mehrere seiner Werke.

Im Jahr 1272 begann Reginald mit Thomas in Neapel zu lehren. Er wohnte Thomas' Sterbebett bei, nahm ihm die Beichte ab und hielt 1274 die Leichenrede. Er kehrte nach Neapel zurück und übernahm wahrscheinlich den Lehrstuhl seines Meisters. Er starb um 1290.

Das Zeugnis von Reginald wird im Prozess der Heiligsprechung von Aquin immer wieder zitiert. (Wikipedia)

François de Sales und Jeanne de Chantal

Zu Pfingsten 1607, drei Jahre nach seiner ersten Begegnung mit Jeanne de Chantal, offenbarte François de Sales ihr eine Eingebung, die er empfangen hatte - die Gründung eines Ordens durch sie und mit ihr. Für Jeanne war dies endlich die Antwort auf ihre große Berufung - aber auch Anlass zu großer Sorge (sie hatte vier Kinder, die noch jung waren, und viele familiäre Verpflichtungen - wie konnte sie sie im Stich lassen?) Es sollte noch drei Jahre dauern, bis der Orden der ‚Visitation' Wirklichkeit wurde, und in dieser Zeit bereitete sich die Baronin de Chantal auf die Betreuung und Zukunft ihrer Kinder vor.

Jeanne de Chantal
Am 4. April 1610 wurde sie vom Bischof von Genf (François de Sales) feierlich in Annecy empfangen: Dies war der Beginn der Gründung des Ordens der Visitation (Ordo Visitationis Beatae Mariae Virginis) - der Beginn der fruchtbaren Zusammenarbeit von Jeanne und François, die aus schwierigen Prüfungen, wunderbaren Eingriffen der Vorsehung, der Hingabe bis zur Erschöpfung und vor allem aus der totalen Hingabe an den Dienst des anderen bestehen sollte - in dem Bewusstsein, dass ihre Missionen von nun an eng mit dem Herzen Gottes verbunden waren.

Versuchungen
Die Freundschaft zwischen François und Jeanne war außergewöhnlich. Sie hat es jedem von ihnen ermöglicht, heilig zu werden, aber auch zahllose geistliche Söhne und

Töchter hervorgebracht, Freundschaften wie die ihre, kurz gesagt, eine wahre Kameradschaft. Und doch ist sie durchzogen von großen Prüfungen, die sie überstanden haben, wobei sie dank ihrer gegenseitigen Unterstützung immer wieder Gelegenheiten sahen, dem Herrn zu begegnen. Ihr Geheimnis: eine totale Offenheit des Herzens, eine fast konfessionelle Haltung zueinander, die ihnen die Sicherheit und Freude gab, nur das Werk des anderen zu tun.

Neben den familiären Schwierigkeiten gab es zahlreiche Anklagen und Schwierigkeiten bei der Ansiedlung, als der Ordo Visitationis wuchs.

Die letzte Schwierigkeit war die räumliche Entfernung, die sie nun trennte (sie waren oft unterwegs, jeder auf seiner Seite) und die Seltenheit ihrer Begegnungen. Als Mutter de Chantal den Bischof von Genf wenige Tage vor seinem Tod im Dezember 1622 zum letzten Mal traf, hatten sie sich seit mehr als drei Jahren nicht mehr gesehen. Diese Entfernung hat ihre Freundschaft jedoch nie beeinträchtigt, sondern im Gegenteil gestärkt und dazu beigetragen, dass jeder von ihnen in seiner eigenen Mission beharrlich war und aus der Verbundenheit mit dem anderen die Kraft schöpfte.

François diente Jeanne stets als Gründerin und Mutter Oberin, ohne den Anspruch zu erheben, selbst der Gründer der Ordo Visitationis zu sein, und Jeanne überlebte ihren geliebten geistlichen Vater um viele Jahre und verewigte in ihrer Person seinen Geist und seine Art der geistlichen Führung - wie ihre vielen Briefe an ihre Visitationstöchter zeigen, die oft den Briefen ähneln, die François an Jeanne schrieb - voller Sanftheit, Aufmerksamkeit für die Person und Lebendigkeit, selbst bei den schwierigsten Themen.

Nach François hatte Jeanne auch einen politischen und kulturellen Einfluss in Frankreich. Sie wurde in viele Kreise eingeladen und sogar, kurz vor ihrem Tod, von der Königin von Frankreich, um den kleinen Dauphin - den zukünftigen König Ludwig XIV - zu segnen.

(Teilzitat aus einem Text auf *Terre de compassion.com*)

Die drei Musketiere und der vierte

Alexandre Dumas hat einen Roman geschrieben, in dem die Freundschaft heldenhaft auftritt.

Die Freundschaft ist das erste Thema, das in dem Buch auftaucht. Es bezieht sich zum einen auf die Freundschaft zwischen den drei Musketieren, zum anderen auf die Freundschaft zwischen den drei Musketieren und d'Artagnan. Obwohl die Herren sich gegenseitig oft necken und hart zurechtweisen können, stehen sie bedingungslos füreinander ein, wenn einer von ihnen wieder einmal in einen Streit gerät.

Es handelt sich offensichtlich um eine romantische Freundschaft, aber ist ein Beispiel für brüderliche Freundschaft im Extremfall.

D'Artagnan geht in jungen Jahren nach Paris, in der Hoffnung, wie sein Vater, ebenfalls Musketier zu werden und sein Glück zu machen. Er ist jung, frech, ein Draufgänger, intelligent, mutig, zäh, edel und verliebt in die Frau seines Vermieters: Mme. Constance Bonacieux, eine der Hofdamen von Anne d'Autriche, der Königin von Frankreich.
Auf jeden Fall ist er eine historische Persönlichkeit; er starb bei der Belagerung von Maastricht und hinterließ seine Spuren in dieser Stadt.

Aramis ist ein junger Geistlicher, der sich im Rahmen eines Streits mit einem Mann, der ihm eine amouröse Affäre mit einer Dame aus der Nachbarschaft vorwarf, in einem Duell verteidigen wollte. Zu diesem Zweck verließ er vorübergehend die Kirche (da Mönche nicht duellieren dürfen). Aufgrund unbekannter Umstände schloss er sich den Musketieren an, erklärte aber, dass dies nur vorübergehend sei und er schließlich wieder in die Kirche zurückkehren wolle.

Porthos ist ein lauter, eitler, stolzer und selbstbewusster, aber gleichzeitig auch mutiger und kämpferischer Mann. Wir erfahren nicht viel über seine Person, nur dass er Athos, Aramis und d'Artagnan sehr zugetan ist.

Athos, der eigentlich Comte de La Fère heißt, ist der stillste der Freunde. Er hat sogar seinem Diener Grimoud verboten zu sprechen, und die beiden verständigen sich mit einfachen Gesten. Er ist der älteste und wichtigste der drei Musketiere und ist eine Art Vaterfigur für d'Artagnan. Von den drei Freunden bleibt er den Musketieren unter d'Artagnans Führung am längsten treu.

Goethe und Schiller

Es gab einmal eine Zeit, in der der Mensch noch inmitten von Hügeln und Tälern lebte, mit Bäumen und Blumenpracht. Damals hieß Intersubjektivität noch ‚Freundschaft', und diese entstand selten auf der Basis rationaler Übereinstimmung, sondern blühte aus starken Gegensätzen auf. Man erlebte Lust am Überbrücken von Gegensätzen, die unüberbrückbar erschienen.

So lebten zwei Männer, die unversöhnlich schienen. Der

eine hieß Goethe, der andere Schiller. Schiller schreibt über Goethe:

„Er war gestern bei uns, und das Gespräch kam bald auf Kant. Interessant ist's, wie er alles in seine eigene Art und Manier kleidet und überraschend zurückgiebt, was er las, aber ich möchte doch nicht gern über Dinge, die mich sehr nahe interessieren, mit ihm streiten. Es fehlt ihm ganz an der herzlichen Art, sich zu irgendetwas zu bekennen. Ihm ist die ganze Philosophie subjectivisch, und da hört denn Überzeugung und Streit zugleich auf. Seine Philosophie mag ich auch nicht ganz: sie holt zu viel aus der Sinnenwelt, wo ich aus der Seele hole. Überhaupt ist seine Vorstellungsart zu sinnlich und betastet mir zu viel. Aber sein Geist wirkt und forscht nach allen Direktionen und strebt, sich ein Ganzes zu erbauen – und das macht mir ihn zum großen Mann." (1789)

Goethe schreibt 1817 über Schiller, zurückblickend auf 1794:

„An keine Vereinigung war zu denken. [...] ja meine Gründe, die ich jeder Vereinigung entgegensetzte, waren schwer zu widerlegen. Niemand konnte leugnen, daß zwischen zwei Geistesantipoden mehr als ein Erddiameter die Scheidung mache, da sie denn beiderseits als Pole gelten mögen, aber eben deswegen in eins nicht zusammenfallen können."

Daß aber doch ein Bezug unter ihnen stattfinde, erhellt aus Folgendem...

„Die plötzlich sich entwickelnde Beziehung zu Schiller, die ich zu dem Höchsten rechnen kann, was das Glück mir in späteren Jahren bereitete, übertraf all meine Wünsche und Hoffnungen."

Sie begegnen einander ungewollt während einer Zusammenkunft einer Vereinigung von Naturforschern. Zufällig gehen sie zusammen aus der Tür und haben ein Gespräch. Schiller sagt, er finde, dass die Weise, wie hier die Natur besprochen werde, für den Laien nichts Angenehmes habe. Goethe stimmt dem zu und sagt, dass es sogar für den Eingeweihten noch unangenehm sei und dass es auch eine andere Art gebe, die Natur zu erforschen.

Zweifelnd äußert Schiller sein Interesse dafür, sie gehen zusammen zu Schillers Haus, und Goethe geht mit hinein. Dort erzählt er dann enthusiastisch von seiner Idee der Metamorphose der Pflanzen, wie er sie aus der Anschauung gewonnen hat, und zeichnet die Urpflanze. Schiller ist außergewöhnlich andächtig und voller Verständnis, weist aber die Idee der Urpflanze dennoch ab.

In Goethes Worten:

„Als ich aber geendet, schüttelte er den Kopf und sagte: Das ist keine Erfahrung, das ist eine Idee. Ich stutzte, verdrießlich einigermaßen: denn der Punkt, der uns trennte, war dadurch aufs strengste bezeichnet. [...] der alte Groll wollte sich regen, ich nahm mich aber zusammen und versetzte: Das kann mir sehr lieb sein, dass ich Ideen habe, ohne es zu wissen, und sie sogar mit Augen sehe."

Schiller sagte:

„Wie kann jemals Erfahrung gegeben werden, die einer Idee angemessen sein sollte? Denn darin besteht eben das Eigentümliche der letzteren, daß ihr niemals eine Erfahrung kongruieren könne."

Goethe beschreibt weiter:

„[...] und so besiegelten wir durch den größten, vielleicht nie ganz zu schlichtenden Wettkampf zwischen Objekt und Subjekt, einen Bund, der ununterbrochen gedauert und für uns und andere manches Gute gewirkt hat."

An der Basis der legendären Freundschaft zwischen beiden Männern, die eine ausführliche Kommunikation in Briefen und Begegnungen nach sich zog - liegt keineswegs ein Konsens. Keine Übereinstimmung zwischen den polaren Auffassungen (die so weit auseinander liegen, dass der ‚Erddiameter noch zu klein ist'), kein Konsens über propositionelle Wahrheit oder normative Richtigkeit. Wohl aber ein tiefes Erkennen der Wahrhaftigkeit und Authentizität des anderen, doch nicht aus rationalen Gründen. Die Übereinstimmung entsprang gerade aus dem Gegensatz, der nicht aufgegeben - er ist ja Symptom für die eigene Kraft und die eigene Schwäche, wodurch der eine den anderen lehren, zugleich aber auch der eine vom anderen empfangen konnte. Rationale Übereinstimmung ist nur möglich zwischen Menschen, die einander schon gleichen: die Übereinstimmung ist kein Wunder, weckt keine Verwunderung. Gerade wenn die Übereinstimmung nicht aus einem Konsens heraus zustande kommt, sondern aus der Verwunderung über die Größe und Andersheit des Anderen, ist wirkliche Erneuerung möglich sowohl im Persönlichen als auch in Wissenschaft, Kunst und sozialem Leben.

(Aus: Mieke Mosmuller, *Ethischer Individualismus und kommunikatives Handeln. Eine Kritik der Habermas'schen Theorie*, 1998)

Die Freundschaft zwischen Garibaldi und seiner Frau

Giuseppe Garibaldi war ein italienischer General und Freiheitskämpfer, der im 19. Jahrhundert eine wichtige

Rolle bei der Einigung Italiens spielte. Sein Beitrag zur Risorgimento-Bewegung trug zur Einigung mehrerer italienischer Staaten bei und führte zur Gründung des modernen Italiens. Garibaldi war bekannt für seine militärischen Fähigkeiten und seine Teilnahme an mehreren Schlachten während dieser Zeit.

„Er hat nämlich die weibliche Persönlichkeit, mit der er dann das Glück seines Lebens durch viele Jahre hindurch begründet hat, auf einem ganz eigentümlichen Wege kennengelernt, nämlich von weit draußen auf dem Meere, wo er auf dem Schiffe war, durch ein Fernglas ans Land hin. Das ist auch eine nicht gerade bei den meisten Menschen vorkommende Art, sich zu verlieben: durch ein Fernglas. Dann aber wiederum hat es ihm das Schicksal besonders leicht gemacht, diese von ihm als die Seinige auf den ersten Blick - aber wie gesagt, auf den ersten Blick durch das Fernglas -, als die Seinige bezeichnete, bald auch kennenzulernen. Denn natürlich, er steuerte sofort auf das Land zu, in der Linie, die er gesehen hatte durch das Fernglas, und da wurde er eingeladen von einem Manne zum Mittagessen. Und siehe da, es stellte sich gleich nachher heraus - er hatte die Einladung angenommen -, daß das der Vater der Persönlichkeit war, die er durch das Fernglas gesehen hatte. Nun konnte sie nur Portugiesisch, er nur Italienisch; aber es wird versichert von dem Biographen, und es scheint auch richtig zu sein, daß die junge Dame, trotzdem sie nur Portugiesisch konnte, seine ganz kurz bemessene Liebeserklärung, die er nun auch mündlich ablegte, die ja nur in den Worten bestanden zu haben scheint: Wir müssen uns vereinen für das Leben - italienisch gesagt -, daß sie sofort diese Liebeserklärung verstanden hat. Und tatsächlich wurde daraus eine Lebensgemeinschaft für lange, lange Zeit.

Diese Persönlichkeit nahm teil an all den furchtbar abenteuerlichen Reisen, die er in Südamerika absolviert hat, und es gibt Züge, die einen erschütternden Eindruck machen. So zum Beispiel ist einer der Züge der, daß sich das Gerücht verbreitete, Garibaldi wäre getötet worden im Kampf. Nun stürmte die Frau aufs Schlachtfeld und hob jeden Kopf auf, um nachzusehen, ob das Garibaldi sei. Dann fand sie nach langer Zeit, nachdem sie viel abenteuerlich zu suchen hatte, ihn eben doch als Lebendigen wieder.

Aber schon wirklich erschütternd ist es, daß sie bei dieser abenteuerlichen Reise auf der Suche nach Garibaldi, die lange Zeit dauerte, ohne jede Hilfe ihr Kind geboren hat, daß sie, um es warm zu halten, es an einem Band um den Hals gebunden und an ihrer eigenen Brust warm gehalten hat durch lange Zeiten. Es sind in dieser amerikanischen Tätigkeit Garibaldis schon wirklich die tief erschütterndsten Züge vorgekommen."

(Rudolf Steiner, GA 236)

Ben Affleck und Matt Damon

Eine Freundschaft in der heutigen Filmwelt

Sie sind Schauspieler, Drehbuchautoren und Produzenten aus Cambridge, Massachusetts, die im Laufe ihrer Karriere oft zusammengearbeitet haben. Das Duo wurde erstmals 1997 bekannt, als sie den Oscar für das beste Originaldrehbuch für *Good Will Hunting* erhielten, das sie gemeinsam schrieben und in dem sie die Hauptrolle spielten. Seitdem pflegen die beiden eine enge Beziehung in der Öffentlichkeit, arbeiten oft gemeinsam an Projekten und gründen Unternehmen.

Die beiden lernten sich in ihrer Heimatstadt Cambridge kennen, als Affleck 8 und Damon 10 Jahre alt war. Gegen Ende der 1980er Jahre beschlossen die beiden, eine Filmkarriere anzustreben, und eröffneten ein gemeinsames Bankkonto, um Geld für Vorsprechen zu sparen, auf das sie das Geld einzahlten, das sie mit frühen Rollen verdienten. 1989 arbeitete das Duo an ihrem ersten gemeinsamen Projekt, *Field of Dreams*, wo sie als Figuranten eingesetzt wurden.

Aufgrund ihrer gemeinsamen Erziehung und ihrer häufigen Zusammenarbeit hat *die Freundschaft* von Affleck und Damon in der Öffentlichkeit viel Aufmerksamkeit erregt. US Weekly nannte sie „eine Bromance, die es wert ist, gefeiert zu werden". Über seine Beziehung zu Damon äußerte sich Affleck wie folgt: „Diese Freundschaft war essentiell und prägend und so wichtig für mich in meinem Leben. Es gab einige kritische Momente, die privat sind und die ich nicht teilen möchte, aber wo [Damons] Unterstützung so wichtig für mich war, dass ich glaube, dass ich ohne sie nicht erfolgreich gewesen wäre." (Wikipedia)

Vorwort

Etwas verrückt klang für manchen Verwandten oder Freund die Idee, ein »ganzes« Buch über einzigartige Geschäfte in der Metropolregion zu schreiben. Zu groß schien der Schatten, den große Einkaufszentren auf ehemals pulsierende Einkaufsstraßen werfen. Zu lang die Liste der Traditionsgeschäfte, die in den letzten Jahren aufgegeben haben. Umso mehr hat es uns gefreut, die kleinen Läden aufzuspüren, die es – noch und wieder – in Nürnberg, Fürth und Erlangen gibt, und ihre Geschichten aufzuschreiben.

Denn ein jedes der 111 hier porträtierten Geschäfte – und sicher gibt es im Städtedreieck noch einige weitere – werden wir so schnell nicht wieder vergessen. Da sind alteingesessene Betriebe, die seit Generationen Qualitätsprodukte bieten, was heute – zum Glück – wieder den Zeitgeist trifft. Da sind viele Neugründungen von Menschen, denen der Shopping-Einheitsbrei zuwider geworden war und die seither mit frischen Ideen für ausgefallenes Angebot sorgen. Da sind die Sammler, Bastler oder Backfeen, die ihre Leidenschaft zum Beruf gemacht haben.

Begeistert hat uns immer wieder die große Hingabe der Ladenbesitzer an ihr Sortiment. Da werden Dinge bereitgehalten, nach denen nur ein paarmal im Jahr ein Kunde fragt. Oder ein Elektronik-Laden nimmt – wenn auch kopfschüttelnd – statt des zu reparierenden Kochfelds die gesamte Küchenarbeitsplatte vom Kunden entgegen, die fortan die Werkstatt blockiert.

Ein in Zeiten von *Made in China* besonders schönes Erlebnis: In vielen Läden konnten wir direkt bei der Produktion zuschauen – von handgefertigter Designermode über geröstete Kaffeebohnen bis hin zu aussterbenden Handwerkskünsten wie der Xylographie oder Holzdrechslerei. Und was für ein Unterschied zwischen der Beratung durch einen Experten und dem freudlosen Geplänkel im Massen-Markt! Wir freuen uns über diese Shopping-Kleinode vor der Haustür – und wünschen viel Spaß beim Lesen und Entdecken.

39___Galerie Voigt
Dürer und die Reichskleinodien | 86

40___Goldkind
Händchen fürs Besondere | 88

41___Die Goldschmiede Sachrau
Herr der Ringe | 90

42___Harald Lehmeier
»Die Marke bin ich« | 92

43___Hausbrauerei Altstadthof Brauereiladen
Für Franken und Schotten | 94

44___Herr Kai
Symphonien aus Blatt und Blüte | 96

45___Herr Menig Optik
Gepflegtes Understatement | 98

46___Hochzeitsladen Nürnberg
Ta-ta-ta-taaaa, ta-ta-ta-taaaa | 100

47___Holzbläser Erlangen
So klappt der Klang | 102

48___Holzdrechslerei Grottenthaler
Magie von Meisterhand | 104

49___Hort Chocolate
Tolstoi und Hochprozentige | 106

50___Der Hutladen
Alles Kopfsache | 108

51___Kammerers Tabakstube
Zeit für Rauch | 110

52___Karin Suchanka
Pur und unverwechselbar | 112

53___Käse-Ecke Waltmann
Tour de Fromage | 114

54___Kioski
Mittsommernachtstango | 116

55___Knauer's Handschuhhütte
Wasserschwein und Hugenotten | 118

56___Köstlich & Co.
Schwarzes Salz und spanischer Zucker | 120

57___Kostümverleih Richter & Gullmann
Elvis lebt! | 122

58___LadenMerken
Ein Mann für alle Fälle | 124

59 Lapislazuli
Die Magie des blauen Steins | 126

60 Lapuzia
Das Geheimnis der Bohne | 128

61 Die Laufmasche & Berthe Aux Grands Pieds
Mehr Strumpf wagen | 130

62 Lebküchnerei Düll
Für Elise | 132

63 Macaron
Trendtörtchen | 134

64 Madlon Scharff
Das moderne Kräuterweiblein | 136

65 Café Mainheim und Von & Zu Buch
Zum Kaffee ein Stück Buch? | 138

66 Maßschuhmacherei Renn
Der Ferrari unter den Schuhen | 140

67 Der Modellbahnladen
Meditation am Gleis | 142

68 Mona Lisa Dessous
Untendrunter und drum herum | 144

69 Monamikids
Der Fuß dankt's | 146

70 Monkee
Affenstark | 148

71 Museumsshop des Neuen Museums
Kunst zum Mitnehmen | 150

72 Musica
Rock Me Amadeus | 152

73 Nahtwerk
Neues Leben für alte Stoffe | 154

74 Neef Confiserie Café
Kuchen im XXL-Format | 156

75 Nürnberger Lampenmanufaktur
Licht in seiner schönsten Form | 158

76 Offizin Rudolf Rieß
Der Letzte seiner Zunft | 160

77 Papierladen
Fest der Sinne | 162

78 Parras
Flüssige Feinkost | 164

1 14,80

Konventionell kann jeder

Der Name gibt Rätsel auf. 14,80 was? Euro oder D-Mark? Kostet hier etwa alles das Gleiche? Oder nichts mehr als das? Zugegeben, die Lösung gleicht einer unlösbaren Gleichung. Denn sie hat nichts, aber auch gar nichts mit dem zu tun, was Marcus Mathibe hier verkauft.

Die Zahl ist ein Überbleibsel aus jener Zeit, in der er noch in der Gastronomie gearbeitet hat. Und jetzt wird's richtig skurril: Da die Bestellung eines Colaweizens immer eine halb leere Flasche Bier nach sich zog, die im Kühlschrank wertvollen Platz wegnahm, weggeschüttet werden musste oder gern auch mal umfiel, wurde der Preis für ein Glas Colaweizen kurzum auf 14,80 DM erhöht – zwei bekam man dagegen für 5,80 DM. Der überhöhte Betrag wurde zum geflügelten Wort und gefiel Marcus so gut, dass er schließlich sogar seinen Trödelladen danach benannte.

»Der wiederum entstand aus meiner Sammelleidenschaft«, erklärt er uns. »Irgendwann war's einfach zu viel, und ich musste etwas davon loswerden.« Jetzt frönt er dieser Leidenschaft nur noch, indem er Gebrauchtes an- und wieder verkauft, allen voran Schallplatten und Lampen. An die 10.000 Vinyl-Scheiben lagern in seinem Laden. Darunter auch ein paar seltene Schätze, die Sammlerherzen höherschlagen lassen, wie Originalaufnahmen der Sechziger-Jahre-Kultbands »The Rattles« oder »The Lords«.

Lampen mögen es nicht ganz so viele sein. Aber auch hier entdeckt man Raritäten, für die sich so mancher Vintage-Fan die Beine ausreißen würde: Tütenlampen und Nierentische aus den 1950er Jahren, Lampenschirme mit Flower-Power-Motiven oder gar Kronleuchter und Jugendstil-Kandelaber. Aber aufgepasst: So schnell wie's kommt, kann's auch schon wieder weg sein.

»Stöbern« darf man hier übrigens wörtlich nehmen. Der Laden quillt fast über von Trödel, und man muss schon einen guten Scanner-Blick haben, um hier seinen Schatz zu finden. Marcus mag's eben unkonventionell – genau wie bei der Namenswahl.

Adresse Kernstraße 32, 90429 Nürnberg, Tel. 0173/3583587, www.laden-1480.de/, mathibe1480@gmx.de | **ÖPNV** Bus 34, Haltestelle Gostenhof Ost; U 1, 11, Haltestelle Gostenhof | **Öffnungszeiten** Mi–Fr 17–20 Uhr, Sa 10–14 Uhr (im Sommer), 10–18 Uhr (im Winter) | **Tipp** Das szeneübergreifende Programm aus regionalen, nationalen und internationalen Bands und Künstlern macht den »MUZclub« (Fürther Straße 63, www.musikzentrale.com/web/muz-club/) zur Topadresse für Musikschaffende und -interessierte.

2 Antikhaus Prahse

Neuer Glanz für alten Chic

Die besten Ideen kommen Ingrid Prahse oft »einfach so«. Dann steht sie etwa vor einer Kommode in ihrer lichtdurchfluteten Werkstatt – die früher einmal einem Bäcker als Backstube diente –, und auf einmal sieht sie die neue Farbe ganz klar vor ihrem inneren Auge. Oder welche Beschläge am besten passen. »Dann muss ich das einfach nur noch umsetzen« – und diese Arbeit, das Abschleifen, Grundieren, Wachsen, Ölen und Farbeauftragen, macht ihr immer noch so viel Spaß wie vor 32 Jahren, als sie gemeinsam mit ihrem Mann Günther das Antikhaus gegründet hat.

Massive Möbelstücke – oft mehr als 100 Jahre alt – im Shabby- und Landhausstil, in Naturholz oder farbig gefasst, laden hier zum Stöbern und Entdecken ein: Buffets, Jugendstilkommoden, Schränke, Tische und Stühle, Klavierhocker, Rahmen für Bilder oder Spiegel, Lampen, handgefertigte Paravents und Wohnaccessoires wie mit alten französischen Dokumenten beklebte Nähkästchen und Boxen, Hakenleisten sowie Porzellan oder Gläser, die, wie alles hier, »benutzt werden und nicht in der Vitrine stehen sollen«. Wer noch mehr individuelle Wohnideen sucht, kann sich nach Absprache auch in Werkstatt und Lager umschauen.

Hier lagert vieles, was »Ausstrahlung und Proportion besitzt, wofür im Laden aber einfach kein Platz ist«. Neben diesen auf Trödelmärkten oder aus Nachlässen europaweit erworbenen Möbeln restauriert und verschönert Ingrid Prahse auch Einrichtungsstücke, die Kunden ihr bringen. Durch eine neue Oberfläche oder Farbe erstrahlt dann manch miefig empfundenes Stück in neuem Glanz. »Wenn Möbel einen bestimmten Charme besitzen, kann man mit Farbe oft etwas draus machen, was man vorher gar nicht denkt«, sagt Prahse. Aus Farbe entstehen unter ihren Händen aber auch Acrylgemälde und Collagen, die im Laden neben den restaurierten Möbeln wie selbstverständlich ihren Platz finden. Einfach so und ohne großes Grübeln.

Adresse Heuwaagstraße 10, 91054 Erlangen, Tel. 09131/208740, www.prahse-antik.de, info@prahse-antik.de | **ÖPNV** Bus 253, 283, 286, 287, 288, 289, 293, Haltestelle Altstadtmarkt | **Öffnungszeiten** Di–Fr 10–18 Uhr, Sa 10–14 Uhr | **Tipp** Mittagstisch, ein Kaffee zwischendurch oder das Gläschen Wein am frühen Abend: Die »Enoteca« in der Schiffstraße 2 bietet Genuss zum Sofortverzehr oder Mitnehmen.

3 Antiquariat Heubeck

Vom Suchen und Finden

Während für den einen der Geruch von alten Büchern von Bibliophilie und Wertschätzung zeugt, fühlen sich andere vom leicht muffigen Odeur vergilbter Seiten abgestoßen. Letzteren sei gesagt: Im Antiquarat Heubeck lässt sich's ganz prächtig durchatmen, und statt klappriger Regale und verstaubter Bücher findet man hier ein gut sortiertes Sortiment von Druckerzeugnissen aus zweiter Hand und verlagsneuen Restposten.

Einen besonderen Schwerpunkt stellt die Regionalliteratur dar. Kaum zu glauben, wie viel und was bereits alles über die Frankenmetropole geschrieben wurde. Von der Geschichte des Nürnberger Gesundheitswesens bis zum Wälzer über den Johannisfriedhof, von Henry W. Longfellows bekannter Dichtung aus dem Jahr 1887 bis zu den Aufzeichnungen des Nürnberger Henkers Franz Schmidt. Und natürlich wird auch den berühmten Meistern Tribut gezollt, insbesondere Hans Sachs, Michael Matthias Prechtl und Albrecht Dürer.

Hier finden aber nicht nur Frankenfans eine Vielzahl an Büchern, die es im Handel längst nicht mehr zu kaufen gibt. Wer möchte, kann sogar einen Suchservice für vergriffene Bücher in Anspruch nehmen. Der Ankauf von privaten Bibliotheksbeständen hat auch schon so manchen Schatz hervorgebracht, so zum Beispiel Originalausgaben aus dem 16. und 17. Jahrhundert oder kleine Kuriositäten wie das Geduldsspiel »Das magische Zahlenquadrat« von 1929, welches an eine Darstellung in Dürers symbolträchtigem Meisterstich »Melancholia« angelehnt ist.

Seit fast 30 Jahren findet sich das Antiquariat Heubeck nun schon im Burgviertel. Die Altstadt-Lage ist ein entscheidender Standortvorteil, dennoch vertreiben Herbert und Sonja Heubeck ihre Waren auch über bekannte Online-Marktplätze für antiquarische Bücher. Wer's aber nicht allzu weit hat und lieber findet als sucht, dem sei ein Besuch vor Ort ans Herz gelegt. Und wenn's nur für den Geruchstest ist!

Adresse Albrecht-Dürer-Platz 3, 90403 Nürnberg, Tel. 0911/2059971, info@antiquariat-heubeck.de | **ÖPNV** Tram 4, Haltestelle Tiergärtnertor; Bus 36, Haltestelle Burgstraße | **Öffnungszeiten** Mo–Fr 10–18 Uhr, Sa 10–16 Uhr | **Tipp** Das Albrecht-Dürer-Denkmal wurde anlässlich des 300. Todestages des Künstlers am 7. April 1828 in Auftrag gegeben und am 21. Mai 1840 an seinem heutigen Standort enthüllt.

4 Antiques

Silberschatz

Es blitzt und funkelt, als kämen sie alle frisch aus der Silberschmiede. Teekannen, Servierschalen, Zuckerdosen, Milchkännchen, Gewürzgefäße und Senftöpfchen – kurzum: die vielen Gebrauchsgegenstände, die sich in den Glasvitrinen des hübschen kleinen Ladens von Gisela Kachelrieß aneinanderreihen. Und doch haben sie allesamt schon ein paar Jährchen auf dem Buckel. Bei Antiques nämlich gibt es original englisches Sterlingsilber sowie Silverplate, also Versilbertes, aus der viktorianischen Zeit bis ins frühe 20. Jahrhundert.

»Silber ist unverwüstlich«, verrät die versierte Sammlerin. »Wenn es gut gepflegt ist, sieht man ihm das Alter nicht an.« Pflegen heißt in diesem Fall putzen, polieren, Patina entfernen. Letzteres setzt das Edelmetall nach geraumer Zeit immer wieder an, doch wer antikes englisches Silber liebt, nimmt diese Begleiterscheinung gern in Kauf. Es ist eben eine Sammelleidenschaft, ein Hobby, das mit Ästhetik und Liebe zum Detail einhergeht. Die bekannteste unter den klassischen englischen Formen und begehrtes Sammlerobjekt ist Silber im Queen-Anne-Stil. Das Rippenmuster verbindet zurückhaltende Eleganz mit zeitloser Symmetrie.

Keine Originale, aber historischen Modellen nachempfunden, sind die Schmuckstücke, die den Silberschatz ergänzen. Die filigranen Colliers, Anhänger und Ohrringe im Stil des 19. Jahrhunderts, des Art nouveau und Art déco erscheinen ebenso apart und außergewöhnlich wie der vergoldete Schmuck aus Kolumbien, der nach Vorbildern aus dem Goldmuseum in Bogotá gefertigt wird.

Das Geschäft in den Räumlichkeiten eines gut erhaltenen Fachwerkhauses aus dem 15. Jahrhundert ist ohne Frage eine kleine Schatzkammer. Die Nähe zur Burg tut ein Übriges, um das stilvolle Ambiente zu unterstreichen. Schauen Sie doch mal vorbei und genießen – typisch englisch! – ein Gläschen Sherry. Der Glanz des Silbers wird sich auch in Ihren Augen widerspiegeln.

Adresse Bergstraße 16, 90403 Nürnberg, Tel. 0911/208311, www.gkantiques.com, gkantiques@aol.com | **ÖPNV** Tram 4, Haltestelle Tiergärtnertor; Bus 36, Haltestelle Burgstraße | **Öffnungszeiten** Mo–Fr 13–18.30 Uhr, Sa 11–16 Uhr | **Tipp** Ob »Kuchlbauer«, die »Hütt'n« oder »Zur Schanke« – wer die fränkische Küche mag, hat hier oben die Qual der Wahl.

5 Appassioni

Das Paradies in der Tube

Monoï-Öl aus Tahiti, das aus der Tiaré-Blume, dem Wahrzeichen der französisch-polynesischen Insel, hergestellt wird und dem eine heilende und wohltuende Wirkung nachgesagt wird. Schönheitsschokolade, die organisch, zuckerfrei, voller Nährstoffe und mit antioxidativer Wirkung ein Geschmackserlebnis ohne schlechtes Gewissen bereitet. Oder der Konjacschwamm, der zu 100 Prozent aus der asiatischen Konjacwurzel besteht, die von Natur aus reich an Feuchtigkeit ist.

Ein Besuch bei Appassioni ist wie das Eintauchen in eine andere Welt, insbesondere für diejenigen, die bisher nur das einschlägige Duft- und Kosmetikangebot der Drogeriemarktketten kennen und schon dort Probleme haben, sich für eines der zahllosen Produkte zu entscheiden. Zum Glück stehen bei Appassioni Inhaberin Jaqueline Rocca und ihre Mitarbeiterinnen stets bereit. Sie beraten und weisen auf Bestseller und Besonderheiten im Sortiment hin, die man vielleicht von allein nie entdeckt hätte. Aufdringlichkeit muss man dabei nicht fürchten, hier herrscht Bewegungsfreiheit und Wohlfühlatmosphäre. Gehen Sie nur mal die Treppe hinauf und genießen Sie vom roten Sofa aus den traumhaften Blick auf die Kaiserburg.

Parfüms, Kosmetika, Raumdüfte und Home- und Loungewear bilden das Sortiment des lichtdurchfluteten Ladens. Dabei hat sich Jaqueline Rocca bei ihrer Auswahl auf Nischenmarken spezialisiert, die sie zum Teil exklusiv in der Region vertreibt. Hauptkriterium: Es muss sich um natürliche oder organische Produkte handeln, die in ihrer Wirkung höchsten Ansprüchen genügen.

Und noch eine gute Nachricht zum Schluss: Nicht jede der ungewöhnlichen Marken ist exklusiv im Sinne von teuer. Wer also Wert auf Naturkosmetik legt, Lifestyle-Produkte mag, etwas Neues ausprobieren möchte oder ein besonderes Geschenk sucht, darf ruhigen Gewissens einen Abstecher in die betörende Welt der exotischen Öle und organischen Pflegeserien machen.

Adresse Trödelmarkt 11, 90403 Nürnberg, Tel. 0911/2373777, www.appassioni.de, appassioni@t-online.de | **ÖPNV** Bus 36, Haltestelle Weintraubengasse, U 1, 11, Haltestelle Lorenzkirche | **Öffnungszeiten** Mo – Sa 11 – 19 Uhr | **Tipp** Der Trödelmarkt beherbergt viele kleine inhabergeführte Geschäfte, die sich allesamt vom Mainstream der großen Einkaufsstraßen abheben, darunter auch Fachgeschäfte für Wein, Schmuck, Kleidung, Spielzeug, Taschen oder auch Glaskunst.

6__Apropos

Die Schönheit des Nützlichen

Als Trüffelschwein bezeichnet sich Claudia Kraus gern. Wie das Schwein den wertvollen Pilz, sucht sie immer wieder ausgefallene Artikel für ihren Laden. Und genau wie Trüffel sind diese oftmals eine Rarität.

Den üblichen Einheitsbrei an Geschenkartikeln und Wohnaccessoires wird man bei Apropos nicht finden. Alle Produkte, die in dem Geschäft mit den giftgrünen Wänden einen Platz finden, sind sorgfältig ausgewählt und zeichnen sich durch kleine Raffinessen aus. T-Shirts zum Selbstbeschriften, ein Babytrinkbecher im Coffeeshop-Design oder eine Umhängetasche, die aus einem alten Aktenordner gefertigt ist: Wer sich die Zeit nimmt, hier zu stöbern, wird staunen, wie bunt und lustig man den Alltag gestalten kann.

Der Großteil des Sortiments ist tatsächlich auf Zweckmäßigkeit ausgerichtet. Aber warum sollte »praktisch« nicht auch »schön« sein? Inhaberin Claudia Kraus jedenfalls liebt die Schönheit des Nützlichen und behauptet, Trends von Traditionellem, Neues von Nachgemachtem und Kunst von Kitsch unterscheiden zu können. Darüber hinaus ist sie beratungsstark. Das heißt: Wer bei all dem schönen Schnickschnack den Überblick verliert, braucht ihr nur zu verraten, für wen er etwas sucht, und sie findet garantiert das Passende. »Schenken hat etwas mit Wertschätzen zu tun, und der Beschenkte soll spüren, dass man sich Mühe gegeben hat, etwas zu finden, mit dem man ihm eine Freude machen kann«, so ihre Überzeugung.

Den richtigen Riecher bewies Claudia Kraus auch, als sie ihr Angebot um ausgewählte Lizenz-Produkte erweiterte. Die Disney-Sammlerfiguren beispielsweise sind häufig nur in limitierter Auflage erhältlich, weswegen das Geschäft zur Pilgerstätte für Micky-Maus-Fans geworden ist. Obendrein findet man dort Preziosen von Loriot, VW Bulli, VW Käfer oder Vespa. Wer also Trüffel mag und nicht erst lange danach suchen möchte, wird hier garantiert fündig werden.

Adresse Trödelmarkt 45, 90403 Nürnberg, Tel. 0911/223434 | ÖPNV Bus 36, Haltestelle Weintraubengasse; U 1, 11, Haltestelle Lorenzkirche | Öffnungszeiten Di–Fr 11–18 Uhr, Sa 11–17 Uhr | Tipp Besuchen Sie die Ausstellung zur Nürnberger Rechtsgeschichte im Henkerhaus und schlendern Sie anschließend über den Henkersteg wieder auf die andere Seite der Pegnitz.

7_Audioviel

Das klingt

Wer Musik am liebsten mit Handy oder Computerlautsprecher abspielt, wird diesen Laden nicht begreifen. Auf andere wirkt er nahezu magnetisch: jene, die perfekten Klang und raffinierte Technik lieben und dabei kein durchgestyltes Interieur, sondern ehrliche Tipps vom Fachmann schätzen. Von einem wie Christian Blechschmidt. Seine Liebe zu erstklassigem Klang begann schon als Schüler, die erste Hi-Fi-Anlage hat er sich beim Sommerjob in einer Gurkenfabrik verdient. Es waren die 1970er Jahre, und die neue Anlage gab Deep Purple oder Pink Floyd den richtigen Sound.

Die Freude am Hörgenuss hat Blechschmidt später zum Beruf gemacht. Seit 1984 bietet er Hi-Fi-Systeme ausgewählter Hersteller an: Anlagen und Zubehör, bei denen ein Baustein zum anderen passt, mit langlebiger Qualität und zu vernünftigen Preisen. Vom Plattenspieler – der heute als Nische wieder angesagt ist – über CD- und Blu-ray-Player, Receiver, Decoder bis hin zu hochwertigen Kopfhörern. Seine Hauptzielgruppe liegt vor allem bei Einsteigern in den High-End-Bereich. »Mein Anspruch ist es, das Beste zum Budget des einzelnen Kunden zu liefern.« Will heißen: Hier gehen Hi-Fi-Anlagen von deutlich unter 1.000 Euro bis ins Fünfstellige über den Ladentisch. Wobei hochwertige, komplexe Soundsysteme oder Home-Cinema-Surround-Anlagen auf Wunsch auch beim Kunden installiert werden.

Doch ganz gleich, ob Einsteiger, Aufsteiger oder High-End-Kunde: Die Beratung steht bei Christian Blechschmidt immer im Vordergrund. Mit ihm kann man sich eine halbe Ewigkeit über Pegel-Dämpfer und den angemessenen Durchmesser von Lautsprecherkabeln austauschen. Oder was nun genau den Klang bestimmt? Player, Boxen oder der Verstärker? So mancher Mann hat hier schon seine im Café nebenan wartende Ehefrau vergessen. Die Expertenmeinung zur Soundfrage? Die gibt Christian Blechschmidt gern im Laden. Eins sei verraten: Das Handy ist es nicht.

Adresse Gustavstraße 12, 90762 Fürth, Tel. 0911/745120, www.audioviel.de, info@audioviel.de | **ÖPNV** U 1, Bus 125, 173, 174, 175, 177, 178, 179, Haltestelle Fürth Rathaus | **Öffnungszeiten** Di–Fr 12–19 Uhr, Sa 10–16 Uhr | **Tipp** Etwas versteckt gibt es in der Gustavstraße viele schöne Innenhöfe zu entdecken, etwa den Schuhshof zwischen den Hausnummern 16–28 oder den Ebnershof, Hausnummer 45–49.

8 Babystübchen

Das trägt

Mal ehrlich: Wie viel Spielzeug braucht ein Säugling? Wie viele Jeans, Kleidchen oder Schuhe? Sie ahnen schon, dass es jetzt grundsätzlich wird. Und ums Grundsätzliche geht es auch in diesem Laden. »Die Eltern mit ihrer Liebe und Geborgenheit, mehr braucht ein Kind am Anfang nicht.« Mit dieser Philosophie bietet Martina Frisch, zertifizierte Trageberaterin und damit Spezialistin für Geborgenheit, ein Baby-Sortiment, das sich aufs Wesentliche konzentriert: Neben einer großen Auswahl an Tragesystemen finden sich hier vor allem waschbare Windeln sowie ein kleines Angebot an Naturtextilien.

Im Babystübchen sind Mütter und Väter richtig, die ihr Kind lieber tragen als im Wagen schieben, Stoffwindeln bevorzugen oder beim Strampler auf Naturfasern setzen. »Tragen ist instinktiv, praktisch, entwicklungsfördernd und deshalb immer beliebter«, sagt Frisch. Auch Stoffwindeln – aus Bambus, Molton, Mull, als Falt- oder Höschenwindel – würden verstärkt nachgefragt. Aus Protest gegen Windelmüll und -preise, bei empfindlicher Haut oder einfach, weil Kinder so viel schneller trocken würden.

Zum Tragen oder Wickeln mit Stoff bietet Martina Frisch individuelle Beratung und Trainings an. Denn »geht nicht« ist hier kein Argument. »Wer sich einmal dafür entschieden hat, für den finden wir das passende System.« Wem etwa ein Tragetuch zu »öko« ist, wird meist mit einer rucksackartigen Komfort-Trage glücklich. Selbst für Bandscheiben-Geplagte findet die Trage-Expertin geeignete Lösungen. »Die Muskulatur wächst mit der Aufgabe, und die gewonnene Bewegungsfreiheit für Mutter oder Vater lässt das Gewicht des Kindes schnell vergessen.« Sport, Busfahren oder der Ausflug ins Grüne – was mit Kinderwagen oft zur Nervenprobe gerate, sei mit Kind am Körper einfach nur bequem. »Vorausgesetzt, ein ergonomisches Trage-System wird richtig angewendet«, sagt Frisch. Denn vom Grundsatz her muss eben alles stimmen.

Adresse Obere Karlstraße 12, 91054 Erlangen, Tel. 09131/9296580, www.baby-stuebchen.de, info@baby-stuebchen.de | **ÖPNV** Bus 284, 285, 294, Haltestelle Obere Karlstraße | **Öffnungszeiten** Mo 10–15 Uhr, Di–Fr 10–13.30 & 14.30–18 Uhr, Sa 10–14 Uhr | **Tipp** Mit italienischem Slowfood verwöhnt die Ciabatteria »Buon Giorno« in der Oberen Karlstraße 34.

9 Bambiboom

Wo Bambi auf King Kong trifft

Aller guten Dinge sind drei. Auch im Fall »bambiboom«, dem Label der Grafikdesignerin Inge Klier, die ihre Entwürfe nicht nur auf Papier, sondern auch auf Textilien bringt.

Erstes gutes Ding: Humor. Alle Motive, die Inge Klier entwirft, sind echte Hingucker – wenn auch manchmal erst auf den zweiten Blick! Der aber lohnt sich, denn in jedem Motiv versteckt sich eine witzige Botschaft, die mit einem Augenzwinkern zu lesen ist. So dürfen sich Beatles-Fans über ein Band-T-Shirt von »Hans, Paul, Schorsch und Richard« freuen, das es garantiert in keinem Merchandise Store gibt, und King Kong versetzt plötzlich auch Nürnberg in Angst und Schrecken. Oder etwa nicht? Beim genauen Hinsehen wird klar: Der Riesenaffe wollte sich nur seine Drei im Weckla abholen. Ein weiterer Dauerbrenner: das »Ich liebe GoHo«-Motiv, das Inge Klier in Anlehnung an das berühmte »I love NY«-Shirt entworfen hat.

Zweites gutes Ding: Unikat. Jedes mit einem Klier-Design veredelte Kleidungsstück ist ein handgefertigtes Unikat. Der Kunde selbst wählt Form, Farbe und Motiv aus; sofern alles direkt verfügbar ist, hält er das Shirt innerhalb einer Viertelstunde in den Händen. Gedruckt wird nach dem Flexfolienverfahren, bei dem das Motiv auf eine hauchdünne Folie übertragen und anschließend mit Druck und Hitze auf das Textil geprägt wird.

Drittes gutes Ding: Fair Trade. Aus Respekt vor Natur und Mensch veredelt Inge Klier nur fair produzierte Textilien. Darüber hinaus vertreibt sie in ihrem Laden ausschließlich Handgefertigtes, darunter von ihr selbst genähte Couchkissen, Strickmützen und eine Postkartenserie mit Fake-Nürnberg-Motiven. Ihre eigene kleine Schmucklinie mit dem Bambi-Paar hat sie von einem ortsansässigen Goldschmied anfertigen lassen.

Drei gute Gründe also, sich ins Atelier Bambiboom aufzumachen. Zugegeben, weitere Gründe würden uns auch noch einfallen – aber die soll jeder für sich selbst entdecken.

Adresse Glockendonstraße 18, 90429 Nürnberg, Tel. 0911/2876665, www.bambiboom.de, info@bambiboom.de | ÖPNV Bus 34, Haltestelle Gostenhof West; U 1, 11, Haltestelle Bärenschanze | Öffnungszeiten Mi – Fr 12 – 18 Uhr, Sa 11 – 14 Uhr | Tipp Nur wenige Meter entfernt befindet sich die Brauerei Schanzenbräu (Adam-Klein-Straße 11). Die kleine Spezialitätenbrauerei hat zwei Hauptsorten: Schanzenbräu Rotbier und Schanzenbräu Hell.

10 Betten Bauernfeind

Hier tanzt der Stepp

Einen Prosecco oder Latte Macchiato gibt es hier nicht. Wozu auch? »Das Produkt ist das Event und nicht die Ladeneinrichtung«, sagt Robert Bauernfeind und schiebt eine Matratze beiseite. Am Boden tänzeln zwei Federn, in den Regalen drängen sich individuell gefertigte Bettdecken – auch aus Bio-Baumwolle, Bambus, Schurwolle oder Kaschmir – neben Nackenrollen, Edelhaardecken und bunter Bettwäsche: Der Stoff für unsere schönsten Träume steht hier im Mittelpunkt; seit 60 Jahren bietet der Familienbetrieb Zubehör und Service für einen erholsamen Schlaf.

Nahezu legendär ist die Bettfedernreinigung: Im »Fünf-Stunden-Service« werden täglich Daunen- oder Federbetten mit Wasserdampf und Seife gereinigt. Eine Anti-Aging-Kur für die Federn, die so ihre Form und Wärmkraft bewahren – und uns die Freude am Bett: »Alle zwei Jahre gedämpft, hält eine gute Daunendecke leicht 20 bis 40 Jahre.« Falls nötig, werden Füllungen auch ergänzt oder erneuert, Betten umgearbeitet, neu gesteppt und in Sondergrößen genäht. Dass die im hauseigenen Nähatelier gefertigte Bettwäsche dabei millimetergenau zur Decke passt – man mag es kaum glauben, wenn man Kaufhausware gewohnt ist.

Auch Lattenroste und für jedes Schlafbedürfnis passende Matratzen sind hier erhältlich. Bandscheibenprobleme, Seniorenbetten oder Hausstauballergie? Dank computergestützter Liegeanalyse, Rücksprache mit dem Orthopäden oder Beratung vor Ort beim Kunden bleibt kein Schlafproblem ungelöst, ein flexibler Liefer- und Montageservice ist – natürlich – selbstverständlich. »Wenn sich der Kunde ein passendes Bett kauft, schläft er die nächsten 20 Jahre gut – das freut mich.«

Gern hält es Robert Bauernfeind deshalb so wie die kleinen Läden, die er im Urlaub auf dem griechischen Peloponnes schon oft bewundert hat. »Die sind meist ziemlich eng, aber es gibt alles, und der Inhaber kennt sich richtig gut aus.«

Adresse Königsplatz 8, 90762 Fürth, Tel. 0911/775680, www.bettenbauernfeind.de, info@bettenbauernfeind.de | ÖPNV U 1, Haltestelle Rathaus | Öffnungszeiten Mo–Fr 8.30–18 Uhr, Sa 9–13 Uhr | Tipp Wer nach den Federn einen Kaffee mag: Den gibt es gleich nebenan im Café des Jüdischen Museums, Königstraße 89. Hier lassen sich auch koscherer Wein und Brownies nach altem jüdischen Rezept entdecken – und natürlich das Museum selbst.

11 Der Blechspielzeugladen

Toys for old boys

Dieser Laden macht große Augen. Vor allem Männern, die oft schon Großväter sind. Blinkt da nicht die rote Feuerwehr von Schuco, die damals vor Jahrzehnten zum Greifen nah und doch so unendlich fern im Schaufenster des Spielzeugladens stand? Oder Miniatur-Versionen des ersten eigenen Autos, VW Käfer, Opel P1 und Citroën 2CV? Daneben Märklin-Eisenbahnwaggons, Schellen-Affen oder aufziehbare Hühner. Alle aus Blech und mit Liebe fürs winzigste Detail gefertigt, Spielzeug im Stil einer großen Nürnberger Tradition: Seit Mitte des 19. Jahrhunderts war die Stadt Zentrum der Metallspielwaren-Industrie. Weltbekannte Firmen wie Fleischmann, Arnold oder Schuco haben hier ihren Ursprung.

Mit seinem Blechspielzeugladen im Handwerkerhof hat sich Alexander Baier einen Kindheitstraum erfüllt. Eine bunte, heile Welt, die Stück für Stück auch das letzte Plätzchen Ladenfläche erobert hat. Gleich hinterm Eingang findet sich Ware aus aktueller Produktion: Autos, Motorräder und Traktoren sind millimetergenau in den Vitrinen eingeparkt. An der Decke schweben Doppeldecker, Trommel-Bären stehen Spalier.

Den hinteren Raum nennt Baier sein »Museum, das keinen Eintritt kostet«. Hier warten unzählige Antiquitäten – und Raritäten – auf neue Besitzer. Auch wer ein Schmuckstück verkaufen oder nur seinen Wert erfahren möchte, ist bei Baier richtig. Als langjähriger Sammler und gern gefragter Fachmann kann er historisches Spielzeug sowohl schätzen als auch fachgerecht reparieren.

Als Kind hat sich Alexander Baier oft die Nase am Schaufenster von Spielzeugläden platt gedrückt. Fragt man ihn heute nach seinem Lieblingsstück, mag er keines dem anderen vorziehen. »Das sind so viele schöne Sachen, die alle ihren Reiz haben.« Blechspielzeug ist für Baier Arbeitsalltag, trotzdem hat er das Staunen nicht verlernt. Und so geht es den meisten, die hier eintreten. Denn dieser Laden ist etwas für Sammler, Nostalgiker und große Kinder.

Adresse Am Königstor, Handwerkerhof, 90402 Nürnberg (Altstadt/St. Lorenz), Tel. 0911/208186, www.handwerkerhof.de, blechspielzeug-laden@web.de | ÖPNV alle zum Hauptbahnhof | Öffnungszeiten Mitte März bis Ende Dez. Mo–Fr 10.30–18.30 & 14.30–18 Uhr, Sa 10.30–16 Uhr | Tipp Am Königstor startet die Historische Meile, ein mit Schildern markierter Rundgang zu den bedeutendsten historischen Bauwerken in der Altstadt.

12 Bohne & Kleid

Ohne Kompromisse

»Live hard. Love eternally«, prangt es an der blutroten Wand hinter dem Kassentresen. Darunter ein Colt mit einem Flügel. Und dann der Name: Bohne & Kleid.

Es rattert im Kopf. Zumindest wer Filme mag oder sich für das Amerika der 1930er Jahre interessiert, könnte die Nuss knacken. Erraten? Alles drei deutet auf Bonnie und Clyde, das berühmte Gangsterpärchen, hin. Was die mit einem Geschäft für Mode und Wohndesign zu tun haben? »Es ging mir dabei um die Leidenschaft, mit der man sein Leben lebt, und den Mut, auch mal gegen den Strom zu schwimmen«, erklärt Andrea Heindl. »Und doch steht als Motivation hinter allem die Liebe.«

Ein durchdachtes Konzept, das sich im Inventar des Ladens widerspiegelt. Hier gibt es Kleidung, Taschen, Schmuck und trendige Gegenstände, die alles sind, nur nicht beliebig. Und dennoch findet man nichts, was exzentrisch oder gar untragbar wäre. »Edgy« nennen Modemenschen diesen Mix aus klassischen und extravaganten Elementen. Unverwechselbar, urban und inspirierend nennt ihn Andrea Heindl. Die Münchnerin, die viele Jahre als Konzepter in der Werbung gearbeitet hat, hat sich in ihrem Concept Store selbst verwirklicht und hofft, auch andere Menschen zu mehr Individualität zu ermuntern. Eine Inspiration nur fürs weibliche Geschlecht? Mitnichten. In der Kinderkuschelecke türmen sich Stofftiere, während die Männerecke mit coolen Shirts und Accessoires bestückt ist, wie beispielsweise Gürtel oder Taschenmesser.

Der Film »Bonnie und Clyde« von 1967 sorgte für Zündstoff, weil er Selbstbestimmung und Kompromisslosigkeit proklamierte. Bohne & Kleid bricht ebenso mit traditionellen Formen – ganz ohne Filmblut. Rot ist nur die Farbe an der Wand, an der übrigens auch eine kleine Kaffeebar steht, die zur Namensgebung – die Langfassung lautet »Kaffeebohne und Lieblingskleid« – beigetragen hat. Hier wartet Clyde, wenn's bei Bonnie mal wieder etwas länger dauert.

Adresse Bergstraße 11, 90403 Nürnberg, Tel. 0911/3924080, www.bohneundkleid.de, andrea@bohneundkleid.de | ÖPNV Tram 4, Haltestelle Tiergärtnertor; Bus 36, Haltestelle Burgstraße | Öffnungszeiten Mo–Fr 10–19 Uhr, Sa 10–18 Uhr | Tipp Nachtschwärmer lieben das Burgviertel. Wo sich's besonders gut feiern lässt? Im Schmelztiegel (Bergstraße 21), Downtown (Obere Schmiedgasse 5) oder auch Frizz (Weißgerbergasse 37).

13 Boutique de Provence

Savoir vivre im Hinterhof

Lavendelfelder, der Duft wilden Thymians oder unbeschwerte Muße beim Gläschen Pastis: Wer den Weg durchs Hoftor und die wenigen Schritte zur kleinen Eisentreppe vor dem Ladeneingang gefunden hat, taucht ein in Erinnerungen an Frankreichurlaube voller Wärme, kulinarischer Genüsse und Lebenslust.

Typisch französische Kleinmöbel und Dekorationsartikel gibt es hier zu entdecken. Provenzalische Stoffe, Tischdecken und Geschirrtücher von Le Jacquard Français oder Karaffen und Gläser von La Rochère, der ältesten noch in Betrieb stehenden Glasbläserei Frankreichs. Dazu Düfte und Seifen von Collines de Provence, Olivenöl aus Nyons, Champagner von Paul Goerg oder ausgewählte Weine vom Château La Canorgue – ein Weingut, das so typisch für Südfrankreich ist, dass Regisseur Ridley Scott es 2006 als Drehort für seine Komödie »Ein gutes Jahr« wählte. Fast schon filmreif gibt sich auch die Fassade des Häuschens aus Spanplatten, die Manfred Niqué als Blickfang im Laden gebastelt hat, von seiner Frau Ingrid in Ocker und Türkis liebevoll bemalt.

Die Idee dieses aus großer Liebe zu Frankreich entstandenen Geschäfts entstand – natürlich – nach einem Urlaub. Den Kopf »voller Farben und Stoffe«, die Wirklichkeit »Grau in Grau«, bestellten die Niqués erste Dekoartikel, die bei Freunden großen Anklang fanden. Heute ist die Boutique ein Geheimtipp für alle, die »schöne Sachen lieben«.

Auch »echte Franzosen« schauen gern vorbei, um etwa Tapenade zu kaufen, einen öligen Brotaufstrich in verschiedenen Geschmacksrichtungen, den die Niqués aus dem Postkartenidyll L'Isle-sur-la-Sorgue beziehen. Oder um Pastis mitzunehmen, Marke Henri Bardouin, und den Thymian-Likör Farigoule. »Vor allem mein Mann hat früher regelmäßig vom Auswandern geträumt«, erinnert sich Ingrid Niqué. Mit der Boutique hat das Paar ein Stück seines Traums nach Fürth geholt. Für sich und alle, die Frankreich lieben.

Adresse Amalienstraße 65, 90763 Fürth (Südstadt), Tel. 0911/9719626, www.boutique-de-provence.de, provence@t-online.de | **ÖPNV** Bus 177, 179, Haltestelle Paulskirche | **Öffnungszeiten** Mi–Fr 16–19 Uhr, Sa 10–14 Uhr | **Tipp** Direkt gegenüber liegt die evangelische Kirche St. Paul. Als Vorreiterin eines neuen Stadtteils stand sie bei ihrer Weihe im Jahr 1900 noch »im Grünen«.

14 Bretterbude

Jung ist, wer sich jung fühlt

Coole Kids auf rollenden Brettern, die mit gekonnten Sprüngen über Bordsteine oder Rampen fliegen. Grabs, Flips, Grinds – wer jetzt schon ins Schleudern gerät, sollte trotzdem weiterlesen. Denn auch die gute alte Jugendkultur hat, zumindest was die Ausgrenzung von »Erwachsenen« angeht, ihre härtesten Tage hinter sich. Ein ergrauter Professor, der am helllichten Tag im Skatepark seine ersten Runden dreht? »Gibt es längst«, sagt Andreas Nahrhaft und muss sich kein bisschen das Grinsen verkneifen. In der Bretterbude ist jeder Skateboardfreund – ob nun real oder nur mit dem Herzen praktizierend – willkommen.

Nachdem es in der Region kaum noch ein richtiges Fachgeschäft für diese Künstler-Disziplin des Rollsports gab, haben Nahrhaft und sein Skater-Kollege Matthias Welker kurzerhand beschlossen: »Jammern hilft nichts, wir machen es einfach besser.« Seit 2011 bietet die Bretterbude ein ausgewähltes Sortiment an Material und Mode. Jedes Board wird individuell zusammengestellt. Die Bretter stammen von traditionellen Skateboard-Labels, aber auch von kleinen, innovativen Firmen.

Die große Auswahl an Rollen, Achsen, Kugellagern lässt für jeden schnell das passende Gefährt entstehen. Ready-to-Skate sind Longboards oder Cruiser zu haben. Auch hier gibt es keine Scheu, diese – im Vergleich zum Trickfahren – doch eher behäbigen Trends zu bedienen. Dazu gibt es passendes Schuhwerk, Hemden, Kappen und Hosen, die speziell nach den Bedürfnissen von Skateboardern entwickelt wurden. Denn auch wenn Vans oder Etnies heute sogar in Kaufhäusern erhältlich sind: Die »echten« Skater-Kollektionen dieser Marken gibt es meist nur im Fachgeschäft. Das gilt auch für News und Tratsch aus der Szene und die vielen Geschichten, die Welker und Nahrhaft zu jedem Label auf Lager haben. Und die sind manchmal ziemlich Old School: Den größten Boom erlebte das Skateboarden bekanntlich in den 1970er Jahren.

Adresse Obere Karlstraße 11, 91054 Erlangen, Tel. 09131/9703844, www.skateshop-erlangen.de, mail@skateshop-erlangen.de | ÖPNV Bus 284, 285, 294, Haltestelle Obere Karlstraße | Öffnungszeiten Mo–Fr 10–18.30 Uhr, Sa 11–16 Uhr | Tipp Vietnamesische Köstlichkeiten gibt es im Restaurant Mekong in der Schuhstraße 4. Besonders lecker: gebackene Forelle. Mittagskarte und jeden Freitag 20 Prozent Rabatt auf alle vegetarischen Gerichte.

15 Briefmarken- und Münzhaus Fürth

Das prägten die Römer

Die Blaue Mauritius gibt es hier nicht. Dafür postfrische Marken aus »Altdeutschland vor dem Kaiserreich«. Ebenso: Zwei-Euro-Stücke mit »ungewöhnlichen Rückseiten«, Silberunzen oder römische Münzen, die vor 2.000 Jahren – luftdicht in Amphoren verpackt – ihren Weg aus dem Geldkreislauf nahmen und heute des Sammlers Leidenschaft für Antikes stillen.

Ein Laden wie ein Museum. Feldpostkarten aus den Weltkriegen finden sich hier und Briefmarken-Sondereditionen als schaurige Zeitzeugen. Im Tresor lagern altdeutsche Taler und byzantinische Goldmünzen. In der Auslage gestempelte Ersttagsausgaben, weltweit nach Ländern sortiert. Eine Börse für Sammler – Stefan Wolf kauft auch an –; der Wert bestimmt sich nach Angebot und Nachfrage. »Begehrt ist natürlich Seltenes und was in die eigene Sammlung passt. Dazu gibt es Trends wie aktuell Briefmarken aus China.« Den Wert kann der Fachmann durch profundes Wissen schnell bestimmen. Ebenso freundlich wie beharrlich wird dann mit dem Kunden gefeilscht. Immer öfter gehen Münzen auch als Geldanlage über die Theke. »Am Monatsende investieren viele das noch übrige Geld hier für die Rente.« Schließlich versprechen Gold und Silber zumindest statistisch die bessere Rendite.

Schon im Kindergartenalter hat Stefan Wolf Münzen gesammelt, seinen Vater reizten Briefmarken. Das so entstandene Fachgeschäft führt Wolf heute in zweiter Generation. »Nach dem Studium – Geschichte, Politologie, Soziologe – hat der Laden mir mehr Perspektive geboten als ein befristeter Job an der Uni.« Natürlich faszinieren die Münzen und Marken den Historiker in ihm, und auch soziologisch ist das Metier interessant: »Meine Kunden sind fast ausschließlich Männer. Frauen geben das Geld vermutlich eher für praktische Dinge aus, die Männer folgen ihrem Jäger- und Sammlertrieb.«

Adresse Blumenstraße 11, 90762 Fürth, Tel. 0911/771342, www.briefmarkenhaus-fuerth.de, briefmarkenhaus-fuerth@t-online.de | **ÖPNV** Bus 172, Haltestelle Mathildenstraße | **Öffnungszeiten** Do & Fr 10–14.30 & 15–18 Uhr, Sa 9–13 Uhr, Di & Mi nach Vereinbarung | **Tipp** In der parallel verlaufenden Rosenstraße begeistert der »Kunstraum Rosenstraße« (Hausnummer 12) Freunde von Kunst und Fotografie mit wechselnden Ausstellungen.

16 Brinissima

Meine Mädels

Nicht gänzlich unriskant. Sobald eine Frau hereinkommt und ein paar Worte mit der netten Inhaberin wechselt, die alle nur »Brini« nennen, könnte es passieren, dass das nächste Paar Schuhe nach ihr benannt wird. Denn Brini kennt fast alle ihre Kundinnen mit Vornamen und weiß für gewöhnlich auch deren Schuhgröße und Details aus dem Privatleben. Wenn sie dann beim Auswählen der Modelle an eine Kundin oder Bekannte erinnert wird, heißt das gute Stück kurzerhand »Alina«, »Vroni« oder »Gabriele«.

Gestört hat sich daran noch niemand, im Gegenteil. Bei Brinissima geht's eben nicht so anonym zu wie in manch anderen Läden. Hier wird übers Leben gequatscht, genau wie über die Liebe, und allem voran einer gemeinsamen Leidenschaft gefrönt: Schuhe in allen erdenklichen Farben und Formen. Hauptsache, sie sind »wunder-wunderschön« und verdienen einen Platz im selbst ernannten »allerschönsten Laden der Welt«.

»Ich möchte, dass Brinissima als rosa Zuckerwatte-Paradies gesehen wird«, erläutert Brini ihr Ladenkonzept, was auch erklärt, warum es überall glitzert und die vorherrschende Farbe Bonbon-Rosa ist. Hier werden Mädchenträume wahr – und steckt nicht in jeder erwachsenen Frau noch ein Mädchen? Nur so lassen sich die verzückten »Ach, wie niedlich!«- und »Das muss ich haben«-Schreie erklären, die beim Anblick des zuckersüßen Sortiments in stilecht überspanntem Ton erschallen. Neben Schuhen wandern auch Bade-Cupcakes, Liebeskummerpillen oder Seifenblasen aus der Tüte über die Ladentheke – eben alles, was das Leben ein bisschen schöner macht.

Von einer Überdosis Glücksgefühle rät Brini jedoch ab. »Ich möchte, dass meine Mädels sich ganz bewusst für etwas entscheiden und sich zu Hause nicht fragen müssen: Musste das jetzt wirklich sein?« Deshalb ist ihre Beratung ehrlich und unverblümt, und sie verkauft niemandem mehr als drei Paar Schuhe gleichzeitig. Auch das schätzen Alina, Vroni und Gabriele.

Adresse Josephsplatz 1, 90403 Nürnberg, Tel. 0173/5666545, www.brinissima.de, brini@brinissima.de | ÖPNV U 1, 11, Haltestellen Weißer Turm oder Lorenzkirche | Öffnungszeiten Di – Sa 11 – 20 Uhr | Tipp Geliebt oder gehasst wird das »Ehekarussell« am Weißen Turm, ein Figurenbrunnen, der nach dem gleichnamigen Gedicht des Nürnberger Meistersingers Hans Sachs gestaltet ist. Machen Sie sich am besten selbst ein Bild!

17__BTM Guitars

Saitenweise

Das Mutterland von Western- und E-Gitarren ist die USA. Dementsprechend verfügen die Amerikaner über das größte Know-how und die leistungsfähigsten Fertigungsstätten. Doch wo kauft man die guten Stücke am besten? Richtig, in Nürnberg.

Aus allen vier Himmelsrichtungen machen sich Kunden auf den Weg zu BTM Guitars, um hier ihre akustischen und elektrischen Gitarren, Bässe, Verstärker, Effekte, Saiten sowie alles rund um die Klampfe zu bekommen. Schon allein der Gang durch die verschlungenen Räumlichkeiten ist ein Erlebnis für sich, denn hier reihen sich Konzertgitarren, Jazzgitarren, Resonatorgitarren, Banjos, Mandolinen und andere Zupfinstrumente aneinander wie Perlen an einer Kette. Rund 800 Instrumente zählt das Sortiment, darunter auch die eine oder andere Rarität, die für einen fünfstelligen Betrag über den Ladentisch wandert.

Dem Verkauf hochwertiger Gitarren, bevorzugt aus amerikanischer Herstellung, schließt sich ein Komplettservice an. Das heißt, neben der Beratung und der Möglichkeit, die Gitarre ausgiebig zu testen, umfasst er das Angebot von Reparatur- und Servicearbeiten in der hauseigenen Werkstatt. Bundieren, Abrichten, Besaiten und Einstellen, Halsbrüche, Lackausbesserungen, Tonabnehmereinbau, Elektronikumbau et cetera – die Gitarrenbauer im Team von Tommy Gedon und Matthias Kleiss tun alles für einen guten Sound und sind als autorisierter Kundendienst der US-Fabrikate Fender, Martin, Gibson und Taylor weit über Frankens Grenzen hinaus bekannt.

Ein Mekka für Gitarrenmusiker aus dem deutschsprachigen Raum; aber reicht der Ruhm auch bis ins Mutterland? »Der kommerziell erfolgreichste Künstler, der bei uns gekauft hat, war der Gitarrist der US-amerikanischen Rockband The Knack«, berichtet Tommy Gedon nicht ohne ein wenig Stolz in der Stimme. Klingelt's? Das ging so: »Ooh my little pretty one, pretty one. When you gonna give me some time, Sharona? ... M-M-M-My Sharona ...«

Adresse Fürther Straße 236, 90429 Nürnberg, Tel. 0911/317741, www.btm-guitars.de, info@btm-guitars.de | ÖPNV U 1, 11, Haltestelle Eberhardshof | Öffnungszeiten Mo–Fr 10–18 Uhr, Do 10–19 Uhr, Sa 10–15 Uhr | Tipp Die ehemaligen Werkshallen des Elektrokonzerns AEG Electrolux werden heute als Experimentier- und Ausstellungsraum von Künstlern und anderen Kreativen genutzt. »Auf AEG« finden regelmäßig kulturelle Veranstaltungen und Kunstausstellungen statt.

18 Chesi Messerschleiferei

Ganz schön scharf

Tradition verpflichtet. Paolo Chesis Großvater kam 1902 als Wanderschleifer aus dem trentinischen Rendenatal nach Nürnberg. Nach der völligen Zerstörung im Zweiten Weltkrieg baute dessen Sohn das Geschäft 1958 an gleicher Stelle wieder auf, und 1987 übernahm schließlich der dritte Chesi den Familienbetrieb. Seitdem läuft's rund für einen der wenigen originären Messerschmiedemeister Deutschlands, der die Werkstatt zu einem Fachhandel für Schneidwaren und Sportwaffen ausgebaut hat.

Küchenmesser, Schnitzmesser, Jagdmesser, Sportmesser, Taschenmesser und Rasiermesser; Papierscheren, Schneiderscheren, Gartenscheren, Geflügelscheren, Haarscheren oder Nagelscheren – schnell zeigt sich, dass Schneide nicht gleich Schneide ist und jedes Gerät einen unterschiedlichen Schärfegrad aufweist. »Der hängt natürlich von der Stärke der Klinge ab«, erklärt der Fachmann und erweitert zudem unseren Wortschatz um den schönen Begriff »Pließten«: »Nach dem Schleifen auf dem groben Band ist die Oberfläche noch rau und muss auf einer Hartholzscheibe noch einmal fein nachgezogen werden. Anhand der gepließten Klinge ist die Hochwertigkeit eines Messers zu erkennen, und sie ist dadurch auch weniger anfällig für Korrosion.«

Seinen Ursprung hat dieser Fachbegriff in Solingen, im Herzen der deutschen Klingen-, Messer- und Schneidwarenindustrie. Insbesondere die dort ansässigen kleinen Manufakturen wie Hartkopf, Klaas, Burgvogel oder Felix gehören zu Paolo Chesis bevorzugten Herstellern. Darüber hinaus verkauft er Stahlwaren aller Art, darunter frei verkäufliche Waffen, Dartpfeile und Maniküresets.

Gerade ziert ein Pflaster die rechte Hand, die Finger aber sind alle noch dran. Paolo Chesi ist schließlich Profi. Und nicht der letzte der Familie. Sein Sohn macht gerade eine Ausbildung zum Schneidwerkzeugmechaniker und wird vermutlich der vierte Chesi, der in der Bindergasse die Klingen wetzt. Tradition gerettet.

Adresse Bindergasse 14, 90403 Nürnberg, Tel. 0911/221006, www.chesi.de, info@chesi.de | ÖPNV Bus 36, Haltestelle Egidienplatz | Öffnungszeiten Mo–Fr 9–13 & 14.30–18 Uhr, Sa 9–15 Uhr | Tipp In der Inneren Laufer Gasse 33, etwa 300 Meter Richtung Laufer Tor, befindet sich der Hutmacher-Betrieb Brömme mit angeschlossenem Hutmuseum.

19__Chocolat

Treffpunkt für Schokoholics

Schokolade steht für Sinnlichkeit und Lebensfreude. Und wer den Film »Chocolat« kennt, weiß, dass ein Biss allein genügt, um Menschen einander näherzubringen.

Genuss und Geselligkeit stehen auch in Sandra Calabreses gleichnamigem Schokoladenfachgeschäft im Mittelpunkt, das seit 2004 in Nürnberg beheimatet ist. Damals war das Chocolat eines der ersten Spezialgeschäfte, die es in Deutschland gab, und wurde prompt vom »Feinschmecker« unter Europas beste Schokoboutiquen gewählt. Seitdem haben sich Ladenfläche und Sortiment noch einmal deutlich vergrößert, sodass jetzt weit über 400 Artikel von etwa 60 verschiedenen Herstellern dort ihren Platz finden.

Feinste Edelkakao-Sorten aus aller Herren Länder, darunter auch die seltene und teuerste Variante »Porcelana«, handgemachte Pralinen aus erlesenen Manufakturen, ungesüßte 100-Prozent-Schokoladen, vegane und laktosefreie Versionen oder Schokoladen mit ungewöhnlichen Zutaten wie Heublumen oder Earl Grey – Schokoholics können hier Stunden zubringen und gönnen sich zwischendurch eine heiße Trinkschokolade oder ein Stück Kuchen. Seit 2007 ebenfalls im Sortiment: Schokolade aus eigener Herstellung, wahlweise mit Krokant, Butterkeks, Smarties oder sogar der persönlichen Wunschzutat.

Hauptkriterien für die Aufnahme ins Sortiment sind fairer Handel und, soweit möglich, Bioqualität. Beim Geschmack scheiden sich ja bekanntlich die Geister. Fest steht aber: Kakaobohnen werden wie Wein degustiert, weshalb das Chocolat von Herbst bis Frühjahr entsprechende Seminare und Verköstigungen anbietet.

Wer allein beim Anschauen des Films »Chocolat« immer wieder ins Schwärmen gerät, dem sei ein Besuch in Nürnbergs ältester und schönster Chocolaterie ans Herz gelegt. Denn was gibt es Schöneres, als wirklich mit *allen* Sinnen zu genießen! Wenn man dabei noch auf Gleichgesinnte trifft, kann man gar nicht anders, als sich des Lebens freuen.

Adresse Josephsplatz 26/28, Eingang Hutergasse, 90403 Nürnberg, Tel. 0911/2427888, www.chocolat-nuernberg.de, info@chocolat-nuernberg.de | **ÖPNV** U 1, 11, Haltestellen Weißer Turm oder Lorenzkirche | **Öffnungszeiten** Mo–Fr 10–19 Uhr, Sa 10–20 Uhr (Mai–Sept.), Mo–Sa 10–20 Uhr (Okt.–April) | **Tipp** Wem es nach etwas Deftigerem gelüstet, braucht nur ins Haus gegenüber zu wandeln. Im »Il dolce & i panini« gibt es täglich wechselnde Nudelgerichte, hausgemachte Antipasti und frisch belegte Panini. Auf Wunsch auch glutenfrei.

20 Cocodrillo

Großes Theater

Allein die Umkleiden. Flauschiger Teppich, Tischchen mit geschwungenen Beinen und goldene Kleiderhaken. Hier fühlen wir uns wie eine Opern-Diva in ihrer Garderobe. Die Brust raus, das Haupt gereckt, öffnen wir den Vorhang – und treten vor die großen Spiegel dieses Geschäfts für Damenmode, das mit seinem Kronleuchter und den monumentalen Säulen auch als Eingangshalle des nur wenige Schritte entfernt liegenden Markgrafentheaters durchgehen könnte.

Ihre Leidenschaft für die schönen Künste und die Welt der Mode haben Barbara Herb und ihre Tochter Vera in dieser »Boutique mit Galerie« vereinigt. In den großen Schaufenstern stellen im monatlichen Wechsel Künstler ihre Werke aus, dekoriert mit zu Thema, Stimmung und Farben verblüffend passgenauer Mode. Das Dekorieren bereitet Barbara Herb großes Vergnügen, auch wenn ihr Anspruch kein geringer ist. Alles soll wirken, als hätten Künstler und Modeschöpfer Hand in Hand gearbeitet. Die ausgestellten – und zum Kauf angebotenen – Werke sind bunt gemischt: Von Ölgemälden im modernen oder klassischen Stil über Fotografien bis hin zu Pappmaschee-Figuren reicht die Palette. Diese Vielfalt prägt auch die Mode: bequeme wie elegante Oberbekleidung, Accessoires und Schuhe – der Schwerpunkt liegt auf Stücken für den Alltag, die man aber für bestimmte Anlässe aufpeppen kann.

»Am wichtigsten ist, dass sich die Kundinnen im Outfit wohlfühlen«, sagt Barbara Herb. Sie sieht sofort, ob eine Größe passt oder welches Stück sich zum Kombinieren eignet. Genauso wie Kunst kann Mode hier große Wirkung entfalten: »Es muss etwas ins Auge fallen und auf den Betrachter überspringen.« So manches Kleidungsstück hat auf diese Weise schon für einen bühnenreifen Überraschungsmoment gesorgt. Wenn sich der Vorhang der Garderobe öffnet, die Kundin vor den Spiegel tritt und verblüfft verkündet: »Ich hätte nicht gedacht, dass *ich* so etwas tragen kann!«

Adresse Theaterplatz 31, 91054 Erlangen, Tel. 09131/24730, www.cocodrillo.de | ÖPNV Bus 253, 283, 286, 287, 288, 289, 293, Haltestelle Martin-Luther-Platz | Öffnungszeiten Mo–Fr 10–19 Uhr, Sa 10–16 Uhr | Tipp Außen über der Eingangstür zeugt ein in Stein gehauenes Relief von alter Erlanger Handwerkstradition: Dargestellt ist die Kunst der Korbmacherei – ein Gewerk, das heute in der Stadt nicht mehr zu finden ist.

21 Columbia Bakery

American Kaffeeklatsch

Scones, Bagels und Cinnamon Buns – die Namen dieser angloamerikanischen Backwerke gehen den Fürthern längst schon so flüssig über die Lippen wie das heimische Bamberger Hörnla. Doch was bitte ist ein Orange Creamcicle Soda? »Eine Limo mit hausgemachtem Orangenvanillesirup, die nach Vanilleeis schmeckt«, erklärt Nicole King.

Und so setzen wir uns mit dieser wunderbaren Erfrischung in das »zweite Wohnzimmer« der jungen Amerikanerin. An der Decke hängen Kronleuchter, die Wände sind mit hübschen alten Fliesen verziert, Möbel im Vintage-Stil verströmen den Charme der vorletzten Jahrhundertwende. Mittendrin: eine Gebäck-Theke, die von fruchtig über schokoladig bis cremig keine Wünsche offenlässt. Blueberry Pie mit einem Löffelchen Schlagsahne, Chocolate Muffins oder Strawberry Cake? Eine Pause in der Columbia Bakery versetzt Sie in Zeiten, in denen Stress noch nicht erfunden war. Wohl aber feinster italienischer Espresso und Gebäck, das so selbst in Amerika kaum zu finden ist: »Wir backen ohne künstliche Zusätze und längst nicht so süß, wie es in den USA heute üblich ist«, sagt King.

Die studierte Stadtplanerin, aufgewachsen in Miami, hat während ihrer Elternzeit in Fürth das Backen für sich entdeckt. Nach alten Familienrezepten und eigenen Ideen buk sie Cookies, Rolls und Muffins zuerst nur für Freunde und Familie. Es folgte ein erster Test auf dem Graffl-Markt, bei dem die süße Ware schon am ersten Tag restlos ausverkauft war. Seitdem ist das Backen Passion und Beruf.

Mittlerweile bietet sie mit ihrem Partner Jay, Koch und Brotbäcker aus Boston, neben amerikanischem Gebäck auch Mittagessen und Salate an. Die Karte wechselt wöchentlich. Im Sommer gibt es Burritos oder belegte Bagels, an kühleren Tagen sind dampfende Eintöpfe oder Pastagerichte beliebt. Auf Wunsch wird alles auch zum Mitnehmen eingepackt – und Unbekanntes, wie der »Johnny Ledgend«-Bagel, gern erklärt.

Adresse Kreuzstraße 6, 90762 Fürth, www.columbia-bakery.de, kontakt@columbia-bakery.de, Tel. 01575/2971459 | ÖPNV U 1, Bus 125, 173, 174, 175, 177, 178, 179, Haltestelle Fürth Rathaus | Öffnungszeiten Di–Fr 8–18 Uhr, Sa 9–16 Uhr | Tipp Rathaus in der Königstraße 88: Der Turm des 1850 vom Münchner Hofarchitekten Friedrich von Gärtner fertiggestellten Gebäudes erinnert an den Turm des »Palazzo Vecchio« in Florenz. Sonntags bietet das im Rathaus beheimatete Kriminalmuseum einen Streifzug durch 200 Jahre Kriminal- und Polizeigeschichte der Stadt.

22 Decantus ... am Bohlenplatz

Edle Tropfen

Beinahe hätte dieses Geschäft den Namen *Kippis* bekommen – und zweifellos hätte das finnische *Prost!* auch gut zu den vielen Likören, Edelbränden und Whiskys gepasst, die es hier zu probieren gibt. Aber die Weine, die Essige und Öle, die warmen Farben und großen Tonkrüge, vor allem aber die Leidenschaft der Inhaber für Urlaube in Südfrankreich, Spanien und Italien trifft das Kunstwort Decantus viel besser: weil hier täglich dekantiert wird – vom französischen »décanter« für »umfüllen« – und mancher Kunde nach zu reichlichem Genuss auch schon ins Lateinische »cantare«, das fröhliche Singen, verfallen sein soll.

Ein umfangreiches Sortiment flüssiger Feinkost erwartet uns in diesem Laden: Von Arganöl über Granatapfel-Balsamico und Mango-Essig bis hin zu offenen Weinen, Single Cask Whiskys und fränkischem Schlehenlikör – in großen Fässern, Ton- und Glasbehältern bieten Petra Pezold und Volker Meyer ausgewählte Spezialitäten rund ums Trinken und Essen. Nahezu alle Produkte stammen von kleinen, handwerklich arbeitenden Erzeugern, die sich feinstem Geschmack und bester Qualität verschrieben haben. »Das Kürbiskernöl wird etwa erst dann gepresst, wenn wir es bestellen«, sagt Pezold. Daneben Walnuss-Öl, das garantiert keine Bitterstoffe enthält, weil vor dem Pressen die Nüsse gewaschen und die Häutchen komplett entfernt werden. Oder Amaretto, den es hier ohne den sonst üblichen Zusatz von Farbstoffen gibt.

In Ruhe können Kunden diese edlen Tropfen probieren und sich dann in beliebigen Mengen ab 100 Milliliter abfüllen lassen. »Manche kommen mit dem Marmeladenglas, weil sie etwa zum Backen nur eine kleine Menge brauchen. Wichtig ist, dass das Gefäß sauber ist.« Natürlich gibt es auch ein großes Angebot an dekorativen Flaschen, die gern für Geschenke genutzt werden – vom gläsernen Frosch bis zur Fußball-Flasche, die »mit Schnaps befüllt ein ideales Mitbringsel ist«. Prost!

Adresse Obere Karlstraße 26, 91054 Erlangen, Tel. 09131/208961, www.decantus.de, decantus@gmx.de | ÖPNV Bus 284, 285, 294, Haltestelle Obere Karlstraße | Öffnungszeiten Mo–Fr 10–18 Uhr, Sa 10–14 Uhr | Tipp Ciro Cocktailbar gleich gegenüber, im Sommer auch schon nachmittags geöffnet.

23_delikatEssen

Luxus für den Gaumen

Tomatenkernöl, Rote-Rüben-Pesto, Honig mit Pistaziencreme oder schwarzer Senf. Die Liste der ausgefallenen Köstlichkeiten, die man hier entdecken kann, ließe sich endlos fortführen. Schließlich stapeln sich rund 1.000 verschiedene Produkte in dem 65 Quadratmeter großen Laden, der sich auf feine Delikatessen und erlesene Gewürze spezialisiert hat.

»80 Prozent der Waren gibt es nur bei uns und in keinem anderen Lebensmittelgeschäft hier in Nürnberg«, erzählt Inhaberin Romana Schemm. Dafür bereist sie die ganze Welt, hält stets Ohren und Nase offen, schlendert über Messen und Märkte, verschlingt Fachliteratur und kulinarische Krimis – immer auf der Suche nach neuen, ungewöhnlichen Genüssen. Sich selbst bezeichnet sie als »Foodscout«, dessen wichtigstes Auswahlkriterium handwerklich produzierte Qualität ist. Wenn die stimmt, macht es auch nichts, wenn das Produkt nur saisonal und in begrenzter Auswahl zur Verfügung steht. Der echte Gourmet versteht das und kommt pünktlich zum Wiederverkaufsstart hereingeschneit.

Das Highlight des Delikatessenhandels ist die große Auswahl an Gewürzen und Mischungen von Ingo Holland, dem führenden Gewürzmüller in Deutschland für die gehobene Küche. Unbedingt mal schnuppern: »Purple Curry« mit Hibiskusblüte und die Pfeffermischung »Mélange Noir«. Über die Jahre ist aber auch eine ordentliche Sammlung an exquisiten Gins zusammengekommen: Über 20 Sorten und acht dazu passende Tonics stehen im Regal und können – wie vieles im Laden – gekostet werden. Außerdem exklusiv erhältlich sind die BBQ-Saucen, Ketchups, Chutneys und Dressings des amerikanischen Herstellers Stonewall Kitchen sowie Liquid Smoke, flüssiges Raucharoma, das sich insbesondere in der veganen Küche großer Beliebtheit erfreut.

Wie gesagt, die Liste der Besonderheiten ist lang. Am besten selbst hingehen und sehen, riechen, schmecken, staunen!

Adresse Weinmarkt 14, 90403 Nürnberg, Tel. 0911/2029132, www.delikatessen-nuernberg.de, info@delikatessen-nuernberg.de | **ÖPNV** Tram 4, 6, Haltestelle Hallertor; Bus 36, Haltestelle Hauptmarkt oder Weintraubengasse | **Öffnungszeiten** Di–Fr 10–18.30 Uhr, Sa 10–17 Uhr | **Tipp** Das französische Restaurant »Prison St. Michel« (Irrerstraße 2) gehört zu Nürnbergs Topadressen. Unschlagbar schön ist das Ambiente in dem verwinkelten Gemäuer – und schmecken tut's allemal.

24 Dodal Regional

Lieber von hier

Es gibt Kunden, die kommen nur »weg'm Brot« zu Margarethe Gwiasda. Weil das vom Erbel stammt, dem »Freibäcker« aus Dachsbach im Aischgrund, der konsequent nach handwerklicher Tradition bäckt und Getreide verwendet, das auf fränkischen Feldern wächst und vom letzten Müller an der Aisch vermahlen wird. Oder »weg'm Quark«: produziert aus Milch von den kaum mehr als 20 Kühen des Hausenhofs in Dietersheim, vor Ort gemolken, verarbeitet und wunderbar cremig, weil die Milch nicht zentrifugiert wird und so das natürliche Fett in der Quarkmasse bleibt.

Margarethe Gwiasda hat schon Naturkost verkauft, als Bio noch kein Mainstream war. Die Idee zum eigenen Geschäft entstand, als das Honigsortiment ihres damaligen Arbeitgebers zwar 40 Sorten, aber keine einzige mehr aus der Region enthielt. »Das Regionale und die gute Zusammenarbeit mit den Landwirten ist in der Naturkost-Bewegung vielfach verloren gegangen.« Das kann man hinnehmen. Oder besser machen. Mit Dodal Regional bietet Gwiasda seit 2007 qualitativ hochwertige Lebensmittel an, die aus dem Umland bis höchstens 100 Kilometer Entfernung stammen und dort von kleinen Erzeugern mit heimischen Zutaten naturnah gefertigt werden. Möglichst auch in Bio-Qualität, was aber nur bei tierischen Produkten wie Fleisch, Eier oder Käse ein Muss ist. Denn Regional geht vor. Vom Apfelsaft der Streuobstwiesen am Hesselberg, über Haselnüsse aus Cadolzburg, Eiern aus Schnaittach, Nudeln aus Kulmain, Wurst vom Kloster Plankstetten bis hin zu Ziegenkäse aus Kirchensittenbach – die meisten Lieferanten hat Gwiasda auf Wochenmärkten gefunden.

Wichtig ist, dass die Idee hinter der Ware stimmt. Regional, traditionell, umwelterhaltend muss es sein. »Wenn mir ein Lieferant nicht gefällt, gibt's das eben nicht.« Ein Sortiment aus Leidenschaft, das Kunden überzeugt. »Viele kommen, weil sie einfach etwas Gutes wollen, das sie sonst so nicht mehr finden.«

Adresse Heuwaagstraße 20, 91054 Erlangen, Tel. 09131/9709175, www.dodal-regional.de, dodal-regional@t-online.de | **ÖPNV** alle zum Hauptbahnhof | **Öffnungszeiten** Di–Fr 9–18 Uhr, Sa 9–14 Uhr | **Tipp** Der Laden befindet sich im Richterschen Eck, einem historischen Fachwerkbau (Baujahr 1689) der für den Zuzug der Hugenotten errichteten Erlanger Planstadt.

25 Dreikönig

Öko ohne Verzicht

Sommerkleider, die wie ein Hauch von Nichts auf der Haut liegen, modisch geschnittene Jeans, bunte Shirts und Hoodies. Im Schaufenster ein Fahrrad, das »Bürgermeister macht«, daneben Sonnenbrillen und Gürtelschnallen aus Holz. Im Laden von Sebastian Arturo Findling fühlt es sich einfach an, die Welt zu verbessern. Klamotten und Accessoires aus fairer und ökologischer Produktion sind hier zu haben, von Labels wie redesign Hamburg, Minga Berlin, Della oder mija t.rosa.

Die Idee dahinter? »Die riesengroße Ausbeutung von Mensch und Natur zu beenden, die mit der Produktion unserer Kleidung verbunden ist.« Aus diesem Gedanken von sieben Freunden ist ein Klamottengeschäft geworden, das vom Sortiment bis zur Ladeneinrichtung Verantwortung übernimmt. »Wir bieten nur Produkte an, die wirklich fair und nachhaltig sind«, sagt Findling. Etwa Textilien aus recyceltem Polyester, Bambus-Viskose-Gewebe und Eukalyptus-Fasern. Oder Taschen, die Näherinnen in Ghana ein angemessenes Einkommen sichern. Kleidung, mit der die Welt ein Stückchen besser wird, die dem Träger aber keinen Verzicht aufzwingt. Denn alles ist chic, trendig, qualitativ hochwertig und – was vielen Kundinnen wichtig ist – oftmals auch ein Einzelstück: »Was man hier kauft, hat in Erlangen und Umgebung nicht jeder.«

Natürlich gibt es das nicht zu Discounter-Preisen. Doch die fair produzierte Kleidung ist selten teurer als konventionelle Markenmode; was anderswo in die Marke fließt, dient hier dem guten Zweck. Das gilt auch für alle weiteren Artikel im Sortiment wie die Trinkflaschen aus Glas oder das Fahrrad aus Bambus. Dieses allerdings ist schon ein Gebrauchtartikel, weil Findling es kurz entschlossen verliehen hat: für den Wahlkampf von Florian Janik, Herausforderer um das Amt des Erlanger Oberbürgermeisters. Ein überzeugter Fahrradfahrer, der jetzt – nach gewonnener Wahl – in der Stadt einiges zu verbessern verspricht.

Adresse Dreikönigstraße 5, 91054 Erlangen, Tel. 09131/9230267, www.dreikoenig.tumblr.com, wir@dreikoenig.eu | **ÖPNV** alle Busse zum Hugenottenplatz | **Öffnungszeiten** Mo – Fr 11–19 Uhr, Sa 11–18 Uhr | **Tipp** Schlossplatz mit Markgrafendenkmal, das den Universitätsgründer Friedrich III. von Brandenburg-Bayreuth ehrt.

26_Dye for Yarn

Farbrausch und Strickmagie

Die Idee zu diesem Laden ist Cordula Surmann-Schmitt im Traum erschienen. Zusammen mit ihrer Kollegin Nicole Eitzinger, beide promovierte Forscherinnen an der Erlanger Uni, hatte sie in Fürth ein Garngeschäft mit angeschlossenem Färbestudio eröffnet, so träumte sie. Ihr Hobby, feine Schals und Stolen aus selbst gefärbten Garnen zu stricken, war zum Beruf geworden. Schon am nächsten Morgen klickten sich beide durch Immobilienanzeigen – Träume muss man nutzen, auch wenn sie so gar nichts mit der bis dato angestrebten Karriere zu tun haben.

Obwohl: In einer Art Labor arbeiten Surmann-Schmitt und Eitzinger auch heute noch. An zwei Tagen pro Woche mischen sie in ihrer durch große Schaufenster sichtbaren »Hexenküche« Farbpulver in essigsaurer Lösung. In großen Kochtöpfen werden feine, qualitativ hochwertige Seiden-, Merino-, Kaschmir- oder Alpaka-Garne strangweise gefärbt, dann gewaschen, geschleudert und auf Wäscheständern getrocknet. Etwa 300 verschiedene Farbtöne sind so schon entstanden – manche nur ein einziges Mal, andere als selbst kreierte »Rezeptfarben« immer wieder.

Das Ergebnis lagert im großen Regal im Ladenraum nebenan: Lacegarne, Pullover- und Sockenwolle – ein Farbrausch in allen Spektren des Regenbogens, dazu Braun-, Grau- oder Pastelltöne in jeglicher Nuance. Jede Farbe erhält einen Namen, der ganz dem Sinn der beiden Färberinnen für schwarzen Humor entspricht: »Moderndes Sonnenblumen-Gelb« etwa oder »Absinth-Grün« und düsteres »Magie der späten Stunde-Blau«. Weil dieses Farbangebot für feine Garne einzigartig ist, verkaufen Surmann-Schmitt und Eitzinger die Garne inzwischen via Onlineshop in die ganze Welt. Nur vor Ort erhältlich sind die vielen guten Gespräche rund ums Stricken: »Viele Kundinnen bringen gefertigte Stücke mit, und wir zeigen eigene Projekte.« Schnell gerate man dann ins Träumen – von Farben und neuen Werken mit Stricknadel und Garn.

Adresse Hirschenstraße 31, 90762 Fürth, Tel. 0911/97791693, www.dyeforyarn.de, dyeforyarn@googlemail.com | ÖPNV Bus 172, Haltestelle Mathildenstraße | Öffnungszeiten Do 10–19 Uhr, Fr 10–17 Uhr, Sa 10–15 Uhr | Tipp Einen Einblick in Fürther Handwerks- und Wirtschaftsgeschichte gibt das Stadtmuseum Ludwig Erhard, untergebracht in der ehemaligen Schule des Wirtschaftswunderministers in der Ottostraße 2.

27 Einzelstück

Edel und gebraucht

Im liebevoll dekorierten Schaufenster steht eine kleine Schatztruhe – ein charmantes Understatement, wenn man weiß, was sich auf Regalböden und Kleiderstangen dieser Boutique aneinanderreiht. Hereinflaniert ins Reich der weggegebenen Schätzchen: Nie getragene High Heels, in falscher Größe gekaufte Cocktailkleider oder in der beschwingten Stimmung einer Fernreise erstandene Tuniken warten hier auf begeisterte Entdeckerinnen. Dazu Jeans und Tops, extravagante Gürtel, Schmuck, Wohnaccessoires oder Retrotaschen, die heute wieder so angesagt sind wie in den Tagen, als die Erstkäuferin das gute Stück erwarb.

Mit ihrer Boutique für hochwertige Kleidung aus zweiter Hand hat Mariola Grosser das Prinzip des »modernen Secondhand« nach Fürth geholt: stilvolle, hochwertige Kleidung, der man nicht ansieht, dass sie gebraucht ist. Statt sich durch enge Gänge voller Ramschware zu drängen, kann man hier finden, was man mitunter nie zu suchen wagte: Ein Gaultier-Kleid für unter 100 Euro etwa oder Marc-O'Polo-Shirts zum Preis eines Mittagessens. »Ich versuche für jeden Anlass etwas parat zu halten«, sagt Grosser. Fast täglich bekommt sie getragene Ware angeboten. Genauso freundlich wie bestimmt erwählt sie daraus nur jene Stücke, die ausgefallen, bestens erhalten und nicht an jeder Ecke erhältlich sind. Neben exklusiven oder originellen Marken kann das gern auch ein witziges Strandkleid aus Bali sein.

Dass Batik neben Gucci hängt, gehört ebenso zum Konzept wie die Garantie, jedes angebotene Teil sei nur genau einmal vorhanden. Dies gilt auch für das kleine Sortiment an Neuware: Einzelstücke skandinavischer Labels, die »feine Materialien und fließende Schnitte zu schlichter Eleganz verbinden«. So treten wir ein und lassen uns gern verführen, von Schätzchen, die zwar geliebt, aber kaum getragen wurden. Und die morgen vielleicht schon wieder verschwunden sind.

Adresse Königstraße 59, 90762 Fürth, Tel. 0911/8014705, www.einzelstück-fuerth.de, grosser@einzelstueck-fuerth.de | ÖPNV U1, Bus 125, 173, 174, 175, 177, 178, 179, Haltestelle Rathaus | Öffnungszeiten Mi–Fr 10–18 Uhr, Sa 10–15 Uhr | Tipp In der Geleitsgasse erinnert der Synagogen-Gedenkstein des in Fürth lebenden japanischen Künstlers Kunihiko Kato an die Schreckensherrschaft des Nationalsozialismus.

28 Espressowelt

Kaffee mit Café

Es ist der Geheimtipp für alle, die mitten in der City eine Tasse Kaffee trinken und dazu ein hausgemachtes Stück Kuchen genießen möchten, ohne von Geschirrgeklapper und lauten Tischnachbarn gestört zu werden. Denn die Espressowelt ist nicht nur Fachgeschäft für Espresso- und Kaffeespezialitäten, Maschinen und Zubehör, sondern auch ein kleines zauberhaftes Café direkt im Herzen von Nürnberg.

Hier bekommt man ausschließlich Kaffee, der nach italienischem Verfahren geröstet wurde, denn Inhaberin Dana Riegel hat sich ganz und gar der italienischen Kaffeekunst verschrieben. Die verwendeten Bohnen stammen aus der toskanischen Rösterei »New York« oder der Rösterei »Roen« aus Affi am Gardasee; andere Sorten kommen ihr gar nicht erst ins Haus. Entsprechend verkauft sie auch ausschließlich Cafetière und Siebträger-Maschinen, wie man sie aus italienischen Bars kennt. Nur damit lasse sich der typisch bittere Geschmack herausholen, der den klassischen italienischen vom säuerlichen deutschen Kaffee unterscheide.

Die mächtigen Maschinen sind nicht gerade billig, die Preisspanne reicht von 500 bis über 2.000 Euro. »Dafür halten sie ein Leben lang«, verspricht die Fachfrau. Und falls doch einmal eine Reparatur nötig sein sollte, kümmert sich ihr Ehemann Jürgen darum. Darüber hinaus bietet das Paar jedem Kunden, der eine Maschine im Laden erwirbt, einen Basis-Baristakurs an, bei dem Bedienung und Wartung des Gerätes ausführlich erklärt werden.

Gutes Teamwork beweist das Ehepaar auch im Café. Dana Riegel steht jeden Morgen um fünf Uhr auf und backt einen Kuchen. Samstags gibt es sogar Torte. Die allerdings kreiert ihr Mann am Tag zuvor. »Das ist für unsere Kunden immer das Highlight. Und weil's samstags ganz schön voll werden kann, lassen sich manche sogar ein Stück davon reservieren.« Daher also am besten erst einmal unter der Woche vorbeischauen!

Adresse Trödelmarkt 39, 90403 Nürnberg, Tel. 0911/9928498, www.espressowelt-nuernberg.de | **ÖPNV** Bus 36, Haltestelle Weintraubengasse; U 1, 11, Haltestelle Lorenzkirche | **Öffnungszeiten** Mo – Sa 11–18 Uhr und nach Vereinbarung | **Tipp** Falls die Torte tatsächlich schon alle ist, gibt es zum Glück ein paar Meter weiter im »Café am Trödelmarkt« eine reichhaltige Auswahl an Kuchen und Torten. Im Sommer sitzt es sich dort besonders schön auf der Sonnenterrasse direkt an der Pegnitz.

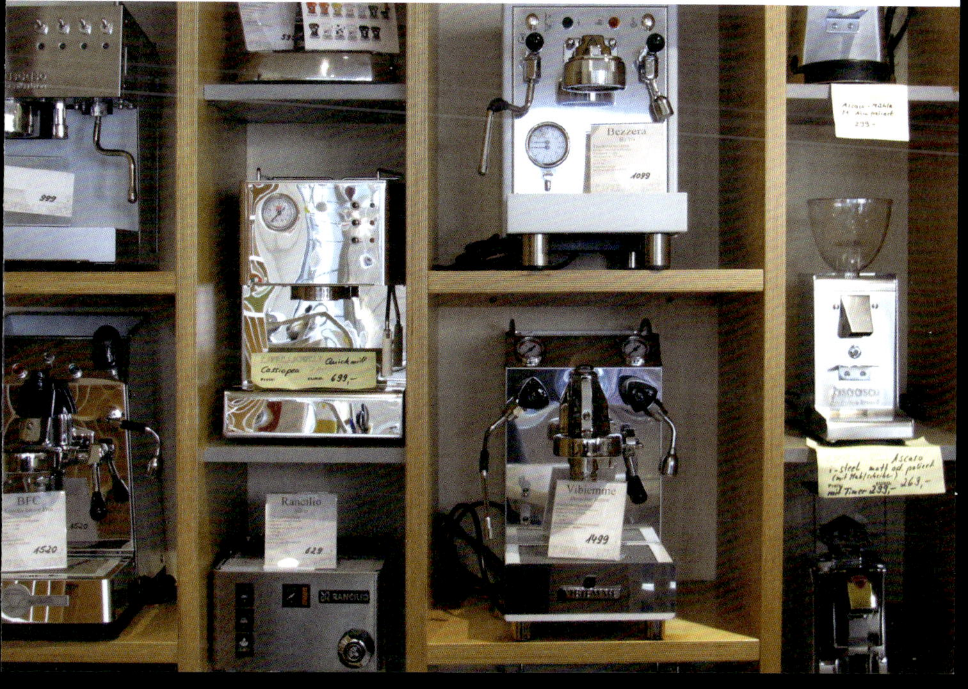

29 Fachmarie – Die Glücksboutique

Märchenhaft

Ein Besuch bei der Fachmarie ist wie ein Schritt durch die Zaubertür. Eben noch ganz unbedarft, nur ein bisschen neugierig, glaubt man nach Verlassen des Ladens in ein Zeitloch gefallen zu sein, in dem ein mysteriöser Sog unversehens ein paar Scheine aus der Tasche gezogen hat. Dafür ist man bepackt mit Tüten voller Glück für sich selbst und seine Lieben.

Soll heißen: Wer hier nach einem Geschenk stöbert, wird garantiert fündig – und kauft noch gleich was für sich selbst und ein paar Vorratspräsente obendrein. Denn nirgendwo sonst versammeln sich so viele kreative und einzigartige Geschenkideen unter einem Dach.

Wie's kommt? Das Ladenkonzept der Fachmarie, der beiden Betreiberinnen Irene Senger und Sonja Weigl also, besteht darin, Künstlern, Designern, Hobbybastlern und anderen Kreativitätsjunkies eine Verkaufsplattform für selbst gemachte Produkte zu bieten. Zu diesem Zweck vermieten sie Regalfächer, Wandflächen, Postkartenständer oder Kleiderstangen jeweils für drei Monate und zu einem fairen Preis. Das bunte, immer wieder neu zusammengewürfelte Sortiment wird ergänzt durch ausgesuchte Handelsware sowie kleine Kunstwerke aus Eigenproduktion, darunter Schmuck, Textilien und Überraschendes wie beispielsweise Kulturbeutel aus alten Luftmatratzenstoffen oder Gürtel aus Fahrradschläuchen.

Rund 60 Regalmieter verkaufen ihre Waren derzeit bei der Fachmarie. Pro Tag erhalten die Besitzerinnen mindestens eine neue »Bewerbung«, sortieren aber sorgfältig aus, welche Produkte in ihren Laden passen und welche nicht. Darüber hinaus dürfen Kunden an der hauseigenen Buttonstation auch mal selbst Hand anlegen.

Kein Wunder also, dass die Zeit hier wie im Flug vergeht. Die Zaubertür steht offen … Seien Sie doch heute einfach mal die Glücksmarie!

Adresse Fürther Straße 50, 90429 Nürnberg, Tel. 0911/5689903, www.fachmarie.de, info@fachmarie.de | **ÖPNV** Bus 34, Haltestelle Gostenhof West; U 1, 11, Haltestelle Gostenhof | **Öffnungszeiten** Mo – Fr 10 – 19 Uhr, Sa 10 – 16 Uhr | **Tipp** Rund um die Dreieinigkeitskirche findet jedes Jahr im Juni die Kärwa statt. An fünf Tagen wird Livemusik geboten, gepaart mit Speis und Trank und Gostenhofer Gemütlichkeit.

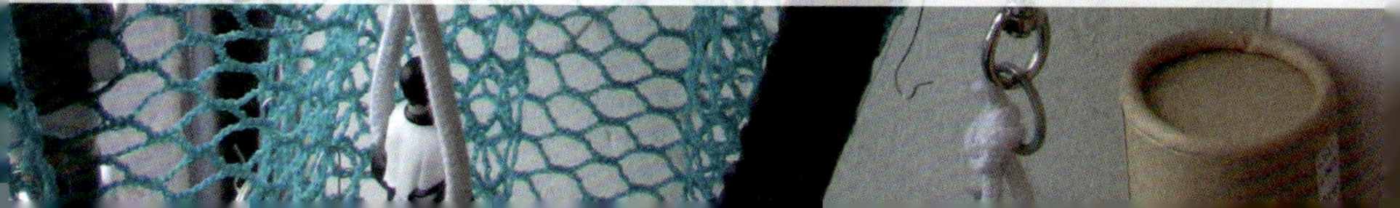

30__Feinkosteria Schuster und Reck

Edel, hilfreich und wild

Eine seit drei Generationen existierende Metzgerei schließt, weil die Besitzer in den Ruhestand geben. In die Räume ziehen zwei junge Frauen – und es beginnt eine Erfolgsgeschichte. Das Wildfleisch, auf das die Vorbesitzerfamilie spezialisiert war, verschwindet nicht etwa aus der Theke; Werner Willomitzer liefert nach wie vor von Reh über Wildschwein bis hin zu Wildhasen alles frisch aus eigener Jagd. Drum herum haben Susanne Schuster und Petra Reck ein Feinkost-Sortiment aufgebaut, das »in seiner Mischung in der Region seinesgleichen sucht«. Als da wären: feinster Essig, hausgemachte Fonds, Havelländer Apfelschwein, bestes Rindfleisch, geschmorte Ochsenbäckchen und täglich frisch geschlachteter Fisch, Käse, Olivenöl, österreichischer Wein, französischer Cidre und selbst gemachter Saft. In der Theke stehen Enten-Rillettes und getrüffeltes Filet neben Bierschinken, Gelb- und Kalbsleberwurst. Pure Absicht: »Es gibt Leute, die kommen wegen einer Leberkässemmel und nehmen dann Kaviar mit«, erklärt Susanne Schuster das Konzept: Mit Bodenständischem locken, um mit Exquisitem zu verführen.

Wer vormittags vorbeischaut, trifft die bekennenden Feinschmeckerinnen – und gelernten Restaurantfachfrauen – meist beim Schnippeln, Köcheln oder Bestücken und Befeuern der 100 Jahre alten Räucherkammer an. Salate, Marinaden, Snacks, Süßspeisen und warme Gerichte bereiten Schuster und Reck täglich frisch zu. Natürlich gibt es hier auch einen »Coffee to go« der feinen italienischen Art und viele Tipps, wie man Fleisch, Fisch, Käse oder Vegetarisches zu Hause geschmackvoll zubereitet. Wem das zu viel Mühe ist, nutzt gern den Außer-Haus-Service dieses Feinkosttempels; die für Events oder Feiern gelieferten Häppchen, Platten und Warmgerichte haben sich innerhalb kürzester Zeit über die Stadt hinaus beliebt gemacht. Hier lebt die Tradition weiter – mit neuem Profil.

Adresse Theresienstraße 26 a, 90762 Fürth, Tel. 0911/774801, www.feinkosteria-fuerth.de, info@feinkosteria-fuerth.de | **ÖPNV** Bus 172, Haltestelle Hirschenstraße | **Öffnungszeiten** Mo, Mi, Do, Fr 8–18 Uhr, Di, Sa 8–14 Uhr | **Tipp** Traditionsbäckerei Göllner in der Ottostraße 19 – mit Semmeln und Kuchen, die einfach so schmecken, wie es früher üblich war und heute kaum noch zu finden ist.

31_Feinkost Langer

Die Käseverfeinerin

Einmal in der Woche werden die Kinder in die Wanne gesteckt. Dann werden sie einer nach dem anderen abgeschrubbt und eingerieben. Schließlich geht's zum Trocknen auf die Pritsche. Kühle 11 Grad und 90 Prozent Luftfeuchtigkeit hat es im düsteren Keller – ideal, um die nötige Reife zu erlangen.

Die »Kellerkinder« heißen Munster, Epoisses, Comté oder Langres. Rohmilchkäse also, die durch die regelmäßige Waschung in Salzlake oder auch Schnaps, Portwein und Bier veredelt werden. Andernfalls würde die Rinde trocken und brüchig werden. Durch die Feuchtigkeit jedoch wird die Schutzhülle bewahrt, sodass der Käse während der Lagerung sein unverwechselbares Aroma entfalten kann. »Affinieren« nennt man diesen Vorgang. »Fromager Affineur« darf sich Ulrike Langer nennen, die seit über 30 Jahren auf diese Weise »ihre Kinder großzieht«. Denn so mancher Käse liegt jahrelang in dem dunklen Sandsteingemäuer, bis er den Geschmacksansprüchen eines Gourmets gerecht zu werden vermag.

Zur Käseverfeinerin wurde Ulrike Langer step by step. Um den Lebensmittelladen ihrer Eltern anzuschubsen, nahm sie erste Rohmilchkäsesorten ins Programm. Sie begann, nach Frankreich, Italien und in die Schweiz zu reisen, zu probieren und sich in die hohe Kunst der Käseveredelung einzuarbeiten. Heute gibt sie selbst Käseseminare für interessierte Kunden zu Themen wie »Tour de Fromage – Genießerabend quer durch Frankreich« oder »Ziege, Schaf und Büffel – Für Liebhaber charakteristischen Käsegeschmacks«.

Auch wenn der Käsekeller der Star und die Käsetheke der Hingucker ist, so bietet der hübsche kleine Laden doch weitere Gründe für einen Abstecher nach Mögeldorf: Wurst, Schinken, Fisch, Pasteten, Salate, Antipasti, Pastasaucen, Wein, Öl, Brot – alles für den anspruchsvollen Gaumen.

Probieren Sie doch mal und entscheiden dann, welches Kind Ihnen am Ende das liebste ist.

Adresse Ziegenstraße 20, 90482 Nürnberg, Tel. 0911/541120, www.feinkost-langer.de, info@feinkost-langer.de | **ÖPNV** Tram 5, Haltestelle Mögeldorf Bahnhof; S1, Haltestelle Mögeldorf | **Öffnungszeiten** Mo–Do 8–13 & 14.30–18 Uhr, Fr 8–18 Uhr, Sa 7.30–13 Uhr | **Tipp** Ein Spaziergang entlang der nahe gelegenen Pegnitz. Danach ein Kaffee auf der Terrasse des Café-Restaurants Satzinger Mühle (www.satzinger-muehle.de).

32 Feinkost Schwarz

Das Who's who der Landbrote

Allein der herrliche Brotduft, der einem um die Nase weht! Dabei wird hier nicht einmal gebacken. Das alteingesessene Geschäft, nur wenige Meter vom Hauptmarkt entfernt, sieht zwar aus wie ein klassischer Bäckerei- und Metzgerei-Fachbetrieb, in Wahrheit aber handelt es sich um ein Feinkostgeschäft, das sich auf Landbrote und Landwurstwaren spezialisiert hat.

Hier versammelt ist sozusagen das Who's who der fränkischen Landbrotspezialitäten. Rund 30 verschiedene Natursauerteigbrote aus der Region lagern in den Regalen, darunter das Siegersdorfer Landbrot, Schnaittacher Krustenbrot, Zeegendorfer Holzofenbrot oder das Bad Windsheimer Doppelback. »Von angenehm mild bis säuerlich-schwer ist für jeden Geschmack etwas dabei«, meint Helmut Schwarz, der zusammen mit seinen Geschwistern Konrad und Betty das Traditionsunternehmen leitet. Sehr beliebt und ein echter Hingucker sei das extrem flache und dunkel gebackene Bamberger Sappelbrot, bei dem der Natursauerteig beharrlich geschlagen werde.

Feinkost Schwarz ist aus der Innenstadt nicht mehr wegzudenken. Insbesondere am Freitagnachmittag stehen die Menschen hier Schlange, um ihr Lieblingsbrot mit ins Wochenende zu nehmen. Passend dazu gibt es in der Kühltheke nebenan herzhafte Aufschnitte, Stadtwurst, geräucherte Blut- und Leberwürste, Bauernpresssack und vieles mehr. Die Auswahl der Wurst- und Fleischwaren verläuft selbstverständlich nach demselben System: alles hausgemacht, alles frisch, alles aus der Region. »Wir wollen immer das Beste, deshalb wählen wir von jedem Metzger nur das aus, was er besonders gut macht.«

Wenn man bedenkt, dass Lebensmittel heutzutage mehr und mehr zu massenproduzierter Industrieware verkommen, wird der Anblick der großen Brotlaibe und deftigen Gaumenfreuden zum doppelten Genuss. Es lohnt sich, die Nase nicht nur wegen des leckeren Duftes hier hineinzustecken. Sie tun nicht nur sich selbst etwas Gutes.

Adresse Winklerstraße 10 (Ecke Tuchgasse), 90403 Nürnberg, Tel. 0911/225092 | ÖPNV Tram 4, 6, Haltestelle Hallertor; Bus 36, Haltestelle Hauptmarkt; U1, 11, Haltestelle Lorenzkirche | Öffnungszeiten Mo–Fr 8.30–18.15 Uhr, Sa 7.30–13.30 Uhr | Tipp Auf dem Hauptmarkt findet jeden Werktag von 7 bis 20 Uhr der Wochenmarkt statt. Während des Christkindlesmarkts im Dezember werden die Marktstände in die umliegende Fußgängerzone verlegt.

33 Feller-Electronic

Von Strom und Ohm

Wenn Wände reden könnten, hier würden wir mit großen Ohren lauschen. Ein CB-Funk-Café ist dieser Laden einmal gewesen, lange vor Internet und Mobilfunk haben Amateurfunker hier bereits »gechattet« und »Instant-Messages« ausgetauscht. Siebenjährige haben vom Taschengeld ihre ersten Bausätze erstanden und Jahre später dann Elektrotechnik studiert. Und erst die vielen Groß- und Kleingeräte, die Firmengründer Hartmut Feller und seinen Nachfolgern Renate und Jochen Fechner ihre Wiedergeburt zu verdanken haben: Defekte Schalter, Netzteile, Platinen und Lampenfassungen, kaputte Toaster, Herdplatten oder Waschmaschinen werden bis heute in geduldiger Kleinarbeit repariert. Auch wenn der emotionale den materiellen Wert oft übersteigt und manche Ersatzteile erst nach langer Recherche zu finden sind.

Wer schnell ein Netzwerkkabel für den Computer oder Cinchstecker für die Stereoanlage kaufen möchte, ist hier ebenso richtig wie Bastler, Modellbahnbauer und Reparatur-Freaks. Vom Druckschalter für die Nachttischlampe über Spannungsmessgeräte, Lautsprecher-Umschaltboxen und Computer-Lüfter, bis hin zu HDMI-Kabeln in Sonderlängen, Widerständen und Kupferlackdraht: Das rund 7.000 Posten umfassende Sortiment erfüllt viele Wünsche. »Unsere Kunden bewegen sich in der Altersgruppe von fünf bis fünfundneunzig«, sagt Renate Fechner. »Kinder, die das Elektrobasteln von ihren Vätern lernen, Senioren, die endlich Zeit für ihr Hobby finden, bis hin zu Geschäftsleuten aus Fernost, die verzweifelt einen Netzstecker-Adapter für den Laptop suchen.«

Wer nicht weiß, wie ein Problem zu meistern ist, bekommt auch schon mal die Lösung als Spickzettel für zu Hause aufgezeichnet. Und den Nostalgikern unter uns sei ein Blick ins Schaufenster empfohlen. Dort finden sich neben modernen auch historische Bauteile aus den 1930er Jahren oder Messgeräte aus den 1960er Jahren. Voll funktionstüchtig, natürlich.

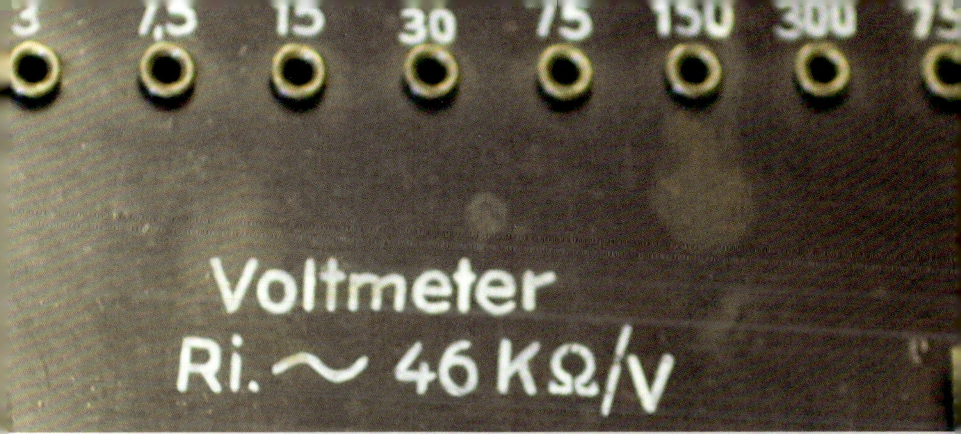

Adresse Marquardsenstraße 21, 91054 Erlangen, Tel. 09131/27595, www.feller-electronic.de, Feller-Electronic@t-online.de | **ÖPNV** Bus 289, 293, Haltestelle Lorlebergplatz | **Öffnungszeiten** Mo–Fr 9–13 & 14–18 Uhr, Sa 9–13 Uhr | **Tipp** Der eigene Akku lässt sich gleich gegenüber im Café Cycles aufladen (Marquardsenstraße 18) – mit üppigen Frühstücken, wöchentlich wechselnden Tagesgerichten, leckerem Kaffee oder kühlem Bier.

34 Die Flechterei im Hinterhof

Lichtenfelser Schule

Ein Original ist schon die Werkstatt – im roten Backsteinbau von 1890. Ein Hosenträgermacher hat hier einst gefertigt, später eine Spiegelfabrik. Heute lagern große Bündel von Weidenruten, meterlange Binsen und Peddigrohr in den alten, hellen Räumen über dem Hinterhof.

Mit ihrer Flechtwerkskunst hat Stefania Küble diese Stätte des Handwerks wiederbelebt. Seit 2010 entstehen hier Körbe in verschiedensten Formen und Techniken, farbige Schalen, naturschöne Rankhilfen für Blumen, Balkonverkleidungen und Beeteinfassungen genauso wie großformatige Kunstobjekte aus Geflecht. Doch »Brot-und-Butter-Geschäft« sind die Korbmöbel-Reparaturen: Sogar aus Paris haben Kunden schon Stühle gebracht, deren geborstenes Sitzgeflecht Küble »in sechs bis acht Stunden Arbeit« repariert. Mit Schere, Messer, Pfrieme und, als wichtigstem Werkzeug, den Händen entsteht eine neue Sitzfläche, die »im Normalfall eine Generation lang hält«. Während der Arbeit klopft Küble immer wieder auf das Geflecht. Nicht weil der Stuhl so seine jahrzehntealte, oft sehr interessante Geschichte preisgäbe. Sondern weil »je höher der Ton klingt, desto besser die Spannung ist«.

In der Korbmacherstadt Lichtenfels hat die gebürtige Oberschwäbin das Handwerk der Flechtwerkgestaltung gelernt. Mit Mitte dreißig – weil sie neben ihrem Standbein als Erzieherin noch einen Beruf wollte, der »kreativ ist und mit Kunst zu tun hat«. Heute arbeitet Küble am Morgen in der Werkstatt und nachmittags im Kindergarten, »ein guter Kontrast aus Stille und Trubel«. Gern würde sie der Kunst in ihrer Arbeit noch mehr Raum geben. Doch dazu braucht es einen Markt, der hochwertiges Kunsthandwerk zu schätzen weiß. Ein Zugang ergibt sich für viele in den Flechtkursen, die hier regelmäßig stattfinden. Mit der Garantie, ein selbst gefertigtes Stück mit nach Hause zu nehmen – und exklusiven Einblicken in diesen traditionsreichen Hinterhof.

Adresse Nürnberger Straße 61, 90762 Fürth, Tel. 0911/2408085, flechtwerkstatt-fuerth@web.de | **ÖPNV** U 1, Haltestelle Jakobinenstraße | **Öffnungszeiten** Mo–Fr 8–12 Uhr und nach Vereinbarung | **Tipp** Noch eine Manufaktur, und zwar für Subkultur, lockt in der Langen Straße 61: die Kofferfabrik, alternatives Kulturzentrum mit vielfältigen Angeboten von Poetry Slam bis Happy Schnitzel (www.kofferfabrik.cc).

35 __ Frau Kramers Welt

Das wundersame Figurenkabinett

Schon das Schaufenster macht große Augen: Ein Einhorn reckt den Kopf in die Höhe, daneben ein livrierter Hase, der über die Zeit wacht, Tiger, Clowns und schwebende Delphine. Ein lebensgroßes Krokodil liegt auf dem Boden, flankiert von Superman und einem englischen Grenadier Guard mit Bärenfellmütze.

Wir treten ein in diese Welt der Phantasie, nehmen Platz im Delphinthron oder Schwanensitz. Hinter der Eingangstür grüßt uns »Frau Kramer« mit Buch in der Hand und Papagei auf der Schulter – die erste Figur aus Papier, Leim und Drahtgeflecht, die Christiane Altzweig geschaffen hat. »Viele denken ja, dass ich Frau Kramer bin«, lacht die Papierkünstlerin, gelernte Dekorateurin und Malerin. Seit 15 Jahren entstehen unter ihren Händen immer neue Pappmaschee-Figuren – aus Bergen von Papier, Alufolie, Holz- und Drahtgestellen und eimerweise Kleister. Kleine, wie Froschkönige, Spardosen oder Notenmännchen, die als Geburtstagsgeschenk beliebt sind. Und große, wie die Höhle mit Bärenfamilie, die ihren Platz in einem Kindergarten gefunden hat.

»Es gab eine Zeit, da konnte ich gar nicht mehr aufhören«, sagt Altzweig. Diese »Riesenfreude, zu erleben, was man aus Papier alles schaffen kann«, teilt sie gern: bei Workshops im Laden, in Firmen oder Schulen. Und Kindergeburtstagen: Bis zu sechs Kinder können Frau Kramers Welt einen Nachmittag lang entdecken, selbst werkeln und die bunten Figuren nach Herzenslust anfassen; ausgehärtet ist das Papier-Leim-Gemisch »so hart wie Holz und wird auch so bearbeitet«.

Mit Messer und Feile ritzt und schleift Christiane Altzweig etwa Augen und Münder in Gesichter. Ganz individuell bei Auftragsarbeiten, wo nach Fotos Abbilder vom Hochzeitspaar, Pferd oder West Highland Terrier entstehen. Oder Werbefiguren für Schaufenster und Messen sowie einzigartige Möbel. Geschaffen mit geschickten Händen – und viel Phantasie.

Adresse Theaterstraße 20, 90762 Fürth, Tel. 0174/3592906, www.pappmaschee-universum.de, kontakt@pappmaschee-universum.de | **ÖPNV** Bus 172, Haltestelle Theaterstraße | **Öffnungszeiten** Sa 10–13 Uhr und nach Vereinbarung | **Tipp** Einen (mietbaren) Ort für Events oder Brainstormings, aber auch kreative Malkurse für große und kleine Künstler, unter Leitung der Malerin Anette du Mont, bietet das Atelier in der Alten Kirche in der Blumenstraße 33 (www.anettedumont.de). Regelmäßige »Open Days«.

36 Frau Puckmann

Flüsternde Bücher

»Ich habe nicht diesen Respekt vor Büchern.« Wie bitte? Das aus dem Mund einer Buchrestauratorin und ehemaligen Antiquarin? Nein? Puh, Glück gehabt! Frau Puckmann spricht nicht über das fast 200 Jahre alte Buch, das gerade auf ihrem Werktisch liegt, gleich neben dem Messlektionar mit rotem Ledereinband und goldener Schrift. Sie blättert in einem halb zerfledderten Bildband über Mode aus dem 18. bis 20. Jahrhundert. Industrielle Massenware, wie sie solche Schmöker nennt.

Das Buch hat ihr ein Freund geschenkt, der es selbst nicht mehr haben wollte. Monika Puckmann hat es dankbar angenommen und es für ihre Zwecke gnadenlos in seine Einzelseiten zerlegt. Aus den Fotografien fertigt sie Glückwunschkarten, die sie zusammen mit einem gefütterten Umschlag als Unikate verkauft. »Zauberhaft« findet sie selbst auch ihre Kartenkollektionen, die aus Collagen von hochwertigen italienischen oder japanischen Papieren entstehen. Ach, und wo wir schon bei »Zauber« sind: Möchten Sie wissen, was eine Zauberkarte ist? So viel sei verraten: Sie setzt sich aus zwei schlichten Brettchen und vier Bändern zusammen, eignet sich als Verpackung für Papiergeschenke und sorgt auf der Geburtstagsparty für mindestens genauso viele Hingucker wie ein Sprung aus der Torte.

Frau Puckmann ist Künstlerin und Autodidaktin. Auch im Hinblick auf ihre zweite Leidenschaft: der Buchrestauration. Genau wie bei den Glückwunschkarten setzt sie hier nicht nur auf solides Handwerk, sondern vor allem auf ihre Kreativität. Bei besonderen Härtefällen lässt sie das Buch sogar erst eine Weile liegen und wartet, bis es ihr zuflüstert, woran es leidet und wie man ihm zu neuem Glanz verhelfen kann. Die Reinigung einzelner Seiten, das Flicken von Löchern oder das Beschneiden der von Säurefraß befallenen Seitenränder erfordern extrem viel Geduld und Fingerspitzengefühl.

Nein, Respekt ist auch das nicht. Es ist Liebe.

Adresse Weißgerbergasse 21, 90403 Nürnberg, Tel. 0173/3626918, www.fraupuckmann.de, puckmann@das-buchkontor.de | **ÖPNV** Tram 4, 6, Haltestelle Hallertor; Bus 36, Haltestelle Hauptmarkt & Weintraubengasse | **Öffnungszeiten** Di–Fr 10–18 Uhr, Sa 10–16 Uhr | **Tipp** Die Weißgerbergasse ist eine verkehrsberuhigte Gasse mit rund 20 mittelalterlichen Fachwerkhäusern, in denen zum Teil urige Kneipen beheimatet sind. Nicht verpassen: die Mata Hari Bar (Nr. 31).

37 Frogroggas

Ann-Jolie bis Zachary

Nicht nur die wachsende Kreativität in Bezug auf Vornamen – von Ann-Jolie über Ben-Zachary bis hin zu Lara Loreen – beweist, dass wir unseren Kindern frühzeitig den Stempel der Individualität aufdrücken. Genauso wie wir uns selbst durch unseren Kleidungsstil von anderen abgrenzen, lieben wir es, auch die Einmaligkeit unserer Kleinen mit Hilfe von Mode zu unterstreichen.

Dieser Trend kommt der gelernten Modedesignerin Sarah Heike entgegen. Denn sie entwirft farbenfrohe Kinderkleidung mit aktuellen modischen Bezügen, die jedoch nie an Funktionalität einbüßt. Von A wie Anstecker bis Z wie Zipfelmütze fertigt sie alle erdenklichen Produkte aus dem Baby- und Kindermodebereich und versieht sie auf Wunsch mit einer Personalisierung. Ob Taufname, Symbol, lustiger Spitzname oder frecher Spruch – die individuelle Stickerei adelt jedes Stück Stoff und verwandelt es in ein unverkennbares Einzelstück. Wer möchte, kann sich Farbe und Stoff seines Unikats selbst aussuchen.

Eine stattliche Auswahl an Textilien lagert in dem kleinen Schneideratelier, das sich direkt neben dem »MILÄ« – dem Minilädchen – befindet. Wenn es im Laden etwas ruhiger zugeht, produziert die Jungdesignerin hier ihre eigenen Ideen, die Personalisierungsaufträge und Maßanfertigungen. Eine Kombination aus Laden und Atelier sei schon immer ihr Traum gewesen, und seit März 2011 lebe sie diesen mit ihrem Label »Frogroggas«. Ein Name, der Franken keine Ausspracheprobleme bereiten sollte. Er setzt sich aus dem englischen Wort für Frosch – *frog* – und der fränkischen Ableitung des Wortes »Rocker«, also »Rogga«, zusammen und geht auf eine Episode aus Sarah Heikes Studienzeit zurück, die sie neugierigen Kunden gern erzählt.

Ein origineller Name für originelle Kleidung, die Menschen mit Liebe zu handgemachter Qualität und Einzigartigkeit begeistert. Und sind wir nicht alle von Geburt an handgemachte Einzelstücke?

Adresse Katharinengasse 18, 90403 Nürnberg, Tel. 0911/1339082, www.frogroggas.de, fashion@frogroggas.de | **ÖPNV** Tram 8, Haltestelle Marientor; U 2, 3, 21, Haltestelle Wöhrder Wiese | **Öffnungszeiten** Mo–Fr 11–18.30 Uhr, Sa 11–16.30 Uhr | **Tipp** Direkt gegenüber lockt das Cinecittà, ein Multiplexkino mit 22 Kinosälen und der größten 3-D-Leinwand Deutschlands.

38 Galerie am Eck

Heiß begehrt und hier erhältlich

Natürlich war das Haus zuerst da: das verwinkelte, mehr als 300 Jahre alte Sandsteinhaus am Eck von Engel- und Kirchenstraße mit seiner großen Holztür und dem in die Wand gebauten Küchenofen. Doch es passt zum Konzept wie der Apfel zum Baum – oder die Keramik zum Regal. Hochwertige und trotzdem alltagstaugliche Keramik von Hedwig Bollhagen und KPM, mundgeblasenes Glas, Wohnaccessoires oder ausgewählte Kinderbücher der ehemaligen DDR präsentiert Sabine Alpermann in insgesamt sechs Zimmern.

Im »Blauen Zimmer« reihen sich Bunzlauer und Bürgelkeramik Punkt für Punkt auf den Regalen. Wen würde es jetzt wundern, wenn Oma gleich zum Essen riefe. Holzspielzeug aus dem Erzgebirge und hochwertige Puppenstuben finden im »Kinderzimmer« Platz. Im »Bollhagen-Zimmer« gibt sich alles blau-weiß gestreift. Ein Flügel wartet im »Salon« auf Pianisten, umrahmt von historischen Möbeln und Kunst aus Keramik und Glas. Tatsächlich finden hier regelmäßig Veranstaltungen statt, die längst als Geheimtipp gelten, von Kammerkonzerten über Ausstellungen bis hin zu Lesungen mit der Schauspielerin Lea Schmocker, die gleich nebenan wohnt. Wer ein Faible für nicht überall erhältliche Keramik hat, Holzfiguren von Wendt und Kühn sammelt oder antike Möbel liebt, ist in diesen Räumen richtig. Alles ist liebevoll dekoriert und lädt zum Stöbern ein – und alles ist käuflich. Selbst der Flügel hat schon einmal den Besitzer gewechselt.

Begonnen hat alles mit der Liebe zu Hedwig-Bollhagen-Keramik, die Sabine Alpermann von ihrer Geburtsstadt Leipzig nach Erlangen mitbrachte. Das Porzellan im Bauhaus-Stil war in der DDR typische Bückware – heiß begehrt und selten erhältlich. Das Keramiksortiment hat sie mit der Zeit um nostalgisches Spielzeug und Kinderliteratur erweitert – auch um kleine Verlage, Künstler und Kunsthandwerker zu unterstützen. Denn erst kommt die Kunst, dann der Kommerz.

Adresse Engelstraße 14, 91054 Erlangen, Tel. 09131/9749395, www.galerie-am-eck.de, galerieameck@gmx.de | **ÖPNV** Bus 253, 283, 286, 287, 288, 289, 293, Haltestelle Martin-Luther-Platz | **Öffnungszeiten** Mo–Mi 10–18 Uhr, Do & Fr 10–19 Uhr, Sa 10–16 Uhr | **Tipp** Darstellende Kunst vom Klassiker bis zum modernen Tanztheater kommt im nur einen Steinwurf entfernten Markgrafentheater auf die Bühne.

39__Galerie Voigt

Dürer und die Reichskleinodien

Alle kennen sie ihn: den Dürer-Hasen. So mancher hat ihn zu Hause stehen. In Grün, Gelb, Pink oder sogar Gold. Die Rede ist natürlich nicht vom Original des ehrwürdigen Albrecht, sondern von den bunten Plastiken des Künstlers Ottmar Hörl.

Hörls Skulpturen, darunter auch Wagner und der umstrittene »Hitler-Zwerg«, sind überaus populär, aber längst nicht der einzige Grund, warum ein Besuch in der Galerie Voigt lohnt. Viermal im Jahr werden dort Ausstellungen junger zeitgenössischer Künstler gezeigt, darüber hinaus beherbergt die Galerie eine Auswahl an Originalgrafiken von Picasso, Chagall oder dem modernen New Yorker Künstler James Rizzi.

Kunst allein ist Inhaberin Eva Grossmann aber nicht genug. Seit sie das Unternehmen 1983 von Beate Voigt übernommen hat, betreibt sie auch eine Schmuckgalerie und kann hier mit vergleichbaren Schätzen aufwarten. Im Portfolio finden sich über 60 verschiedene Manufakturen und Designer, viele davon werden sogar exklusiv von der Galerie Voigt vertreten. Für diese erlesene Auswahl hat die Galerie schon so manchen Preis eingeheimst und wurde mehrfach vom renommierten »Schmuckmagazin« unter die Top 100 aller Goldschmiedeateliers und Juweliere im deutschsprachigen Raum gewählt.

Für die Aufnahme in die Nürnberger Galerie entscheidend ist eine unverwechselbare Formgebung und Ästhetik, verrät Eva Grossmann. Ihre Welt sind die puristischen Designs, die sich aber auch durch eine hohe Material- und handwerkliche Qualität auszeichnen müssen.

Die beiden Galerien sind heute räumlich getrennt, liegen aber einander direkt gegenüber in der Oberen Wörthstraße. Um eine Synergie zwischen Schmuck und Kunst zu schaffen, hängen im Schmuckatelier ausgewählte Kunstwerke der aktuellen Ausstellung an den Wänden. Das soll neugierig machen und die Besucher von der einen Schatzkammer in die nächste locken. Von den (Reichs-) Kleinodien also direkt zum Dürer-Hasen.

Adresse Obere Wörthstraße 1 & 8, 90403 Nürnberg, Tel. 0911/242999-0 (Schmuck), 0911/242999-5 (Kunst), www.galerievoigt.de, schmuck@galerievoigt.de, kunst@galerievoigt.de | ÖPNV Bus 36, Haltestelle Weintraubengasse; U 1, 11, Haltestelle Lorenzkirche | Öffnungszeiten Mo–Fr 10–18.30 Uhr, Sa 10–18 Uhr (Schmuck), Mo–Mi 10.30–18.30 Uhr, Do & Fr 10–18.30 Uhr, Sa 10–18 Uhr (Kunst) | Tipp Blumenbinderei und Café in einem: das »Caffé e Té La Violetta« (Obere Wörthstraße 10) ist die Adresse, wenn es um eine gediegene Kaffeepause geht. Tolles Ambiente, feine Getränke- und Snackauswahl.

40__Goldkind

Händchen fürs Besondere

Der Name verrät's: Hier gibt es lauter goldige Sachen für Kinder. Das Sortiment reicht von klassischem Babyspielzeug wie Rasseln oder Spieluhren über lustig bedruckte Lätzchen und Kinderbekleidung bis hin zu bunten Taschen, Flechtkörben und süßen Knuddeltieren. Was alle Produkte gemeinsam haben: Sie werden sehr sorgfältig von Ladeninhaberin Tina Wendrich ausgewählt. Und die guckt ganz genau hin.

»Goldkind«-tauglich ist, was sich durch das eine oder andere Detail vom Standardangebot des Spielwarenhandels abhebt. Ob nun die schrägen Deglingos-Tierchen aus Frankreich, ökologisches Spielzeug des holländischen Labels Kidsonroof, Fair-Trade-Ware der dänischen Firma Rice oder handgemachte Kirschkernkissen aus Nürnberg: Hauptsache, die Produkte sind kreativ und ausgefallen. Alles andere wäre für Tina Wendrich auch ein Verstoß gegen ihre Berufsehre, denn sie selbst ist ebenfalls als Künstlerin aktiv.

Die gelernte Goldschmiedin beweist nicht nur bei der Auswahl von Geburts- und Taufgeschenken ein geschicktes Händchen. Im kunterbunten Lädchen stehen Werktisch, Draht- und Blechwalze, und wer möchte, kann sich beliebte Taufgeschenke wie Taufringe oder Armkettchen individuell anfertigen und gravieren lassen. Auch die kleinen Gold- und Silberplättchen mit Wunschmotiven als Anhänger für Ketten oder Armbänder haben sich als Verkaufsschlager entpuppt. Nicht zuletzt entwirft Tina Wendrich Schmuck für Erwachsene, darunter Ringe, Broschen und Ohrringe. Ihr Steckenpferd sind Wickelringe, bei denen ein Draht mehrfach um einen Ring gewickelt und gegebenenfalls mit einem Stein versehen wird. Aber auch Trauringe können bei ihr in Auftrag gegeben werden.

Hinter dem Namen »Goldkind« verbirgt sich weitaus mehr, als man anfangs glaubte. Eines jedoch liegt klar auf der Hand: Auf der Suche nach originellen Geschenken für Kinder im Alter von null bis dreizehn Jahren ist man hier goldrichtig.

Adresse Austraße 26, 90429 Nürnberg, Tel. 0911/27786358, www.gold-kinder.de, info@gold-kinder.de | **ÖPNV** Bus 34, Haltestelle Gostenhof West; U 1, 11, Haltestelle Gostenhof | **Öffnungszeiten** Di – Do 10 – 14 Uhr, Fr 10 – 18 Uhr, Sa 11 – 14 Uhr und nach Vereinbarung | **Tipp** In der Austraße befindet sich auch das Gostner Hoftheater, Nürnbergs ältestes Privattheater. Hier kann man alternative zeitgenössische Theaterkunst mit einem gemütlichen Kneipenbesuch verbinden.

41 Die Goldschmiede Sachrau

Herr der Ringe

Eine kleine Stube im verwinkelten Fachwerkbau. An den Wänden hängt altes Schmiedewerkzeug, Edelsteine hinter Glas, Halsketten und Armreifen sind liebevoll dekoriert. Auslagen mit Ringen? Gibt es nicht, dabei ist die Gold- und Silberschmiede von Rainer und Bianca Sachrau besonders für ihre Trauringe beliebt.

»Der Kunde soll mitmachen, denn er bringt im Grunde seinen Ring schon mit«, erklärt Rainer Sachrau. »Die Form seines Körpers und die Wünsche an Design und Preis bestimmen, welchen Ring wir später – als Unikat – schmieden.« Zuerst wird also aus der Hand gelesen. Wie muss ein Ring sein, damit er in 20 Jahren noch immer zu Persönlichkeit und Statur des Trägers passt? An bis zu neun Punkten vermessen die Sachraus die Hand und versuchen dann im langen Gespräch »zu erspüren, was den Kunden ausmacht«. Material und Form als Spiegel unserer Seele: Eine Kämpferin wählt sich so vielleicht einen grob geschmiedeten Ring zum täglichen Begleiter, ein feinfühliger Mann wird mit einem filigranen Schmuckstück glücklich. Gravuren bringt der Schmied frei Hand in die Ringe, alte Legierungen und fachgerechtes Verarbeiten garantieren Allergiefreiheit.

Die Perfektion des Handwerks endet hier aber nicht bei edlen Metallen. Auch Uhren und Edelsteine faszinieren Rainer Sachrau. Neben besonderen Verschlüssen für Armbänder und Ketten sowie Gehäusen für hochwertige Uhren fertigt der ausgebildete Gemmologe auch die Fassungen für sein großes Sortiment faszinierender – und zum Teil sehr seltener – Edelsteine selbst. »Wenn ein Edelstein ans Schmuckstück kommt, dann nur in bester Qualität.« Vor dem Kauf kann man sogar am Laptop einen Blick ins Innere der funkelnden Juwelen werfen: die faszinierenden Strukturen aufwendig fotografiert durchs Mikroskop. Substanzen, die sich vor Jahrmillionen verbanden – ins Licht gerückt und zum Schmuckstück gefasst im 400 Jahre alten Schmiedehaus.

Adresse Gustavstraße 49, 90762 Fürth, Tel. 0911/9772500, www.sachrau.de, kontakt@sachrau.de | ÖPNV U1, Bus 125, 173, 174, 175, 177, 178, 179, Haltestelle Rathaus | Öffnungszeiten Di–Fr 10–18 Uhr, Sa 10–13 Uhr und nach Vereinbarung | Tipp In der Goldschmiede kann man auch übernachten: Im Obergeschoss vermieten die Sachraus eine Ferienwohnung, von der sich Fürth aus schönster Altstadtperspektive entdecken lässt.

42 Harald Lehmeier

»Die Marke bin ich«

Seit mehr als 35 Jahren zieht er die fränkischen Männer an – mal sportlich-leger, mal klassisch-elegant, mal bunt und schrill. In Nürnberg ist Harald Lehmeier eine Institution. Seine Stärke: »Die fachkundige Beratung. Spätestens das zweite Teil sitzt.« Und das muss es auch, denn gemeinhin wollen Männer nicht Stunden in der Kabine verbringen.

Die Maße und persönlichen Vorlieben seiner Stammkunden, zu denen auch Prominente wie Martin Rassau oder Thomas Herrmanns zählen, kennt er aus dem Effeff. Da kauft er schon mal gezielt einen Anzug in Leo-Optik in der bekannten Größe ein. Neukunden und weniger Mutige müssen aber keine Angst haben, dass er ihnen etwas Derartiges aufschwatzen möchte. »Neonfarbene Poloshirts, Paisleymuster oder Blumenprint-Jeans sind nicht jedermanns Sache, klar. Wir haben aber auch klassische Farben.«

Bei der Auswahl der Marken legt Harald Lehmeier größten Wert auf Qualität und den Ort der Herstellung. So sind alle Strickwaren »Made in Italy«, und die Hemden werden ausschließlich in Europa gefertigt. Zum Standardsortiment gehören Drykorn, Pure, Alberto, Daniele Fiesoli oder Belmondo. »Die wichtigste Marke aber verkörpere ich selbst«, weiß der Herrenausstatter. »Meine Kunden können sich zu 100 Prozent darauf verlassen, dass das, was sie hier kaufen, von hoher Qualität und gut für sie ist.«

Um Looks zu finden, die sich vom Angebot der anderen unterscheiden, fährt Harald Lehmeier auf Modemessen in ganz Europa. Ein Vermögen wird man bei ihm aber nicht lassen müssen; preislich bewegt er sich immer im bezahlbaren mittleren Segment.

Für so manchen Kunden, der sich in der Innenstadt bereits die Füße platt gelaufen hatte, war Harald Lehmeiers Laden der letzte rettende Anker. »Ich sag dann immer: Das nächste Mal kommst du gleich zu mir.« Sie alle haben den Ratschlag beherzigt. So also wird man zur Institution.

Adresse Winklerstraße 1, 90403 Nürnberg, Tel. 0911/2004748, www.haraldlehmeier-maenner.de, lehmeier.maenner@t-online.de | **ÖPNV** Tram 4, 6, Haltestelle Hallertor; Bus 36, Haltestelle Hauptmarkt; U 1, 11, Haltestelle Lorenzkirche | **Öffnungszeiten** Mo–Fr 10.30–19 Uhr, Sa 10.30–18 Uhr | **Tipp** Auf der Liebesinsel ist man der Pegnitz so nah wie nirgendwo sonst in der City und hat zudem einen schönen Blick auf die Fleischbrücke.

43 Hausbrauerei Altstadthof Brauereiladen

Für Franken und Schotten

Ware nur gegen Bezugsschein – zum Glück gilt das lediglich für Sonderabfüllungen des Ayrer's Red, des deutschlandweit ersten Whiskys in Bioqualität. Braumeister Reinhard Engel gewinnt ihn aus dem gleichen Spezialmalz, das schon seinem Rotbier die klassische Farbe und den samtweichen Geschmack verleiht. Dass ein Bierbrauer auch Whisky brennt, ist für Engel kein Widerspruch. Schließlich sei der Whisky für die Schotten das, was den Franken das Bier ist – ein Grundnahrungsmittel.

Seit 1984 werden in der Hausbrauerei Altstadthof Nürnberger Spezialbiere aus Biorohstoffen gebraut. Am historischen Standort des Roten Bräuhauses lebt so die alte Brautradition weiter, mit Bieren, »die durch ihre lange Reifezeit harmonisch-ausgeglichen im Geschmack und gut verträglich sind«. Die Zutaten stammen aus ökologischem Landbau und oft sogar aus der Region, wie der Biohopfen aus Hersbruck. »Wir haben damals einen Trend gesetzt, ohne es zu wissen«, sagt Engel. Denn von handwerklich gefertigten Craft-Bieren war in den 1980er Jahren noch keine Rede. Auch das über viele Jahrhunderte beliebte Rotbier wurde in der Stadt nicht mehr gebraut.

Die Tradition dieses süffigen, leuchtend-kupferfarbenen Bieres hat Engel wieder zum Leben erweckt. Naturbelassen – ungefiltert und nicht stabilisiert – wird es nach acht Wochen Reifung in Fässer oder die traditionellen Ein-Liter-Bügelflaschen abgefüllt und in Bräustube und Brauereiladen angeboten. Auch Nürnberger Schwarzbier, Helles Lager und saisonale Spezialitäten sind hier erhältlich, etwa Dunkles Bockbier in der Fastenzeit oder Maibock, ein bernsteinfarbenes, kräftig gehopftes Starkbier. Aus fast jeder Biersorte gewinnt Engel zudem hochprozentige Destillate, wie Rotbierbrand oder Malzlikör. Dazu kommt seit 2005 Organic Single Malt Whisky. Der ist schnell so beliebt geworden, dass »wir mehr als eine Flasche pro Person nicht herausgeben können«.

Adresse Bergstraße 19–21, 90403 Nürnberg, www.hausbrauerei-altstadthof.de, info@hausbrauerei-altstadthof.de, Tel. 0911/2449859 | **ÖPNV** Bus 36, Haltestelle Burgstraße | **Öffnungszeiten** So–Do 10.30–17 Uhr, Fr & Sa 10.30–19.30 Uhr, Mittagspause 13.15–13.45 Uhr | **Tipp** Führung durch die historischen Felsengänge unter dem Burgviertel. Anmeldung im Brauereiladen.

44 Herr Kai

Symphonien aus Blatt und Blüte

Kompositionen spielen eine große Rolle in Kai Harold Fischers Leben. Immer dann, wenn er selbst Orgel spielt, singt oder einen Chor dirigiert, aber auch bei seiner zweiten großen Leidenschaft: Blumen.

Einem Handbruch kurz vor Studienbeginn verdankt »Herr Kai« das vorzeitige Ende seiner Musikerkarriere. Anstatt jedoch zu lamentieren, konzentrierte er sich auf das, was ihm schon seine Urgroßmutter mit auf den Lebensweg gegeben hatte: die Liebe zur Botanik. »Diese beiden Passionen, Musik und Blumen, liegen gar nicht so weit auseinander«, behauptet er. Und tatsächlich: Wie ein Komponist lässt er bei seinen Arrangements verschiedene »Instrumente« ineinanderfließen, verleiht jedem davon individuelle Wirkungskraft und führt sie schließlich gemeinsam zur formalen Vollendung. Dabei stets erkennbar bleiben die Einheit des zusammenfassenden Gedankens sowie der respektvolle Umgang mit der Natur. »Die Natur ist mein Meister und wird in meinen Arrangements immer an vorderster Stelle stehen.«

Statt künstlicher Deko-Elemente setzt »Herr Kai« auf drahtlos gewundene oder geflochtene Kunstwerke aus Naturmaterialien sowie handgemachte Keramik. Beispielhaft sind auch sein Gespür für Farben und der Blick für das Individuelle. Bei ihm bekommt jeder genau das, was er will, jedoch immer mit Unterschrift des Künstlers, der sich von der individuellen Situation oder der Persönlichkeit des Kunden inspirieren lässt. Nicht zuletzt darum wird er häufig für Hochzeiten, Beerdigungen und Kirchenfeste gebucht und genießt bei seinen Stammkunden vollstes Vertrauen. »Mach mal!« genügt als Regieanweisung – und der Virtuose legt los. Meistens direkt in seinem kleinen Laden, der eher an eine Künstlerwerkstatt erinnert als an ein klassisches Blumengeschäft.

Vorgefertigte Arrangements kann man bei Kai Harold Fischer übrigens nicht erwerben. Warum? »Weil einfach jeder Kunde seine eigene Komposition verdient.«

Adresse Weinmarkt 16, 90403 Nürnberg, Tel. 0911/2110566, www.herr-kai.de, hi@herr-kai.de | **ÖPNV** Tram 4, 6, Haltestelle Hallertor; Bus 36, Haltestelle Hauptmarkt oder Weintraubengasse | **Öffnungszeiten** Mo–Fr 12–19 Uhr, Sa 9–18 Uhr | **Tipp** In der »Schnitzelria« (Irrerstraße 9) gibt es unzählige Variationen des beliebten Klassikers, z. B. deftig mit BBQ und Bacon, mediterran mit Pute, Oliven und Schafskäse oder das klassische Wiener Schnitzel. Obendrein ist das kleine Restaurant an Gemütlichkeit kaum zu überbieten.

45 Herr Menig Optik

Gepflegtes Understatement

Zugegeben, tolle Brillengeschäfte gibt es einige in der Region, aber »Herr Menig« hat es uns besonders angetan. Nicht, was Sie jetzt denken! Mit Inhaber Michael Menig steht hier zwar durchaus ein fescher Augenoptikermeister hinterm Tresen, der wahre Blickfang jedoch ist die wunderschöne Außenfassade und das geschmackvolle Interieur des Ladens.

Wer an dem Haus mit der tannengrünen Holzfassade und den güldenen Lettern vorbeiläuft, ohne einen Blick durch die großen Fenster ins Ladeninnere zu werfen, dem kann nur eines fehlen: eine Brille. Hier jedenfalls bekäme er eine ganze Kollektion davon, von der trendigen Nerdbrille bis hin zum seriösen Businessgestell. Die Auswahl der hochwertigen Fassungen, die sich an die kühle weiße Wand des Raumes reihen, stammt ausschließlich von kleinen Herstellern, die auf eine prominente Platzierung ihres Logos auf dem Gestell verzichten. Denn: »Dass es sich um eine wertige Brille handelt, sollte man am Produkt selbst erkennen und nicht daran, dass ein bekanntes Label draufsteht«, meint Herr Menig. Diese Form des Understatements setzt sich auch in der Schaufensterdekoration fort, die so puristisch anmutet, dass man sie kaum als solche bezeichnen kann. Werbebanner, Plakate oder Aufsteller sucht man vergebens, stattdessen liegt eine Handvoll Fassungen schmucklos in der Auslage.

Nichts soll ablenken von dem Produkt, dem sich Michael Menig verschrieben hat und das er als modisches Accessoire etablieren möchte. Daher verkauft er auch keine Kontaktlinsen, Sport- oder Kinderbrillen, sondern berät vor allem Leute, die gern Brille tragen und mehrere Gestelle zur Hand haben wollen. Schließlich kann eine Brille den ganzen Look einer Person verändern. Dementsprechend versucht er, auch die Kosten für seine Brillen in Grenzen zu halten, damit sie für »Sammler« erschwinglich bleiben.

Und? Auch angetan? Dann Augen offen halten – oder Brille kaufen!

Adresse Obere Wörthstraße 5, 90403 Nürnberg, Tel. 0911/24062314, www.herrmenig.de, optik@herrmenig.de | ÖPNV Bus 36, Haltestelle Weintraubengasse; U1, 11, Haltestelle Lorenzkirche | Öffnungszeiten Di–Fr 10–19 Uhr, Sa 10–18 Uhr | Tipp Modisch geht es auch in der Fashion Lounge »Sieben« zu (Obere Wörthstraße 22). Hier findet man ausgesuchte Mode, Schmuck und Accessoires sowie exklusive Designerstücke.

46 Hochzeitsladen Nürnberg

Ta-ta-ta-taaaa, ta-ta-ta-taaaa

Wer seine Traumhochzeit bereits hinter sich hat und glaubt, diesen Laden nicht kennen zu müssen, dem raten wir: Einfach mal weiterlesen! Denn hinter dem Hochzeitsladen Nürnberg verbirgt sich weit mehr als ein klassischer Weddingplaner. Hier sind auch Hochzeitsgäste herzlich willkommen und bekommen all das, was heute auf keiner Hochzeit mehr fehlen darf: kreative Geschenkideen und kleine Überraschungen für das Brautpaar.

»Trauzeugen, Eltern, Geschwister oder Freunde des Brautpaares kommen in gleicher Zahl zu uns wie die Paare selbst«, schätzt Inhaberin Bina Weiland. Für die Gäste haben sie und ihr Team eine ganze Palette an romantischen Ideen im Angebot: Inszenierungen mit Luftballons, Wunderkerzen oder Rosenregen, kleine Präsente oder einfach nur hübsche Verpackungen dafür. Im Gegensatz zur Do-it-yourself-Internetanleitung kann man hier alles vorab begutachten, anfassen und mit erfahrenen Dienstleistern planen. Wer über 50 Hochzeiten im Jahr organisiert, hat schließlich für jedes Problem eine Lösung.

Dennoch werden bei b*vents Wedding, Bina Weilands Agentur für professionellen Hochzeitsservice, Eheschließungen nicht im Akkord oder gar nach Schema F abgewickelt. Die persönliche Note wird in einem gemeinsamen Gespräch ermittelt, und der Laden dient dabei als Showroom für jede Art von Hochzeitsbedarf. »Aktuelle Trends lassen sich dennoch erkennen«, verrät Bina Weiland. »Hochzeiten im Vintage-Stil und Candy Bars sind gerade der absolute Renner.«

So zuckersüß das Sortiment, so romantisch auch die Location von Nürnbergs einzigem Hochzeitsladen. Schon allein wegen des wunderschönen historischen Hinterhofs des Jamnizterhauses lohnt sich ein Abstecher dorthin – auch wenn gerade mal keine Hochzeit ansteht. Man weiß ja bekanntlich nie. »Von Stammkundschaft kann man bei uns natürlich nicht sprechen. Aber es sind tatsächlich schon manche ein zweites Mal zu uns gekommen.«

Adresse Albrecht-Dürer-Straße 17, 90403 Nürnberg, Tel. 0911/92318451, www.hochzeitsladen-nuernberg.de, info@hochzeitsladen-nuernberg.de | **ÖPNV** Tram 4, Haltestelle Tiergärtnertor; Bus 36, Haltestelle Burgstraße | **Öffnungszeiten** Di–Do 11–18 Uhr, Fr & Sa 11–14 Uhr, 1. Okt. bis 1. März geschlossen, nur Termine nach Vereinbarung! | **Tipp** Das Jamnitzerhaus. Wenzel Jamnitzer (1508–1585) war ein bekannter Goldschmiedemeister, der sich 1534 in Nürnberg niederließ. An seinem ehemaligen Wohnhaus in der Albrecht-Dürer-Straße 17 hängt eine Gedenktafel, außerdem sind eine Straße und ein Platz in Gostenhof nach ihm benannt.

47 Holzbläser Erlangen

So klappt der Klang

Wer hier nur an die Blockflöte denkt, ist auf dem Holzweg. Denn auch das metallene Saxophon sowie Querflöte, Klarinette und Fagott gehören nach dem Prinzip ihrer Tonerzeugung zu den Holzblasinstrumenten. In dieser Welt der vom Mund geblasenen und in Flöte und Co. geformten Töne schwingen die studierte Flötistin Christiane Rehm und Holzblasinstrumentenmacher Markus Gräml den Taktstock. Die Eheleute haben mit der Kombination aus Werkstatt und Verkauf von Neu- und Gebrauchtinstrumenten, Zubehör und Noten im Jahr 2004 eine Marktlücke geschlossen, was seitdem Kunden aus aller Welt anlockt. »An Gäste der Uni oder Geschäftsleute haben wir schon Instrumente bis nach China oder Südafrika verkauft.«

Gleich hinter dem kleinen Showroom liegt die Werkstatt von Markus Gräml. Hier wird gereinigt, poliert und testgeblasen. »Für perfekten Klang sollte das Instrument regelmäßig gewartet und in bestimmten Abständen generalüberholt werden.« Aus rund 200 Einzelteilen besteht eine Querflöte, ein Gebilde so komplex wie die Anatomie unserer Knochen. Das häufigste Wehwehchen im Klangkörper: Klappen schließen nicht mehr richtig, wodurch kein gerader Ton gelingen will. »Durch Verschleiß verstellen sich die Klappen, oder die Polster über den Tonlöchern dichten nicht mehr genügend ab.« Für Gräml ein Routineeingriff, der Kunden jedoch aufatmen lässt: »Viele denken, es läge an ihrem Spiel, und sind erleichtert, dass es das Instrument ist.«

Auch für Christiane Rehm ist es das Schönste, wenn »Kunden glücklich nach Hause gehen«. Geduldig und kompetent berät sie so lange, bis ein zu Körperbau und Klangvorliebe passendes Instrument gefunden ist. »Man muss sich Zeit nehmen.« Am besten: Die Schüler – vom Erstklässler bis zur Seniorenband – bringen ihren Lehrer mit. Wer sich nicht sicher ist, kann das Instrument auch in Ruhe zu Hause testen. Denn Metall darf hier sein, nur blechern sollte es nicht klingen.

Adresse Luitpoldstraße 3, 91054 Erlangen, Tel. 09131/5301550, www.holzblaeser-erlangen.de, service@holzblaeser-erlangen.de | **ÖPNV** Bus 208, 209, 285, 293 294, Haltestelle Zollhaus | **Öffnungszeiten** Di, Mi, Fr 9.30–12.30 & 13.30–18.30 Uhr, Do 13.30–18.30 Uhr, Sa 9.30–12.30 Uhr | **Tipp** Fast schon Kultcharakter bei der Schleckgemeinde genießt das Eishaus, Luitpoldstraße 15.

48 Holzdrechslerei Grottenthaler

Magie von Meisterhand

Mitte des 19. Jahrhunderts beauftragte ein Zauberkünstler eine Nürnberger Drechslerei, kleine hölzerne Zauberapparaturen anzufertigen, und gab damit den Anstoß für den berühmten »Nürnberger Zauberkasten«. Perfektioniert wurde die Trickkiste von der Drechslerfamilie Vierlinger, deren Zauberkasten »Hokus Pokus!« bis in die 1960er Jahre weltweit zahlreiche Abnehmer fand.

Heute sind handgefertigte Zauberapparate so selten wie der Beruf des Drechslers. Und dennoch findet man beides in einer kleinen Hinterhofwerkstatt in Gostenhof. Frank Grottenthaler, einst Geselle bei Vierlinger und selbst Abkömmling einer Drechslerfamilie, hat den Betrieb 1993 übernommen und auch die Tradition der Zauberkästen weitergeführt. Nicht nur Sammler schwärmen von seiner Präzisionsarbeit. Auch Hobbyzauberer und Kinder sorgen mit Kugelbüchse, Punktholz oder dem Billard-Ball-Trick immer wieder für erstaunte Gesichter.

Das Hauptgeschäft jedoch besteht in der Anfertigung von Tisch- und Stuhlbeinen, Treppensprossen, Schubladenknöpfen, Handlaufringen sowie Treppenantrittspfosten und -säulen in einer Beschaffenheit und Form, wie sie industriell nicht mehr gefertigt wird. Sanft geschwungene Linien, Rundungen sowie kugelige und zylindrische Formen charakterisieren die Arbeiten aus Holz, die in unterschiedlichsten Größen gedreht werden können. Neben Auftragsarbeiten stellt Frank Grottenthaler aber auch Kunstgegenstände her. Unser Tipp: Besuchen Sie den jährlich in der Vorweihnachtszeit stattfindenden Kunsthandwerkermarkt im Fembohaus. Dort können Sie Nürnbergs letzten berufsmäßigen Drechslermeister kennenlernen.

Schreiner, Zimmerleute, Architekten und die Spielwarenindustrie schätzen das seltene Handwerk und Frank Grottenthalers meisterliche Fähigkeiten. Zum Glück! Andernfalls droht wohl auch ihm ein trauriges »Hokuspokus Verschwindibus«.

Adresse Volprechtstraße 5, 90429 Nürnberg, Tel. 0911/262995, www.holz-grottenthaler.com, frank.grottenthaler@freenet.de | ÖPNV Bus 34, Haltestelle Gostenhof Ost, U 1, 11, Haltestelle Gostenhof | Öffnungszeiten Mo – Do 8 – 17 Uhr | Tipp Zu den wenigen überlebenden Stadtteilkinos im alten Stil gehört der Rio-Palast in der Fürther Straße 61. Hier laufen ausschließlich Filme, die vorher auf ihren künstlerischen Gehalt geprüft wurden.

49_Hort Chocolate

Tolstoi und Hochprozentige

Hier geht die Zunge auf Weltreise. Von Madagaskar nach Vietnam, bis São Thomé oder Ecuador. Ferne Länder, die Sehnsüchte wecken, und hochwertige Schokolade, die süchtig macht. »Sie sind ein Verführer«, hat eine Kundin einmal zu Albrecht Hort gesagt. »Wenn man diese Schokolade probiert hat, will man keine andere mehr.« Denn zu verlockend sind sie: die Lagenschokoladen, bei denen der Kakao aus einer Region oder gar nur von einer einzigen Plantage stammt, was für ein unverwechselbares Aroma sorgt. Oder die gefüllten und bestreuten Schokoladen, die edlen Pralinen oder Trinkschokoladen, von denen Letztere sogar in bis zu 70 Geschmacksvariationen vorrätig sind.

Handwerklich und umweltschonend produziert, fair gehandelt und harmonisch im Geschmack: Je mehr dieser Kriterien ein Produkt erfüllt, desto lieber bietet Schokoladenexperte Hort es an. Der neueste Stoff zum Süchtigwerden: Tree-to-Bar-Schokolade, die direkt im Ernteland der Kakaobohnen gefertigt wird. Wer mutig ist, greift gleich zur Hundertprozentigen – und traut seinen Sinnen nicht. So süß, so voll kann Schokolade aus 100 Prozent Kakao und Kakaobutter schmecken, wenn Klasse statt Masse das Credo ist.

Die große Auswahl an hochwertiger dunkler Schokolade hat sich längst herumgesprochen. Ein Tipp für Genießer ist auch das an den Laden angeschlossene Café, das mehr einem öffentlichen Wohnzimmer gleicht. Ungestört lässt sich hier, im weichen Ledersofa, bei Trinkschokolade, Kaffee, Pralinen oder Schokokuchen mit Freundinnen der Alltagsärger wegdiskutieren. Oder Inspiration suchen im vermutlich intellektuellsten Kaffeehaus-Bücherregal der Stadt, das samt Inhalt ein Familienerbstück ist und neben Thomas Mann und Lew Tolstoi auch den Koran zu bieten hat. Abschalten, auftanken, in Form kommen. Wie geht das besser als mit einem Stoff, der schon den Inkas heilig war und der immer wieder die Sehnsucht weckt?

Adresse Schuhstraße10, 91052 Erlangen, Tel. 09131/405702, www.hort-chocolate.de, albrechthort@yahoo.de | **ÖPNV** Bus 284, 285, 294, Haltestelle Obere Karlstraße | **Öffnungszeiten** Okt.–Mai Mo–Fr 10–19 Uhr, Sa 10–18 Uhr, Juni–Sept. Mo–Fr 10–18 Uhr, Sa 10–15 Uhr | **Tipp** Für alle Wissensdurstigen: Nur ein paar Schritte entfernt befindet sich die Universitätsbibliothek.

50 Der Hutladen

Alles Kopfsache

Des Kaisers neue Kleider gibt es hier nicht. Doch fühlt man sich – kaum ist die Tür ins Schloss geklappt – wenn nicht gar nackt, dann doch partiell recht unbekleidet. Ein Meer aus Hüten wogt uns entgegen, wohlsortiert nach Material und Anlass, verschwenderisch in Ideenreichtum und Qualität. Elegante Modlett-Strohhüte, schicke Mützen aus wärmendem Cashmere-Wollstoff, Hütchen im Stil der wilden Zwanziger Jahre oder sportliche Kappen für Sie und Ihn: Sogar erklärte Hutskeptiker sind hier schon auf den Geschmack gekommen.

»Meine Hüte werden genauso von Schülerinnen wie älteren Damen getragen«, sagt Birgit Roßdeutscher. »Wichtig ist, dass sie zu Gesicht und Typ passen und lange Freude bereiten.« In der kleinen Werkstatt gleich neben der Ausstellung fertigt die gelernte Modistin pro Jahr zwei neue Kollektionen. Alles in Kleinserie oder als Einzelstücke, wodurch viele Modelle bereits nach kurzer Zeit vergriffen sind.

Die meisten Hüte sind ohnehin nach Maß gefertigt, da »vielen Köpfen die Standardgröße 57 nicht passt«. Zuerst wird das Material – ausnahmslos Natürliches wie Stroh, Wolle oder feinster Haarfilz – geschnitten, mit Wasserdampf geschmeidig gemacht und dann frei Hand gezogen und geformt. In der Werkstatt liegt ein Buch mit historischen Hauben: Roßdeutscher liebt die Abwechslung und lässt sich immer wieder inspirieren, auch wenn sie in fast 25 Jahren Berufserfahrung längst einen unverwechselbaren Stil entwickelt hat: »Ein Hut braucht eine klare Aussage. Zu viele Details wirken oft störend.« Auch will sie Menschen keinesfalls verkleiden. »Jeder bekommt den Hut aufgesetzt, der seinem Stil entspricht.« Wer trotzdem noch hadert, darf die Kopfbedeckung gern in Ruhe zu Hause ausprobieren. Oft fällt die Wahl dann auf ein »Einsteigermodell«, das später gern ergänzt wird. Denn einmal passend behütet, erscheint ein bloßer Kopf auf einmal nackt.

Adresse Nürnberger Straße 43, 90762 Fürth, Tel. 0175/7423468, www.der-hutladen-fuerth.de, kontakt@der-hutladen-fuerth.de | ÖPNV U1, Haltestelle Jakobinenstraße | Öffnungszeiten Di–Do 10–18 Uhr und nach Vereinbarung | Tipp Entspannen im Stadtpark, der grünen Lunge Fürths.

51 Kammerers Tabakstube

Zeit für Rauch

Was sich bewährt, überdauert die Zeit: Schon 1929, als Johann Kammerer sein Tabakwarengeschäft gründete, war in der Erlanger Innenstadt das Fahrrad Verkehrsmittel der Wahl. Während Zigarrenlieferanten im vom Chauffeur gelenkten Wagen in der Weißen Herzstraße vorfuhren, belieferte Kammerer seine Kunden am liebsten mit dem Fahrrad.

Die Leidenschaft fürs Velo ist den Erlangern geblieben, und auch die Lust am Laster hat all die Jahre überlebt. Ein Glück für Kammerers Tabakstube, die bereits seit 85 Jahren gehobene Wünsche von Genussrauchern erfüllt: Handgerollte Zigarren aus Kuba, Nicaragua oder Honduras lagern hier im Humidor, dem luftfeuchtigkeits- und temperaturregulierten Klimaschrank. Wer lieber stopft oder schnupft, findet eine große Auswahl an Pfeifen-, Schnupf- und Kautabak. Bei Pfeifenfreunden besonders beliebt ist Kammerers Hausmarke, die als »Erlanger Mischung« in sechs verschiedenen Sorten von würzig bis fruchtig erhältlich ist. Natürlich gibt es auch Zigarillos und ein großes Zigarettensortiment mit Marken wie Virginia und Springwater oder außergewöhnliche Sorten mit Mango- oder Vanille-Note.

»Wer hier einkauft, nimmt sich Zeit zum Rauchen«, sagt Charlotte Lotz, die das Geschäft 2006 von der Familie Kammerer übernommen hat. Das fängt schon beim kleinen Plausch an, der in der Tabakstube einfach dazugehört. Oder erst die Auswahl einer Pfeife, etwa von Stanwell oder der Nürnberger Manufaktur Vauen. Hier weiß Lotz aus jahrelanger Erfahrung, welches Modell für wen das richtige ist. Und Nachfrage besteht: Eine Zigarre oder Pfeife Zug für Zug zu genießen, ist auch bei der jüngeren Generation wieder angesagt. »Viele unserer Kunden sind Männer ab 35 Jahren, und auch Frauen rauchen gern Pfeife«, bestätigt Lotz. Zeitloser Genuss, ergänzt durch Zubehör wie Zigarettenetuis, edle Aschenbecher und Feuerzeuge: Vieles, was heute für Stil steht, war auch schon 1929 schwer in Mode.

Adresse Weiße Herzstraße 1, 91054 Erlangen, Tel. 09131/22611, www.kammerers-tabakstube.de, info@kammerers-tabakstube.de | ÖPNV Bus 284, 285, 294, Haltestelle Obere Karlstraße | Öffnungszeiten Mo–Fr 9.30–18.30 Uhr, Sa 9.30–14.30 Uhr | Tipp Mit erlesenen Tee-, Kaffee- und Kakaospezialitäten zum Gleichgenießen und Mitnehmen verwöhnt »Königsmanns Kaffeerösterei« schräg gegenüber.

52 Karin Suchanka

Pur und unverwechselbar

Eine kleine Lederkunde: Anilinleder ist offenporiges Leder, das nicht von einer Farbschicht überzogen ist, sodass die natürliche Beschaffenheit der Haut erkennbar bleibt. Bezüglich Optik und Haptik ist es das purste Leder, welches man für die Verarbeitung verwenden kann: Es fühlt sich weich und wachsig an und bringt die Schönheit des Materials erst richtig zur Geltung.

Karin Suchanka arbeitet ausschließlich mit Anilinleder. Ihre selbst designten Lederhandtaschen kosten um die 300 Euro und werden alle in der hauseigenen Werkstatt angefertigt, welche sich direkt hinter dem Laden befindet. Während die gelernte Feintäschnermeisterin dort zumeist schneidet, näht und stanzt, kümmert sich eine Mitarbeiterin um die Kundinnen, die neben den Lederhandtaschen auch handgefertigte Stofftaschen, Geldbeutel, Schminktäschchen und sogar Babyschuhe erwerben können. Zugekaufte Ware, wie Taschen von abro oder der filigrane Schmuck von Sence Copenhagen oder Pilgrim, runden das stilvolle Sortiment ab.

Wer sich nicht schon in die bestehende Kollektion verliebt, kann seine Wunschtasche in Auftrag geben. »Viele Kunden kommen zu mir mit der Bitte nach einer Spezialanfertigung oder der Nacharbeitung ihrer in die Jahre gekommenen Lieblingstasche«, so die Designerin. Für einen Oboebläser habe sie sogar einmal ein Behältnis für seine großformatigen Partituren entworfen und angefertigt. Darüber hinaus bietet sie einen Reparaturservice an und ist gleichzeitig Anlaufstelle für Hobbykünstler, die ihre eigenen Taschen herstellen. Bei Karin Suchanka bekommen sie Magnete, Schnallen und weiteres Zubehör.

Die Marke »Karin Suchanka« bekommt man derzeit noch exklusiv in Nürnberg. Was sie so unverwechselbar macht? Natürlich die Verwendung des hochwertigen Anilinleders. Aber auch die farbenfrohen Textilien, die sie für die Stofftaschen oder das Innenfutter der Lederware wählt, garantieren den Wiedererkennungswert.

Adresse Weinmarkt 12 a, 90403 Nürnberg, Tel. 0911/9374330, www.karinsuchanka.de, info@karinsuchanka.de | ÖPNV Tram 4, 6, Haltestelle Hallertor; Bus 36, Haltestelle Hauptmarkt oder Weintraubengasse | Öffnungszeiten Mo–Fr 11–18 Uhr, Sa 11–16 Uhr | Tipp Ebenso erlesen sind die Schmuckstücke, die Goldschmiedin Simone Geißler in ihrer Werkstattgalerie in der Irrerstraße 1 fertigt und verkauft.

53 Käse-Ecke Waltmann

Tour de Fromage

Mit seinem in feinsten Geschmacksnoten veredelten Rohmilchkäse war Volker Waltmann schon im Fernsehen. Men's Health hat berichtet, die großen Feinschmecker-Magazine sowieso. Den Maître-Affineur, einer von nur fünf Käseverfeinerern in Deutschland, die diese Auszeichnung tragen dürfen, freut das natürlich. Auch wenn dann ständig das Telefon klingelt und Waltmann zwischen Käsetheke, Büro und den Reifekellern unter dem Ladengeschäft nur so herumwirbelt. »Viele wundern sich, dass sie mich direkt am Telefon haben.« Für den Maître eine Selbstverständlichkeit: »Ich weiß sofort, welcher Käse in welchem Reifegrad verfügbar ist, und kann Empfehlungen geben.« Das schätzen Privat- und Gastronomiekunden: Mehr als zwei Tonnen Käse verlassen per Ladenverkauf und Versand jede Woche das Haus.

Die Kunst der Käseveredelung hat Waltmann während seiner Lehr- und Wanderjahre in Frankreich gelernt. Zurück zu Hause verwandelte er das Käsegeschäft seiner Eltern – Schwerpunkt Edamer bis Emmentaler – in einen Käsetempel: Individuell verfeinerte Sorten ziehen heute Käseliebhaber an, mit Walnusslikör affinierter Trappe Echourgnac etwa, Brie de Meaux mit Trüffeln oder Delice de Pommard mit frischen Senfsamen. Zwischen 200 bis 260 Käsesorten sind ständig verfügbar. Immer wieder kommen neue dazu, das Thekenangebot wechselt wöchentlich. »Es darf nicht langweilig werden. Keiner soll denken: Jetzt habe ich schon alles durchprobiert.«

Der Anspruch der Waltmann'schen Käseveredelung? Den von bäuerlichen Betrieben bezogenen Rohmilchkäse »auf den Höhepunkt von Reife und Geschmack zu bringen«. Auf dem Weg dahin wird experimentiert: Mal wäscht er den Käse mit Gin, dann mit Jamaica-Rum oder einem Sud aus fränkischem Wacholder. Übrigens: Wer einen ganz bestimmten Käse möchte, sollte am besten montags anrufen. Dann wird neue Ware geliefert, und der Maître nimmt – meist persönlich – Reservierungen entgegen.

Adresse Friedrichstraße 10, 91054 Erlangen, Tel. 09131/207187, www.waltmann.de, shop@waltmann.de | ÖPNV Bus 284, 285, 294, Haltestelle Obere Karlstraße | Öffnungszeiten Mo–Fr 8.30–18 Uhr, Sa 8.30–14 Uhr | Tipp Das Bistro der Volkshochschule Erlangen im Innenhof der Friedrichstraße 17 ist für jedermann geöffnet und bietet neben Espresso und Cappuccino leckere mediterrane Snacks.

54__Kioski

Mittsommernachtstango

Tervetuloa Kioskiin! Herzlich willkommen im Kiosk! Zum Glück hat Martti Trillitzsch für seinen Laden einen Namen gefunden, der auch Franken leicht über die Zunge geht. Denn Sprachakrobatik üben wir hier allemal. Mit Bands wie Eläkeläiset und Faarao Pirttikangas oder Alben namens Kiusankappaleita und Vinonaamakasio – Hausmusik im wohl einzigen finnischen Plattenladen südlich der Ostsee.

Ein Vorführsaal des Babylon-Kinos sind diese Räume einmal gewesen, und noch immer kann man hier in weichen Kinosesseln versinken: vor sich CD-Player und Kopfhörer, rundherum die bezaubernd eigenwillige Welt finnischen Klangvergnügens. Ein bundesweit einzigartiges Sortiment an Indie, Elektro, Jazz, Folk, Pop und Rock aus dem hohen Norden ist hier versammelt. Interessante Mischungen aus Garagenrock und Folk – »die Finnen haben einfach mehr Mut, was auszuprobieren« –, genauso wie Salonmusik im Stil der 1920er Jahre – und Finnischer Tango, der wunderbare Blues des Landes, der so »fürchterlich melancholisch« wie seine Bewohner ist. Natürlich gibt es auch Merchandising-Produkte finnischer Bands, Poster, DVDs, die Mumins und verschiedene Designartikel. Wenn noch Platz im Koffer ist, bringt Deutsch-Finne Trillitzsch, der als Sänger, Musiker und Plattenproduzent hier und dort zu Hause ist, auch gern einen finnischen Lakritzschnaps aus der zweiten Heimat mit. Ein Gemisch aus Salzlakritzpastillen und Wodka, das erst wohl-, »hinterher aber meist ziemlich wehtut«. Nicht jedermanns Sache, weshalb Trillitzsch die Fürther auch lieber mit eigenproduzierten Samplern ins Kioski lockt – 20 Suomi-Highlights für fünf Euro, »da kann man nichts falsch machen«.

Überhaupt: Franken und Finnen sind längst nicht so verschieden, wie man vielleicht meint: »Die Finnen sind auch eher maulfaul. Es dauert ein wenig, bis sie sich Auswärtigem öffnen.« Bei Kioski haben wir längst eine Ausnahme gemacht. Tervetuloa!

Adresse Nürnberger Straße 3, 90762 Fürth, Tel. 0911/9518770, www.kioski.de, kioski@tug-rec.de | **ÖPNV** Bus 173, 174, 177, 178, 179, Haltestelle Fürther Freiheit | **Öffnungszeiten** Mi–Fr 14–20 Uhr, Sa 11–16 Uhr | **Tipp** Raum 4 im Kino Babylon: Jeden zweiten Sonntag im Monat lädt Martti Trillitzsch hier zum Sing-in, dem kostenlosen, unplugged »Open-Mic-Abend« mit verschiedenen Soloperformern oder Bands.

55 Knauer's Handschuhhütte

Wasserschwein und Hugenotten

Das Handwerk des Handschuhmachers haben die Hugenotten nach Erlangen gebracht. Über Jahrhunderte berühmt: der »Erlanger Handschuh« aus dünnstem Glacéleder, der zusammengefaltet in eine Streichholzschachtel passt. Ihn gibt es nur noch im Museum.

»Früher waren Handschuhe vor allem Modeartikel, heute sollen sie vor Frost schützen«, erklärt Matthäus Knauer, einer der letzten Handschuhmacher der Stadt. Natürlich ist das ein wenig übertrieben, denn feinste Lederhandschuhe, auf die man auch an einem warmen Frühlingstag kaum verzichten möchte, gibt es hier immer noch: Handschmeichler aus ebenso weichem wie »unverwüstlichem« Peccary-Leder vom südamerikanischen Wasserschwein etwa, halb offene Autohandschuhe oder verführerische, ellenbogenlange Modelle für Abendrobe und Turniertanz. Daneben eine große Auswahl gefütterter Winterware, Handschuhe zum Rad- oder Skifahren oder Lammfellfäustlinge für Babys.

Als vierte Generation einer Handschuhmacherfamilie fertigen die Brüder Matthäus und Paul Knauer jedes Paar in reiner Handarbeit. »Die Kunst ist es, aus Rohleder eine vernünftige Ware zu machen« – mit Techniken, die sich seit 300 Jahren kaum verändert haben. Als Maßeinheit gilt der Pariser Zoll, auch viele Begriffe wurden nie übersetzt. So »elongiert« – zieht – der Handschuhmacher das Leder, »Ampome« meint den Abstand zwischen Finger und Daumen. Kaum zu glauben: Ein Handschuh besteht aus bis zu 30 Einzelteilen. Näherinnen fügen diese zusammen, anschließend bekommt das Stück durch Bügeln ein glattes »Verkaufsgesicht«. Immer wieder fertigen die Knauers neue Modelle, sodass auch Stammkunden – »oft schon die dritte Generation« – Vorhandenes gern mit Praktischem oder Extravagantem ergänzen. Bei Kunden beliebt sind auch die angebotenen Lammfelle, Autofelle, Fahrradsattelüberzieher oder Lederreste zum Basteln. Und Einblicke in ein Handwerk, das es oft nur noch im Museum gibt.

Adresse Reinhardstraße 6, 91054 Erlangen, Tel. 09131/32536, www.handschuhhuette.de, handschuhhuette@gmx.de | **ÖPNV** Bus 30, 281, 288, 289, 295, Haltestelle Ohmplatz | **Öffnungszeiten** Okt.–März Mo–Fr 10.30–18.30 Uhr, Sa 10–15 Uhr, Dez. Mo–Fr 10–19 Uhr, Sa 10–16 Uhr, außerhalb der Öffnungszeiten nach telefonischer Vereinbarung | **Tipp** Wer vom Bahnhof in die Stadt geht, sollte auf das erste Eckhaus auf der linken Seite achten: Goethestraße 44. Der Goldene Handschuh und die Inschrift der Handschuhmacherfamilie Mengin zeugen hier von der Blüte dieses Erlanger Gewerbes. Eine sehenswerte Ausstellung über hugenottisches Handwerk bietet auch das Stadtmuseum Erlangen, Martin-Luther-Platz 9.

56 Köstlich & Co.

Schwarzes Salz und spanischer Zucker

Wie das duftet! Kaum ist die Ladentür geöffnet, verwöhnen feine Aromen die Nase. Zuerst Kaffee – kein Wunder, schließlich werden hier Bohnen für Kunden ständig frisch gemahlen –, dann Schokolade und schließlich eine unaufdringliche Brise von Kräutern und Gewürzen aus aller Welt. Alles, was fein schmeckt, ist hier zu haben: Essige und Öle, mediterrane Nudeln und Saucen, Gewürze von Baskischem Pfeffer bis schwarzem Hawaii-Salz, mehr als zehn verschiedene Trüffelspezialitäten, handgeschöpfte Schokoladen, Weine und Champagner. Hinzu kommen ausgewählte Küchenaccessoires wie Teekannen, Mokkatieren oder Kaffeemühlen.

Mit erlesenen Tee- und Kaffeesorten hat vor 35 Jahren alles angefangen. Viele Kunden des damaligen Geschäfts sind heute noch Stammkäufer im Nachfolger Köstlich & Co. »Sie haben seit Jahrzehnten ihren persönlichen Lieblingstee, den sie immer wieder kaufen«, sagt Gabriele Steinbach. Doch auch Probierfreudige kommen auf ihre Kosten: Im Angebot sind nicht weniger als 250 Teesorten der Firmen Ronnefeldt und Wollenhaupt sowie 60 Sorten Kaffee, von denen »Wiener Melange« und »Spanisch Azúcar« aktuell bei den Erlangern besonders beliebt sind. Kurz nach der Röstung wird hier auf die noch heißen Kaffeebohnen Kakao oder Zucker gestreut. Dadurch »krabbeln die Aromen in die Bohne«, was beim späteren Aufbrühen die Sinne mit leichtem Schoko- oder Karamellgeschmack verführt.

Wer unsicher ist, welche Spezialität dem eigenen Geschmack oder dem von Freunden am meisten schmeichelt, wer ein Feinschmecker-Rezept nachkochen möchte, aber nicht die richtigen Zutaten findet, dem steht Gabriele Steinbach mit freundlichem Rat zur Seite. Mit einem Griff ist etwa Espelette-Pfeffer zur Stelle, der in vielen französischen Gerichten nicht fehlen darf. Auch Präsentkörbe stellen Steinbach und ihre Mitarbeiterin liebevoll zusammen. Denn Köstliches zu verschenken, schafft Freude – nicht nur für den Gaumen.

Adresse Friedrichstraße 18, 91054 Erlangen, Tel. 09131/897782, www.koestlichundco.de, gabriele.steinbach@t-online.de | **ÖPNV** Bus 284, 285, 294, Haltestelle Obere Karlstraße | **Öffnungszeiten** Mo–Fr 9.30–18.30 Uhr, Sa 10–16 Uhr | **Tipp** Gemütlich frühstücken – oder sonntags brunchen – lässt es sich im Teehaus Erlangen, Friedrichstraße 14.

57 Kostümverleih Richter & Gullmann

Elvis lebt!

Gemeinhin gelten die Mittelfranken ja als Faschings- und Verkleidungsmuffel. Völlig konträr dagegen das Bild, das sich uns im Kostümverleih Richter & Gullmann enthüllt. Hier buhlen Darth Vader, Superman und Sissi um Aufmerksamkeit, während Winnetou vorbeischleicht und Harry Potter nach seiner Brille sucht. Zwischendrin schwimmt eine Meerjungfrau vorbei. Und Elvis lebt.

Egal, in welche Rolle Sie gern einmal schlüpfen möchten, im reichhaltigen Fundus von Ursula Richter und Edith Gullmann finden Sie garantiert das passende Outfit. Und damit's richtig rund wird, werden Sie auch gleich mit allen dazugehörigen Accessoires von der Perücke bis zum Stiefelschaft ausgestattet. »Stylistenarbeit« nennen die beiden Frauen das. Oder einfach »Wunschträume erfüllen«.

Sie tun es mit Leidenschaft und haben mittlerweile über 2.000 Kostüme angesammelt. Die sind nicht nur in der närrischen Zeit sehr gefragt; nein, gerade im Sommer boomen die historischen Hochzeiten, für die der Kostümverleih schon mal die ganze Gesellschaft ausstattet. Comicfiguren oder Tierkostüme werden zu Promotionzwecken verliehen, und Mottopartys sind das ganze Jahr über der Hit. Ungewöhnlich groß ist auch die Auswahl an Abendmode. Zu eleganten Anlässen schlüpfen die Frauen in große Roben oder Cocktailkleider. Männer dagegen tragen Cut, Smoking, Frack, Stresemann oder Tuxedo.

Wer tagtäglich ausstaffiert, kommt an Näharbeiten natürlich nicht vorbei. »Wir schneidern so lange an einem Kostüm, bis es uns gefällt«, erzählt Edith Gullmann, »und versehen die Kleider, wenn möglich, mit Gummizügen oder Schnürverschlüssen, sodass sie größenvariabel sind.« Variabel sind auch die Preise. Je nach Kostüm und Leihdauer liegen sie zwischen 30 und 200 Euro.

Tja, liebe Franken, Ausreden gibt's jetzt keine mehr. Immer hinein ins Vergnügen!

Adresse Solgerstraße 4 (Rückgebäude), 90429 Nürnberg, Tel. 0911/260115, www.kostuemverleih-nuernberg.de, info@kostuemverleih-nuernberg.de | ÖPNV Tram 4, 6, Haltestelle Obere Turnstraße; Bus 34, Haltestelle Deutschherrenstraße | Öffnungszeiten Mo–Fr 14–18 Uhr, Do 14–19 Uhr, vormittags und samstags nach Vereinbarung, erweiterte Öffnungszeiten zur Faschingszeit | Tipp Im Szenecafé Balazzo Brozzi (Hochstraße 2) kommt man nicht nur in den Genuss eines leckeren Frühstücks, sondern auch von Kunstausstellungen und Konzerten.

58 LadenMerken

Ein Mann für alle Fälle

Wer sagt eigentlich, dass ein Laden ein Konzept haben muss? Phils LadenMerken hat mindestens drei. Zum einen wird man hier schon ab halb acht Uhr morgens mit Kaffee, leckeren Sandwiches und Gebäck verköstigt. Soweit es geht, ist alles handgemacht, alkoholfrei und bio. Zu Frühjahrsbeginn steht auch das beliebte »Ice to Goho« auf der Speisekarte, Bioland-zertifiziertes Eis, das es sogar in veganen Sorten gibt. Gastro allein war Tausendsassa Phil Merken allerdings nie genug. »Ein bisschen Nippes muss sein«, und so kam's, dass er seinem Café eine Zeit lang regelmäßig einen neuen Anstrich verpasste, indem er zum Beispiel auch Platten oder Kinderspielzeug zum Verkauf bot.

Ein wenig origineller Krimskrams steht heute noch herum, das Hauptaugenmerk liegt aber auf Verkauf und Verleih von Longboards, einer Art verlängertem Skateboard mit größeren Rollen und erweitertem Achsenabstand. Über den integrierten Sportfachhandel »Longboarding by Krümer«, den er zusammen mit einer Bekannten ins Leben gerufen hat, vertreibt Phil hauptsächlich Boards und Zubehör deutscher Hersteller. Longboarding zählt zu seinen größten Leidenschaften, und die teilt er nicht nur mit seinen Kunden aus der Szene, sondern auch mit zahlreichen Kids, die seinen allsonntäglichen, kostenlosen Workshop besuchen. Bei Interesse einfach mal auf Facebook informieren!

Und dann wären da ja auch noch die Kulturveranstaltungen. Ob Musiker, Fotograf, Comiczeichner oder wer auch immer Phils Weg kreuzt: Für eine Ausstellung und sogar Konzerte ist im LadenMerken immer noch Platz.

»Wunderbar wandelbar«, beschreibt Phil sein Konzept. Die einzige Konstante in diesem Sammelsurium an Projekten in einem Laden sei er selbst. Und weil er immer wieder Leute trifft, die sich wie er für neue Ideen und Kooperationen begeistern können, wird es wohl nie langweilig werden – weder für ihn noch für seine Kunden.

Also am besten: Laden merken!

Adresse Willstraße 5, 90429 Nürnberg, Tel. 0178/3350344, www.facebook.com/LadenMerken, ladenmerken@gmail.com | ÖPNV Bus 34, Haltestelle Gostenhof West; U1, 11, Haltestelle Gostenhof | Öffnungszeiten Mo–Fr 7.30–18.30 Uhr, Sa 10–18.30 Uhr | Tipp In Laufnähe befindet sich der Schwurgerichtssaal des Nürnberger Justizpalastes, der die Informations- und Dokumentationsstätte »Memorium Nürnberger Prozesse« beherbergt.

59_Lapislazuli

Die Magie des blauen Steins

Schon Albrecht Dürer war ein Liebhaber des blauen Steins, wenngleich er ihn nicht um den Hals oder am Finger trug. Im Mittelalter diente Lapislazuli als Pigment für die Farbe Ultramarin, die jedoch nur von bedeutenden Künstlern verwendet wurde, da der Lapis-Farbstoff sehr teuer war. Noch heute kann man ihn in der Werkstatt des Künstlers am Tiergärtnertorplatz begutachten.

Lapislazuli in seiner schönsten Form aber findet man ein paar Schritte weiter, in einem kleinen Fachwerkhäuschen direkt gegenüber dem Albrecht-Dürer-Haus. Hier betreiben Rudolf Ehrmann und Iris Bausewein ein Schmuckfachgeschäft, das sich voll und ganz dem »Stein des Himmels«, wie ihn die Ägypter einst nannten, verschrieben hat. Der schon in vorgeschichtlicher Zeit beliebte Edelstein mit der intensiven blauen Färbung und den goldenen Einsprengseln – Pyrit oder auch »Katzengold« genannt – bildet das Fundament für Ringe, Ohrringe, Hals- und Armketten aus Silber und Gold, die man als Einzelstücke, exklusive Kleinserien oder individuelle Sonderanfertigungen erwerben kann.

Obwohl Lapislazuli heutzutage für fast jedermann erschwinglich ist, wird das Rohmaterial aufgrund der steigenden Nachfrage zunehmend teurer. Im Gegenzug lässt die Qualität mancher Steine zu wünschen übrig. Gute Qualität der Steine aber hat für die Schmuckhändler oberste Priorität, daher beziehen sie das Rohmaterial mittlerweile fast ausschließlich aus Afghanistan, wo es neben Chile und Russland abgebaut wird. Nach der Erstverarbeitung in Nürnberg nimmt es dann den Weg nach Chile in eine Steinschleifer- und Goldschmiede-Meisterwerkstatt, mit der Rudolf Ehrmann seit 1995 zusammenarbeitet.

Die historischen Zusammenhänge und das große Schaufenster mit dem hübschen blauen Rahmen haben schon so manchen Dürer-Touristen in das kleine Geschäft gelockt. Doch auch einheimische Schmuckfans geraten beim Anblick der blauen Schätze ins farbtrunkene Schwärmen.

Adresse Albrecht-Dürer-Straße 32, 90403 Nürnberg, Tel. 0911/241270, www.lapislazuli.de, info@lapislazuli.de | **ÖPNV** Tram 4, Haltestelle Tiergärtnertor, Bus 36, Haltestelle Burgstraße; U 1, 11, Haltestelle Lorenzkirche | **Öffnungszeiten** Mo–Fr 10–13 & 15–18 Uhr, Sa 10–14 Uhr | **Tipp** Führung durch den Historischen Kunstbunker. In den Felsengewölben direkt unter der Nürnberger Kaiserburg wurde kurz nach Beginn des Zweiten Weltkriegs ein einzigartiges Kunstdepot geschaffen. In bis zu 24 Metern Tiefe eingelagert, überstanden dort die bedeutendsten Nürnberger Kunstschätze unbeschadet den Bombenhagel.

60 Lapuzia

Das Geheimnis der Bohne

Wie das duftet. Feine Aromen liegen im Raum – kein Wunder, denn die gusseiserne Kaffee-Röstmaschine steht ja nur wenige Schritte entfernt. Ein- bis zweimal in der Woche machen sich Evelyn und Jürgen Liedtke hier ans Werk: Die Bohnen werden von Hand verlesen, frisch geröstet und aromadicht verpackt. Aus der Leidenschaft des Kaffeetrinkens ist der kleine Familienbetrieb entstanden. Begonnen hat alles mit einem kleinen Heimröster, heute sind 15 verschiedene Kaffeesorten ständig im Angebot – Espressomischungen wie Fürth Express, schokoladig-süßer Brazil Fazenda Lagoa oder würziger Uganda Bugisu. »Bei Kaffee ist es ähnlich wie beim Wein, je häufiger man ihn bewusst trinkt, desto mehr Geschmacksnuancen nimmt man wahr.« Je nach Klima, Jahrgang und Boden seien die Bohnen verschieden; die Kunst der Röstung entlocke ihnen das Optimum an Geschmack und Aroma.

Ein Geschäft für Kenner, aber auch für solche, die es werden wollen. Mit den richtigen Fragen helfen Evelyn und Jürgen Liedtke bei der Auswahl. Zuerst die Zubereitungsart: Filterkaffee, Espresso-Herdkanne oder Siebträger? Dann der Geschmack: kräftig oder mild? Für Fortgeschrittene: fruchtig oder nussig? Ganz wichtig: Besitzt der Kunde eine Kaffeemühle? Falls nicht, gibt es im Laden verschiedene Modelle zur Auswahl, genauso wie hochwertige Kaffeemaschinen. »Die frische Mahlung ist extrem wichtig – das glauben viele aber erst, nachdem sie den Unterschied probiert haben.«

Wer dies testen mag, hat im Rösterei-Café die Wahl zwischen zwei verschiedenen Espressomischungen und einer Arabica-Sorte, alle natürlich frisch gemahlen. Dazu gibt es Selbstgebackenes und belegte Brote, die man auf bequemen Loungemöbeln in Ruhe genießen kann. Denn wie jeder Genuss braucht auch Kaffee ein bisschen Zeit: Wer nicht nur »hinunterschüttet«, merkt hier schnell, wie sich die Aromen entfalten. Schokolade etwa, oder Holz und feine Fruchtnoten.

Adresse Nürnberger Straße 2, 90762 Fürth, Tel. 0170/3234666, www.lapuzia.de, info@lapuzia.de | ÖPNV Bus 173, 174, 177, 178, 179, Haltestelle Fürther Freiheit | Öffnungszeiten Mo–Fr 9–18 Uhr, Sa 9–14 Uhr | Tipp Filme, die nicht jeder zeigt, Seniorenkino, oder »Musik auf der Leinwand«. Dazu ein Café mit umfangreicher Tageskarte von fränkisch bis vegetarisch: Das Babylon-Kino, Nürnberger Straße 3, lohnt immer einen Besuch.

61 Die Laufmasche & Berthe Aux Grands Pieds

Mehr Strumpf wagen

Bunt, gepunktet, hauchdünn oder grob gestrickt: An Farben, Formen und Mustern hat Hannelore Bauer seit Übernahme der »Laufmasche« im Jahr 1988 schon alles erlebt. Der »neueste Schrei« ist jede Saison ein anderer. Was bleibt, ist die individuelle Beratung, die in diesem Laden seit 1952 Tradition hat. Bereits als Schulkind ist Bauer oft am »Fachgeschäft für Strumpfwaren und Wäsche« vorbeigelaufen. Der Name des damaligen Inhabers, Hans Tietze, steht noch heute an der Ladentür; vom aktuellen Sortiment jedoch hätten die Damen der 1950er Jahre wohl nur zu träumen gewagt: Jede Art von Strümpfen und Strumpfhosen warten hier auf Fuß und Bein. Hauchzartes genauso wie bequeme Haussocken oder Diabetikermodelle, die nicht einschneiden. Florale Spitzenmuster, Karos oder Söckchen, auf denen lila Schmetterlinge flattern, Leggins und Strumpfhosen von dünn bis dick, Halterloses oder Verführerisches zum Anstrapsen – wer Lust auf Strumpf hat, findet das Gewünschte in den gängigen Größen bis 48/50.

Dazu gibt es ausgewählte Wäsche und Hüte: Zu den Strumpfmarken Cronert, Elbeo oder Emilio Cavallini gesellen sich »Princesse tam.tam« oder »bedacht«. Alles kann in Ruhe probiert werden, ganz gleich ob Höschen oder Hütchen im Burlesque-Stil. Bei Feinstrümpfen empfiehlt Bauer etwa, sie aus der Verpackung zu nehmen und zur Farbabstimmung an Hose oder Kleid zu halten. Als besonderer Service werden Strümpfe auch repariert: Das Repassieren genannte Aufnehmen von Laufmaschen hat schon so manches Lieblingsstück gerettet und lohnt sich vor allem bei teureren Feinstrümpfen.

Apropos Lieblingsstück: Seit 2009 bietet Hannelore Bauer in einem zweiten Geschäft schräg gegenüber exklusiv die französische Marke »Berthe Aux Grands Pieds« an – verspielte wie elegante Strumpfmode, die man sich allerdings »trauen muss«. Denn es geht vorzugsweise bunt zu, groß gepunktet und gestreift.

Adresse Obere Karlstraße 1, 91054 Erlangen, Tel. 09131/21340, www.dielaufmasche.eu, info@dielaufmasche.eu, & Obere Karlstraße 4, Tel. 09131/8291549, www.bertheerlangen.de, info@bertheerlangen.de | **ÖPNV** Bus 284, 285, 294, Haltestelle Obere Karlstraße | **Öffnungszeiten** Mo–Fr 10–18 Uhr, Sa 10–14 Uhr (Laufmasche), Mo–Fr 10–18 Uhr, Sa 11–15 Uhr (Berthe Aux Grands Pieds) | **Tipp** Kollegienhaus in der Universitätsstraße 15: Im Zuge der Erweiterung der Uni-Gebäude von 1886–1889 entstandenes Bauwerk nach Plänen von Friedrich Wilhelm Scharff.

62 Lebküchnerei Düll

Für Elise

Der Sage nach war der erste Elisenlebkuchen eine Verzweiflungstat. Die kleine Tochter eines Nürnberger Lebküchners war sterbenskrank. Um sie zu retten, buk der Vater einen ganz besonders edlen Lebkuchen: kein Mehl, nur reine Haselnüsse, Bienenhonig und beste Gewürze. Das Kind, Elisabeth, wurde wieder gesund und der Elisenlebkuchen zum Inbegriff von Qualität.

Die echte Elise muss es also sein, wenn es in Nürnberg um Lebkuchen geht. Doch wo gibt es hier noch echte Lebküchner? Nahezu nirgends. Einer der wenigen, die noch handwerklich backen, ist Holger Düll. Der Lebküchner in dritter Generation und seine Mitarbeiter formen jeden Lebkuchen eigenhändig mit dem traditionellen Lebkuchenstreicher. Sie rösten frische Nüsse im Backofen, schlagen Eiweiß und Zucker über offener Gasflamme im Kupferkessel auf und tunken das fertige Gebäck ins Schokoladenbad. Alles nach altem Familienrezept, das so geheim ist, dass nur Holger Düll und sein Vater eingeweiht sind. Bekannt ist lediglich: Bis zu 3.000 Lebkuchen bäckt Düll je nach Saison täglich frisch. Saftige, honigsüße Leckerbissen mit Schokoladen- oder Zuckerglasur, die ihr »Echt-Nürnberger-Lebkuchen–Zertifikat« gar nicht bräuchten, weil an diesen Lebkuchen ohnehin alles echt schmeckt – nach Haselnüssen, Marzipan, kandierten Orangen und Aprikosenmarmelade. Schon beim Reinbeißen kracht und knackt der dicke Überzug aus Schokolade, die Düll von ausgesuchten Chocolatiers in Belgien bezieht.

»Wenn ich mir schon so viel Arbeit mache, dann möchte ich mit edlen Zutaten arbeiten.« Diese Philosophie Holger Dülls begeistert selbst jene, die sich gar nicht viel aus Lebkuchen machen. Manch einer kommt dann doch auf den Geschmack – wie den einer Rotwein-Punsch-Glasur oder fruchtigen Toppings aus Orangen- und Erdbeerschokolade. Denn obendrauf gibt sich der Lebküchner gern experimentierfreudig. Nur untendrunter geht nichts über die echte Elise.

Adresse Mathildenstraße 28, 90489 Nürnberg (Veilhof), Tel. 0911/552834, www.lebkuchen-nuernberg.com, duell@lebkuchen-nuernberg.com, weitere Filialen: Bergstraße 23 & Josephsplatz 32, 90403 Nürnberg | **ÖPNV** Tram 8, Haltestelle Deichslerstraße | **Öffnungszeiten** Jan.–Aug. Mo–Fr 6–13 & 11.30–18 Uhr, Sa 6–13 Uhr, ab Sept. Mo–Fr durchgehend geöffnet | **Tipp** Das Erfahrungsfeld »Erleben mit allen Sinnen« mit über 100 Stationen, das jährlich von Mai bis September auf der Wöhrder Wiese stattfindet.

63__Macaron

Trendtörtchen

Das hat Stil! Bescheiden gibt sich das Dôme-Törtchen, verweist nur per Schild auf seine inneren Werte: Ein feiner Mandelteig tarnt sich hier als kleiner Gugelhupf, überrascht und verwöhnt unsere Sinne mit einer Füllung aus fruchtiger Himbeer-Mousse. Weniger demütig zelebriert sich die fruchtig-gelbe Zitronentarte. Und erst Almendra: ein stolzes Kunstwerk aus Knuspernougat, Biscuit und Mandelnougat-Creme. Daneben das Farbenmeer der Macarons. 15 bis 20 wechselnde Sorten der bunt gefärbten Makronen-Törtchen mit Cremefüllung sind stets im Angebot: hellgrüne Minze neben gelborangener Zuckermelone, dunkelviolettes Cassis zwischen Orangenblüte und Caramel.

Die Pâtisserie-Theke des Macaron versammelt erlesene Gaumenfreuden französischer Konditorenkunst. »Kleine Törtchen statt großer Kuchenstücke«, bringt Katrin Kokocinski es auf den Punkt. Geschmack, der sich auf der Zunge in verschiedenen Texturen entfaltet, ohne Schwere und mit viel Eleganz: Die Leichtigkeit des Kaffeetischs, wie wir ihn von Urlaubsreisen in Frankreich oder Belgien kennen, haben die Schwestern Katrin und Birte Kokocinski ins Mittelfränkische geholt. Herzstück und Namensgeber des kleinen Geschäfts im historischen Sandsteingebäude sind die Macarons, die bunten Trendtörtchen, die man spätestens seit »Sex and the City« auch hierzulande kennt. Außerdem im Angebot: ein Potpourri erlesener Schokoladen- und Pralinen-Kreationen, Liköre, Marmeladen sowie ausgefallene Tischdekoration.

Gefertigt wird die frische Pâtisserie direkt in Frankreich und Belgien. Etwa bei Fabrice Gillotte in Dijon oder Thierry Mulhaupt in Strasbourg, die sie innerhalb kürzester Zeit gut gekühlt nach Erlangen liefern. Im Macaron stehen wir an der verlängerten Ladentheke dieser Genusskünstler und tun uns schwer mit der Entscheidung. Wie wollen wir die Törtchen auswählen, nach Farbe oder nach Geschmack? Eine Stilfrage eben.

Adresse Friedrichstraße 2, 91054 Erlangen, Tel. 09131/9083450, www.macaron-erlangen.de, patisserie@macaron-erlangen.de | ÖPNV Bus 284, 285, 294, Haltestelle Obere Karlstraße | Öffnungszeiten Mo–Fr 10–18 Uhr, Sa 10–16 Uhr | Tipp Nur ein paar Schritte weiter sind es bis zur Neustädter Kirche, einem Sandstein-Barockbau, in dem regelmäßig Konzerte stattfinden. Im Dezember lädt auf dem Neustädter Kirchplatz ein mittelalterlicher Weihnachtsmarkt zu Punsch und ritterlicher »Brodwoschd« ein.

64 Madlon Scharff

Das moderne Kräuterweiblein

Rein in die Höhle des Kräuterweibleins! Nur Mut! Der winzig kleine, etwas düster anmutende Laden, nur wenige Meter vom Hauptmarkt entfernt, ist schließlich Nürnbergs älteste Kräuterhandlung, und Ruth Krähner, die hier seit frühester Jugend hinter der Theke steht, ist alles andere als eine schaurige Gestalt. Im Gegenteil: Sie kennt ihre Kunden, und die Kunden kennen sie, sie plaudert gerne, und ihre Fachkenntnis in Sachen Kräuter und Gewürze ist weit über die Stadtgrenzen hinaus gefragt.

Wer einmal hier eingekauft hat, wird es wohl immer wieder tun. Denn wo sonst bekommt man Pfefferminze, Wermutkraut oder Rosenblüten per Hand in Papiertüten abgefüllt, aus Schubladen, die aus dem Holz längst vergangener Zeiten geschnitzt sind? Die Einrichtung stammt aus den frühen 1950er Jahren und ist ein Überbleibsel aus der Zeit, als Ruth Krähners Mutter den Laden noch geführt hat. Die wiederum war eine Angestellte von Madlon Scharff, deren Name so sehr mit dem Geschäft verwachsen war, dass er nach ihrem Tod kurzerhand beibehalten wurde. Eingesessene Nürnberger gehen »zur Madlon«, aber die wenigsten wissen wohl, dass die Historie des Kräuterladens lückenlos sogar bis ins Jahr 1628 zurückverfolgt werden kann.

Die sensiblen Waren lagern am besten kühl, trocken und lichtgeschützt. Auch ein Grund, weshalb sich Ruth Krähner nicht von ihrer Einrichtung trennen will. Wenngleich die einzelnen Schubladen die Gerüche der darin enthaltenen Kräuter mittlerweile so stark angenommen haben, dass man sie trotz regelmäßiger Säuberung nicht einfach mit anderen befüllen kann. Eine Lücke im Sortiment entsteht darum aber nicht. Das moderne Kräuterweiblein führt alles, was uns die Natur an Heil- und Genussmitteln zur Verfügung stellt, und garantiert dabei höchste Qualität und volles Aroma. Man kann es förmlich riechen, sobald man den Laden betritt. Hereinkommen und einfach schnuppern erlaubt!

Adresse Tuchgasse 4, 90403 Nürnberg, Tel. 0911/224002 | ÖPNV Tram 4, 6, Haltestelle Hallertor, Bus 36, Haltestelle Hauptmarkt; U 1, 11, Haltestelle Lorenzkirche | Öffnungszeiten Mo–Fr 9–18 Uhr, Sa 9–14 Uhr | Tipp Natürlich der Hauptmarkt. Dort gibt es neben dem »Schönen Brunnen« jeden Tag um 12 Uhr das »Männleinlaufen«, also das Glockenspiel der Frauenkirche, zu bestaunen.

65_Café Mainheim und Von & Zu Buch

Zum Kaffee ein Stück Buch?

»Wir sind quasi ein Gemischtwarenladen«, erklären Marie Ihm und Philipp Zurmöhle das Konzept ihres gemeinsamen Geschäfts. Man könnte aber auch von einem »Zwei in Eins«-Projekt sprechen, denn hier können Besucher gleich zwei Leidenschaften nachgehen: Kaffee trinken und Bücher kaufen.

Das Café ist das Projekt der beiden Geschwister Marie und Martin Ihm, die sich auf eine gepflegte Gastronomie mit regionalem Einschlag spezialisiert haben. Ihren Kaffee beziehen sie direkt aus der nachbarschaftlich gelegenen Kaffeemanufaktur, die Säfte stammen von fränkischen Biobauern, es gibt selbst gemachte Limonaden, und auch die Kuchen sind das Ergebnis von Tortenschlachten in der hauseigenen Küche. Darüber hinaus kann man sich Brotzeiten, Quiches, Salate und wechselnde Mittagsgerichte schmecken lassen.

Am anderen Ende des Lokals steht eine weiße Metallwand, an der mittels Magneten Bücher angebracht und akkurat angeordnet wurden. Die Installation gleicht einem modernen Kunstwerk, tatsächlich aber handelt es sich um »Von & Zu Buch«, den Laden für Buchkunst, der in Grafikdesigner Philipp Zurmöhles Verantwortungsbereich fällt. Er verkauft ausschließlich Bücher, die sich mit Design, Kunst, Illustration, Architektur, Typografie oder Fotografie beschäftigen und durch eine besondere Machart auffallen. Außerdem gibt es viele davon nicht im regulären Handel zu kaufen wie beispielsweise die Werkschau des Nürnberger Künstlers JoeMadeThis alias Johannes Stahl, »Fighting for foolism«, oder die Jahresschrift des Grafik- und Illustrationsblogs »It's nice that«.

Aber keine Sorge: Ein Designstudium wird nicht vorausgesetzt, wenn man sich's hier gemütlich machen will. Im Gemischtwarenladen lässt es sich auch ohne wunderbar schmökern und schlemmen.

Adresse Bauerngasse 18, 90443 Nürnberg, 0911/21092922, www.cafemainheim.de, www.vonundzubuch.com | **ÖPNV** S 1, Haltestelle Rothenburger Straße; U 2, 3, 21, Haltestelle Plärrer oder Rothenburger Straße | **Öffnungszeiten** Di–Fr 10–22 Uhr, Sa & So 10–19 Uhr (Café Mainheim und Von & Zu Buch) | **Tipp** Das wunderschöne Nürnberger Volksbad mit beeindruckender Jugendstilarchitektur, das jedoch seit 20 Jahren nicht genutzt und nur auf Anfrage zugänglich gemacht wird. Es lohnt sich!

66__Maßschuhmacherei Renn

Der Ferrari unter den Schuhen

»Männer mit Schuhtick gibt es genug, sie ticken nur anders als Frauen.« Sagt einer, der es wissen muss. Schließlich ist die Klientel der Maßschuhmacherei von Roland Renn vorrangig männlich, und als Vorzeigeprodukte beherrschen elegante Business- und bequeme Freizeitschuhe für den Mann den Verkaufsraum. »Frauen kaufen ihre Schuhe oft passend zur Kleidung oder Handtasche und achten dabei weniger auf Qualität. Wenn ein Mann aber erst einmal die Vorzüge eines maßangefertigten Schuhs erkannt hat, dann wird es zur Leidenschaft, und er will alles über die Herstellung und richtige Pflege wissen.« Vergleichbar mit einer Passion für Autos oder Elektrogeräte.

Der Spaß ist ein ebenso teurer. Bis zu 1.500 Euro kann ein maßangefertigter Schuh kosten. Dafür aber erreicht er eine Lebensdauer von bis zu 30 Jahren. Obendrein passt er sich dem individuellen Trageverhalten an, kann Fehlstellungen ausgleichen und Schmerzen lindern. Ein Orthopädieschuh ist es aber deshalb noch lange nicht. Obwohl Roland Renn gelernter Orthopädieschuhmacher ist und sein Wissen in den Herstellungsprozess mit einfließt, legt er höchsten Wert auf Eleganz und Tragekomfort. Geschäftsleute und solche, die viel stehen müssen, gehören zu seinen Stammkunden; nicht selten besitzen diese eine ganze Kollektion aus handgefertigten Businessschuhen, Schnürschuhen, Loafers und Sneakers.

Als echte und günstigere Alternative zu Maßschuhen taugen auch Konfektionsschuhe, von denen die Schuhmacherei einige im Angebot hat, darunter Marken wie Crockett & Jones, Gravati und eine eigene Basic und Business Line. Über die Machart, die Unterschiede von Leder zu Leder oder die verschiedenen Anpassungsmöglichkeiten klären Roland Renn und sein Team gern auf – denn nur mit der richtigen Beratung wird ein Schuh draus!

Die Zahl der Frauen, die Maßschuhe fertigen lassen, nimmt übrigens stetig zu. Logo. Auch Frau mag mal Ferrari fahren.

Adresse Vordere Ledergasse 4–6, 90403 Nürnberg, Tel. 0911/2369010, www.mass-schuhmacherei-renn.de, info@mass-schuhmacherei-renn.de | **ÖPNV** U 1, 11, Haltestelle Weißer Turm | **Öffnungszeiten** Mo–Sa 10–19 Uhr | **Tipp** Hier wird Ökumene sichtbar: Der Jakobsplatz verbindet die evangelische Jakobskirche mit der katholischen Elisabethkirche und lädt zum Verweilen ein. Außerdem finden dort alljährlich im Herbst die Nürnberger Fischtage statt.

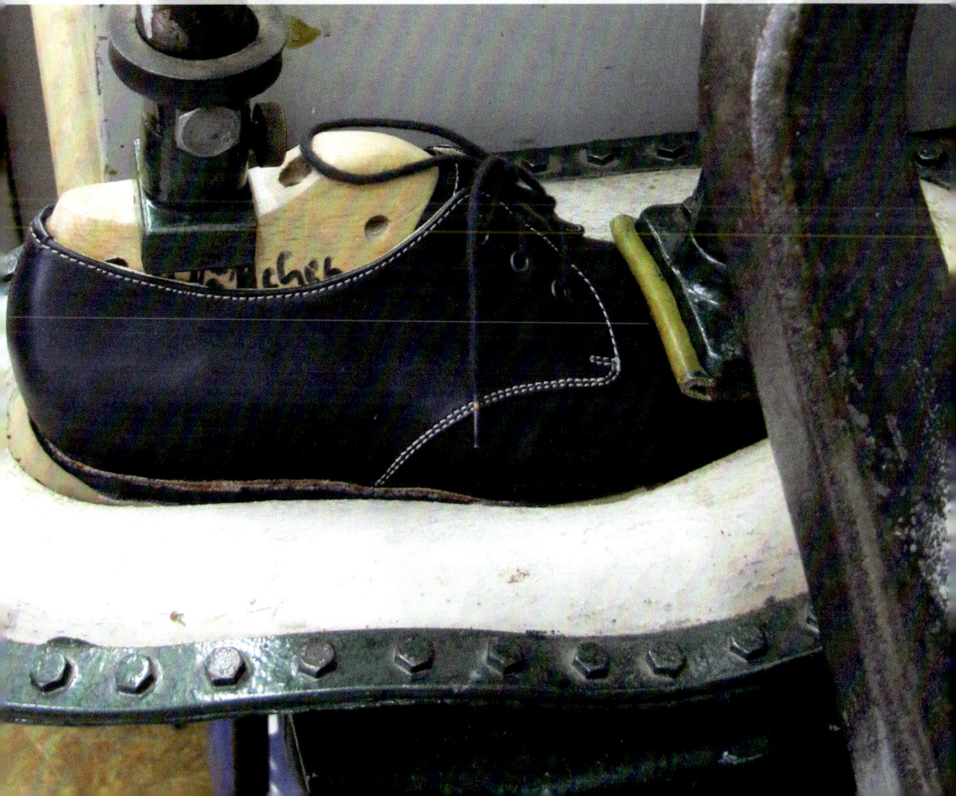

67_Der Modellbahnladen

Meditation am Gleis

Franz-Josef Strauß ist hier noch immer sehr beliebt. Genauso wie Papst Benedikt oder der Weihnachtsmann. Erwachsene Männer – und Frauen – beginnen zu strahlen, wenn sie diese kaum daumengroßen Figuren – für Modell(bahn)landschaften, Maßstab 1 : 87 – entdecken. Und nicht nur dann: In engen Gängen bis unter die Decke stapeln sich in diesem Fachgeschäft – Mitglied der Märklin-Händler-Initiative – die Schätze. Natürlich: Loks, Wagen, Gleise und Modellautos aller bekannten Marken und Systeme. Doch eben auch alles für das Drumherum: »Schneepulver für eine Winterlandschaft« etwa, »Spätsommergestrüpp«, ein »Bausatz für Parklaternen«, Acrylfarben, Kleber oder »Bahnsteigbeleuchtung LED«.

Die Welt im Kleinen hat Wolfgang Lind schon immer begeistert: Als Vierjähriger bekommt er seine erste Modellbahn, ein paar Jahre später »frisiert« er die Schaltungen. Noch heute kann er beim Tüfteln oder Bemalen winziger Figuren »wunderbar entspannen«. Eine Art der Meditation, die aktuell leider etwas aus der Mode sei. »Für viele Väter war die Modellbahn der Söhne früher ein Alibi, selbst zu tüfteln«, sagt Lind. »Das hat sich in den letzten Jahren geändert.« Will heißen: Beim typischen Kunden von heute sind die Kinder längst erwachsen – und statt des Sohnes steht oft die Ehefrau mit am Gleis: »Der Mann kümmert sich um die Technik, die Frau ist für die Gestaltung zuständig.«

Ganz klassisch eben – genauso wie das Verständnis von Kundenservice in diesem Geschäft: Individuelle Ratschläge und Tipps sind selbstverständlich und kostenlos, immer wieder zückt Lind auch den Schraubenzieher. »Wenn Kunden etwas nicht zustande bringen, probiere ich es gern auch einmal.« Fotos von Objekten und »neue Wege, Modelle umzusetzen«, interessieren den Experten ebenso. Die Miniaturfiguren etwa nutzt man heute oft für Gestaltungen im Bilderrahmen – und »manch einer hat damit schon eine Liebeserklärung gemacht«.

Adresse Friedrichstraße 41, 91054 Erlangen, Tel. 09131/207160, mobala.lind@freenet.de | **ÖPNV** Bus 284, 285, 294, Haltestelle Obere Karlstraße | **Öffnungszeiten** Mo–Fr 9–14 & 15–18 Uhr, Sa 9–13 Uhr | **Tipp** Gegenüber bietet die »Frucht-Ecke« marktfrisches Obst und Gemüse sowie Wein und Feinkost.

68_Mona Lisa Dessous

Untendrunter und drum herum

Dieser Laden hat noch gefehlt: Nach einem heftigen Disput mit ihrem Chef läuft Rita Erhardt Ende der 1980er Jahre wutentbrannt aus dem Büro. Die spontane Idee: Ich mache mich selbstständig. Doch womit? An Modeboutiquen oder Schuhgeschäften besteht damals kein Mangel. Was fehlt, ist ein Fachgeschäft für Wäsche, Miederwaren und Dessous.

25 Jahre später – die klassische Miederhose heißt inzwischen Shapeware – ist Mona Lisa eine Fürther Institution: für Schönes, Verführerisches oder Praktisches untendrunter – und erstklassige Beratung. Im Mittelpunkt: hochwertige Büstenhalter in allen Formen und Farben – auch Still- und Sportmodelle sind erhältlich – in 40 Größen von 65A bis 120F. Die richtige Größe erkennt Rita Erhardt meist schon mit bloßem Auge, wer's nicht glauben mag, wird gern ausgemessen. »Viele Frauen tragen jahrelang die falsche Größe.« Das schadet nicht nur der Schönheit – »ein gut sitzender BH macht schlank« –, sondern kann auch zu Verspannungen oder Kopfschmerzen führen.

Natürlich gibt es auch die passenden Höschen, hautschmeichelnde Pyjamas, Bademode, luftige Sommerkleider sowie einen Service für Änderungen oder Reparaturen. Auch Herren kaufen hier – meist Dessous für die Ehefrau und/oder Geliebte. »Wer für wen, unterliegt streng dem Datenschutz« – Erhardt gibt sich hier mindestens so verschwiegen wie die »echte« Mona Lisa. Bei der »typischen Dessous-Geschichte« falle es ihr aber oft schwer, sich einen Rat zu verkneifen. »Die Kundin kauft Dessous, kurz bevor sie heiratet. Dann kommen Kinder, und erst nach 15 oder 18 Jahren sieht man sich wieder: Die Kundin ist geschieden, hat jetzt einen Freund – und braucht neue Unterwäsche.« Wären Sie mal früher gekommen, denkt sich Rita Erhardt dann im Stillen. Nach einem Vierteljahrhundert in diesem Geschäft ist sie Expertin für feines Mieder – und die Geschichten drum herum.

Adresse Gustavstraße 56, 90762 Fürth, Tel. 0911/775947, www.monalisa-dessous.de, mona.lisa@nefkom.net | **ÖPNV** U 1, Bus 125, 173, 174, 175, 177, 178, 179, Haltestelle Rathaus | **Öffnungszeiten** Di – Fr 10 – 13.30 & 14.30 – 18 Uhr, Sa 10 – 15 Uhr | **Tipp** Traditionskneipe unter der Bahnhofsuhr: Die »Kaffeebohne«, Gustavstraße 40, gibt es seit 1983. Beliebt sind neben Kaffee und Bier auch die Salate, überbackenen Baguettes und Frühstücksangebote.

69__Monamikids

Der Fuß dankt's

Väter aufgepasst! Mal eben für die Kinder neue Schuhe zu kaufen, kann in diesem Laden leicht so ausgehen: Der Kleine stiehlt Ihnen in Erstlingsschuhen im Leopardenlook die Show, die Tochter ist unwiderruflich an knallgrüne, echtlederne Chelsea-Boots verloren. Und Ihre Frau? Die kann zu Schuhen sowieso nie Nein sagen und greift auch bei Knallgrün zu, nur eben in zehn Nummern größer. Nur Sie gehen – ach, wie schade, Schatz! – leer aus: In diesem Laden dreht sich alles um gesunde, ökologische und schicke Schuhe – für Kids, Teens und Damen bis Schuhgröße 41.

Von der Idee ist Monamikids, der Name sagt es schon, ein Fachgeschäft für Kinderschuhe. Entstanden fast aus der Not heraus: Den schmalen Füßen der jüngsten Tochter von Monika und Uwe Schleicher passte kein Kinderschuh. Die Eltern suchten bei Herstellern, erst fürs eigene Kind, dann für den Nachwuchs im Bekanntenkreis. Das Interesse war groß und das zum Schuhlager umfunktionierte Weinregal im Keller bald zu klein, weshalb 2008 das Ladengeschäft entstand.

Kompetente Beratung steht hier im Mittelpunkt. Zum Bestimmen der richtigen Schuhgröße werden Innenschuhmaß, Fußlänge und -breite gemessen – und gerechnet: Mindestens 1,2 Zentimeter Platz sollten etwa im Zehenbereich bei Kinderschuhen noch frei bleiben. Für schmale oder besonders breite Füße sind immer verschiedene Modelle vorrätig. Das Material der Wahl ist Leder – und das möglichst schadstofffrei: Viele Modelle sind aus pflanzlich gegerbtem Bioleder. Dem Wunsch vieler Kunden folgend haben die Schleichers bei Lauflernschuhen sogar eine eigene Produktlinie entwickelt: Die Schühchen aus extra weichem Leder und tiefer Schnürung sind bequem und lassen sich leicht anziehen. Vom warmen Hausschuh bis zum quietschbunten Gummistiefel bietet Monamikids Schuhe, die den Füßen von Prinzessinnen, Cowboys und deren Müttern Freude machen. Nur Väter gehen leider leer aus.

Adresse Wasserturmstraße 4, 91054 Erlangen, Tel. 09131/9708070, www.monamikids.de, info@monamikids.de | **ÖPNV** Bus 253, 283, 286, 287, 288, 289, 293, Haltestelle Altstadtmarkt | **Öffnungszeiten** Mo–Fr 10–18 Uhr, Sa 10–16 Uhr | **Tipp** Nur ein paar Schritte sind es bis zum Botanischen Garten (Eintritt frei) mit heimischen und exotischen Pflanzen in Freilandanlagen, Gewächshäusern und Aromagarten.

70__Monkee

Affenstark

Die Fränkische Schweiz ist das Mekka für Sportkletterer. Hier ragen bizarre Felsen in den Himmel, und nirgendwo sonst in Deutschland gibt es eine solche Fülle an Kletterrouten. Ist es da verwunderlich, dass auch eines der bekanntesten Labels für Climbing Wear seinen Ursprung in Franken hat?

Monkee wurde 2008 von Marion Hett gegründet, selbst leidenschaftliche Kletterin mit dem Wunsch nach mehr Farbe im Fels. Also begann sie, bunte T-Shirts, Tops, Hosen, Sweaters und Kapuzenpullis zu entwerfen, die mit funktionalen Finessen ausgestattet waren und eine Mischung aus Klettermontur und Street Wear darstellten. Diese ließ sie in Betrieben in Portugal und der Türkei produzieren und vertreibt sie seitdem über das Internet und Händler in der ganzen Welt.

Eine Erfolgsstory, die fast unglaublich erscheint, wenn man den kleinen Flagshipstore in Gostenhof betritt. Auf wenigen Quadratmetern präsentieren sich hier die Monkee Styles, nur durch einen Vorhang abgetrennt vom Mini-Büro, das sich die Gründerin mit der mittlerweile zweiten Geschäftsführerin Eva Haberl und einem Mitarbeiter teilt. »Wir möchten uns natürlich irgendwann vergrößern«, verrät sie, aber irgendwie ist es doch genau das bescheiden Dimensionierte, was den Laden so einzigartig macht.

Bemerkenswert ist aber nicht nur, dass man mit den lässigen Teilen praktisch von der Wand direkt ins Partyleben hopsen kann. Vom Tag der Gründung an ist Monkee Mitglied der Fair Wear Foundation und setzt auf eine nachhaltige Produktion, die unter anderem die Verwendung von biologischen oder recycelten Materialien sowie faire Arbeitsbedingungen in den Produktionsstätten vorsieht. Ebenso lang unterstützen sie den »Dian Fossey Gorilla Fund«, der sich dem Schutz ihres Namensgebers, dem Affen, verschrieben hat.

Respekt und Rücksicht gegenüber der Natur sind tragende Säulen der Markenidentität. Wer die Fränkische Schweiz liebt, wird auch Monkee dafür lieben.

Adresse Saldorferstraße 11, 90429 Nürnberg, Tel. 0911/49006921, www.monkeeclothing.com, shop@monkeeclothing.com | ÖPNV Bus 34, Haltestelle Gostenhof West; U 1, 11, Haltestelle Gostenhof | Öffnungszeiten Mo – Fr 9 – 12 & 13 – 16 Uhr | Tipp Direkt gegenüber befindet sich die Zentrale von »Brezen Kolb«, Nürnbergs bestem und bekanntestem Brezenbäcker. Hier bekommt man die Teile so frisch wie nirgendwo sonst in der Stadt.

71 Museumsshop des Neuen Museums

Kunst zum Mitnehmen

Fragen Sie sich auch immer schon während des Rundgangs durch ein Museum, was der Museumsshop wohl zu bieten hat? Und verbringen Sie dort dann fast genauso viel Zeit wie zuvor beim Begutachten der Sammlungen? Dann sind Sie keinesfalls ein Kulturbanause, sondern stinknormal. Denn das Stöbern nach einer passenden Begleitlektüre, einem Andenken oder kleinen Geschenken gehören zum Museumsbesuch wie der Stift zum Papier, und der Shop ist so etwas wie die Signatur unter dem Gemälde.

Wohl auch unter diesem Gesichtspunkt entschloss man sich bei der Eröffnung des Neuen Museums für ein außergewöhnliches Shopsystem nach dem »Zwei-in-eins«-Prinzip. Da ist zum einen die Buchhandlung Walther König, die als Fachbuchhandlung für Kunst, Architektur, Design, Fotografie, Mode, Film, Kunstwissenschaft und Ausstellungskataloge ein bewährter Partner vieler Museen in Europa ist. Zum anderen lag den Verantwortlichen daran, modernes Design auch plastisch abzubilden, es erlebbar und »mitnehmbar« zu machen. Aus diesem Grund wollte man das Nürnberger Traditionsgeschäft »Mobilia« gewinnen, das sich im Neuen Museum nun als eigenständiger Designshop präsentiert.

Je nachdem, ob gerade eine Kunst- oder Designausstellung läuft, erhält man die dazu passenden Publikationen oder Exponate im jeweiligen Laden. Dabei können die Besucher ungehindert von einem Shop in den anderen lustwandeln und am Ende direkt weiter in die City flanieren. Denn neben dem Zugang durchs Museum gibt es auch einen Ein- und Ausgang über die belebte Luitpoldstraße, was zu mehr Laufkundschaft führen soll.

Das nämlich ist die gute Nachricht für alle Museumsshop-Liebhaber: Hier kann man an sieben Tagen der Woche in Ruhe stöbern, selbst wenn man mal keinen Rundgang durchs Museum plant.

Adresse Luitpoldstraße 5, 90402 Nürnberg, Tel. 0911/2348808, www.nmn.de, info@nmn.de | **ÖPNV** Tram 5, 8, 9, Haltestelle Hauptbahnhof; Bus 43, 44, Haltestelle Hauptbahnhof; U 1, 2, 3, 11, 22, Haltestelle Hauptbahnhof | **Öffnungszeiten** Mo–Fr 10–19 Uhr, Sa & So 10–18 Uhr | **Tipp** Natürlich das Neue Museum. Darin finden sich Sammlungen zu Malerei, Skulpturen, Fotografie, Videokunst und Installation ab den 1950er Jahren bis in die unmittelbare Gegenwart.

72 Musica

Rock Me Amadeus

Hier gibt es echte Raritäten. Werke »vollkommen unbekannter Komponisten«, amerikanische Spätromantik etwa, Klassik-CDs, für »die sich vielleicht 1.000 Menschen weltweit interessieren«.

Bei Udo Janik liegen sie im Nebenzimmer, und vermutlich muss er sie irgendwann übers Internet verkaufen. Aber käme heute jemand und würde danach fragen – er hätte sie im Angebot! Eine Fundgrube für Klassikfans, rund 15.000 Titel sind ständig verfügbar: von Frühbarock bis zeitgenössisch, von Klavier über Symphonieorchester bis hin zum Streichquartett. Mozart, Bach, Mahler stehen neben Crossover-Produktionen wie Purcell-Interpretationen der Lautenistin Christina Pluhar. Ergänzt durch ein ausgewähltes Sortiment an Jazz und Weltmusik, Musikbücher wie Komponistenbiografien oder Lexika und ein Bestellservice für Noten – natürlich mit Fachberatung.

Dass Klassik-Kunden immer seltenere und obendrein sehr anspruchsvolle Wesen sind, war Udo Janik von Anfang an bewusst. Trotzdem hat der ehemalige Siemens-Ingenieur seine private Leidenschaft 1997 zum Beruf gemacht. Eine Passion, die – ganz modern – im Kino entstanden ist: bei »Amadeus«, dem legendären Mozartfilm, der »gezeigt hat, dass Klassik keineswegs verstaubt ist«. Noch heute schwört Janik auf diese »Einstiegsdroge«: »Wer wenig Hörerfahrung hat, findet mit Mozart einen schnellen Einstieg. Mit der Zeit bekommt man Zugang zu schwierigeren Stücken.«

Im Dialog mit Stammkunden entwickelt sich das Sortiment ständig weiter. »Man lernt voneinander. Ich freue mich über jeden Tipp.« Und natürlich wird hier auch verführt: Selbst Klassik ist nicht zu feierlich, um ordentlich laut im Laden zu laufen – gespielt werden ausnahmslos Alben, die Janik selbst begeistern. Nebenbei bemerkt: Von seiner privaten Sammelleidenschaft ist der Klassik-Ingenieur durch das Geschäft längst kuriert. »Ich habe schon mehrfach CDs verkauft, die unwiederbringlich sind.«

Adresse Paulistraße 8, 91054 Erlangen, Tel. 09131/816130, www.musica.de, info@musica.de | ÖPNV Erlangen Hauptbahnhof oder Bus 253, 283, 286, 287, 288, 289, 293, Haltestelle Altstadtmarkt | Öffnungszeiten Di–Fr 10–18 Uhr, Sa 10–14 Uhr | Tipp Nur ein paar Schritte über den Marktplatz sind es zum »Kunstpalais Erlangen« im Palais Stutterheim, ein Ort der Schau und des Diskurses über internationale zeitgenössische Kunst.

73_Nahtwerk

Neues Leben für alte Stoffe

Auf Julia Harths Krawatten-Lager wäre mancher Mann neidisch. »So um die 1.000 Stück werden es wohl mittlerweile sein«, schätzt die Damenschneiderin. »Immer wieder bringen Leute welche vorbei. Wer sein Leben lang bei der Sparkasse gearbeitet hat, denkt bei Rentenbeginn gern an mich.« Genug Auswahl also, um aus acht oder zehn dieser Bürobegleiter eine schicke Damen-Weste zu nähen, die so wirkt, als hätten alle Teile schon immer zusammengehört.

Im Ladenatelier von Julia Harth verbindet sich modernes Up-Cycling mit der kreativen Lust daran, sich von einem – gebrauchten – Stoff zu etwas völlig Neuem inspirieren zu lassen. Aus alten, aber nach wie vor sehr hochwertigen Polsterstoffen, Tischdecken, Sitzbezügen oder Vorhängen – alle testgewaschen und in »1-a-Qualität« – näht Harth bunte Kleider, Röcke in verschiedenen Längen, Hüftschmeichler, Gamaschen, Gürteltaschen oder Jacken. »Schöne, bequeme Teile für jeden Tag«, die durch kleine Details zum Besonderen werden: ein Täschchen am Kleid, ein schöner Knopf als Hingucker oder die von der Tischdecke abgetrennte Borte, die als Rocksaum den Blick auf die Beine lenkt. Inspirieren lässt sich die Schneiderin von einem »Mix aus Asien, Mittelalter und Ethno, das Design ergibt sich auch oft schon aus dem Stoff«. Zur Kleidung sind so in jüngster Zeit auch große, ornamentverzierte Wandbehänge im Stil der 1920er Jahre gekommen.

Dass aus Dachbodenfunden, Flohmarkteroberungen oder Resten aus der Polsterwerkstatt hochwertige, perfekt verarbeitete und – vor allem – überaus tragbare Damenmode wird, spricht Julia Harths Verständnis von Handwerk und Nachhaltigkeit aus der Seele. Und trifft den Zeitgeist: »Wer etwas abgibt, freut sich, wenn er später seinen Stoff durch die Stadt laufen sieht.« So darf eine nie benutzte Tischdecke endlich ihr wunderschönes Muster zeigen. Und die Krawatte muss nicht mit ihrem Besitzer in Rente gehen.

Adresse Waagstraße 5, 90762 Fürth, Tel. 0176/80012812 | **ÖPNV** U1, Bus 125, 173, 174, 175, 177, 178, 179, Haltestelle Rathaus | **Öffnungszeiten** Di–Fr 12–19 Uhr, Sa 11–18 Uhr | **Tipp** Eine Hausnummer weiter, Waagstraße 3, befindet sich das kleinste Haus Fürths, ein sehenswertes Beispiel fränkischer Puppenstuben-Architektur.

74__Neef Confiserie Café

Kuchen im XXL-Format

Heutzutage muss man regelrecht danach suchen: echte Konditoreien, in denen der Kuchen aus der Backstube direkt in die Vitrine oder auf den Teller kommt. Wo täglich von fünf Uhr morgens bis in den Nachmittag hinein gebacken wird, mit frischen und saisonal ausgewählten Zutaten, und Pâtisserie-Kunst einhergeht mit Qualität und freundlichem Service.

Wir verraten Ihnen was: All das gibt's. Mitten im Herzen der Nürnberger Altstadt, seit über 40 Jahren, mit anhaltendem Erfolg. Wer die Confiserie Neef einmal für sich entdeckt hat, wird immer wieder den Weg hierher finden. Sommers, um die leckeren Obstkuchen aus Hefe- oder Mürbeteig mit Saisonfrüchten wie Erdbeeren, Himbeeren oder Mango zu genießen. Winters, weil es hier neben mehreren Lebkuchenvarianten auch um die 30 Plätzchensorten und besondere Spezialitäten wie die seltenen Weißen Lebkuchen und Lebkuchenstrudel gibt. Oder wie wäre es mit einer deftigen Quiche, süßen Marzipanfiguren, handgemachten Pralinen?

Um der Kundschaft einen zusätzlichen Reiz zu bieten, lässt sich Konditormeister Florian Neef, Nachfolger des 2011 verstorbenen Gründers Karl Neef, immer wieder etwas Originelles einfallen. Beispielsweise Weihnachtsplätzchen zu einem bestimmten Motto wie im letzten Jahr »Wir backen Ihren Koffer – Städtereisen«. Gefüllt war selbiger mit Pariser Sternen, Palermo-Talern und Izmir-Herzen. Außerdem schreibt er gleich seinem Vater Rezeptbücher, die im angeschlossenen Café ausliegen und erworben werden können.

Bei aller Innovationskraft darf eine Sache auf keinen Fall verändert werden – das Markenzeichen der Confiserie Neef: wagenradgroße Kuchen und Torten. Ein Stück misst etwa 25 Zentimeter in der Länge und wird traditionell auf einem Speiseteller gereicht anstatt auf handelsüblichem Kaffeeservice.

Der Erstbesucher staunt – und stellt nach dem ersten Bissen fest: Suche erfolgreich beendet.

Adresse Winklerstraße 29, 90403 Nürnberg, Tel. 0911/225179, www.confiserie-neef.de, neef-confiserie@gmx.de | ÖPNV Tram 4, 6, Haltestelle Hallertor; Bus 36, Haltestelle Hauptmarkt oder Weintraubengasse | Öffnungszeiten Mo–Fr 8–18 Uhr, Sa 7–17 Uhr | Tipp Steigen Sie hinab in die Kellergewölbe des nahe gelegenen Nürnberger Rathauses und besuchen Sie die mittelalterlichen Lochgefängnisse, in denen Gefangene die Zeit bis zu ihrer Verurteilung absaßen.

75__Nürnberger Lampenmanufaktur

Licht in seiner schönsten Form

Es werde Licht. Ob Gott dabei an die Nürnberger Lampenmanufaktur gedacht hat? Hier müsste es schon einen Stromausfall geben, damit sämtliche Lichter auf einmal ausgingen. In dem kleinen Geschäft wimmelt es nur so von Wand-, Decken-, Tisch- und Stehleuchten; die sonnengelb gestrichenen Wände tun ihr Übriges, um einen beinahe ein bisschen zu blenden. Mit ihrem hellen Schein, aber auch über die Schönheit der handgearbeiteten Lampen.

Werner Bornemann fertigt hier seit 2010 Leuchten nach historischen Vorbildern, vornehmlich aus der Epoche des Jugendstils und des Art déco. Kleinserienmäßig, aber niemals ohne persönliche Note. Jedes erhältliche Modell hat er zusammen mit seinem Bruder und einem Messinggießer aus Istanbul entwickelt. Wie nach dem Baukastenprinzip werden die Versatzstücke immer wieder neu zusammengesetzt. Brüniertes Messing und Glasschirme aus milchig-trübem Opalglas geben den Kunstwerken ihren antiken Charakter. Aber auch die Textil-Ummantelung der Kabel und die spezielle Formgebung mit den geschwungenen Linien und floralen Ornamenten versetzen die Erleuchteten zurück in die Zeit der Jahrhundertwende.

Apropos: Zu der Zeit, als es noch keine Lichtschalter gab, waren Zugleuchten aus keinem Haushalt wegzudenken. Mit Hilfe des ausgleichenden Gewichts konnte man die Lampen hoch- und herunterfahren, was das An- und Ausschalten sichtlich erleichterte. Die dekorativen Messingfassungen der Gründerzeit mussten jedoch schon mit Beginn der Bauhaus-Ära den Pendelzugleuchten weichen. Auch davon hängen im Geschäft einige von der Decke. Schließlich wird hier nicht nur Neues produziert, sondern auch Altes wieder fit gemacht.

Der Blick auf die Preisschilder macht stutzig. Je nach Fassung bekommt man die Liebhaberlampen schon ab 100 Euro. Da leuchtet's gleich noch mehr – und zwar in den Augen.

Adresse Albrecht-Dürer-Platz 5, 90403 Nürnberg, Tel. 0911/2446463, www.nuernberger-lampenmanufaktur.com, info@nuernberger-lampenmanufaktur.com | **ÖPNV** Tram 4, Haltestelle Tiergärtnertor; Bus 36, Haltestelle Burgstraße | **Öffnungszeiten** Mo–Fr 12–19 Uhr, Sa 10–16 Uhr | **Tipp** Fränkische Spezialitäten in der »Albrecht-Dürer-Stube« (Albrecht-Dürer-Straße 6) in einem der schönsten Nürnberger Fachwerkhäuser. Im Restaurant befindet sich eine Holzstützsäule von 1559.

76 Offizin Rudolf Rieß

Der Letzte seiner Zunft

In seiner Blütezeit im Spätmittelalter und der Frühen Neuzeit erwarb Nürnberg den Ruf als »Stadt der Handwerker«. Diesem Renommee blieb die Stadt jahrhundertelang treu – und tut es bis heute. Denn hier lebt Rudolf Rieß, der 1949 eine Lehre als Xylograph begann, als einer der Letzten, die dieser Tradition treu geblieben sind.

Städtische Behörden und Liebhaber des Kunstdrucks klopfen regelmäßig an die Tür der Offizin – so lautet die spätmittelalterliche Bezeichnung für Buchdruckereien, aber auch Apotheken. In seiner verwinkelten Werkstatt, die im Parterre eines alten Fachwerkhauses direkt in der Innenstadt liegt, fertigt Rudolf Rieß nach traditionellem Verfahren Holzschnitte und -stiche an, die für den Druck von Glückwunschkarten, Familiendrucksachen, Illustrationen für handgesetzte bibliophile Kunstbücher oder dem beliebten Sammlerobjekt Exlibris verwendet werden. Sein Handwerkszeug: ein geschliffener Holzblock aus hartem, ebenmäßigem Buchs-, Kirschbaum- oder Birnenholz, den man als »Druckstock« bezeichnet, sowie verschiedene Grabstichel für das Ausstechen der vorgezeichneten groben und filigranen Linien.

Rudolf Rieß ist jedoch nicht nur Xylograph. Ebenso beherrscht er die Kunst der Gravur, Typographie und Kalligraphie – und lässt jeden Computer neben sich alt aussehen. Einen solchen sucht man bei ihm vergebens, stattdessen vervollständigen Druckpressen, Setzkästen und unzählige Bleilettern die historische Werkstatt.

An Ruhestand denkt der heute 79-Jährige noch nicht. Viel zu sehr sei er mit Auftragsarbeiten, Seminaren und der wissenschaftlichen Betreuung von Projekten wie der Xylographen-Werkstatt des Museums für Druckkunst in Leipzig beschäftigt. Ein Glück für alle, die diese alte Kunst bewahren möchten. Aber ihr auch gewerblich nachgehen? Noch gibt es keinen offiziellen Nachfolger. Und so kann es passieren, dass aus einem traditionellen Handwerk bald eine seltene Kunst wird.

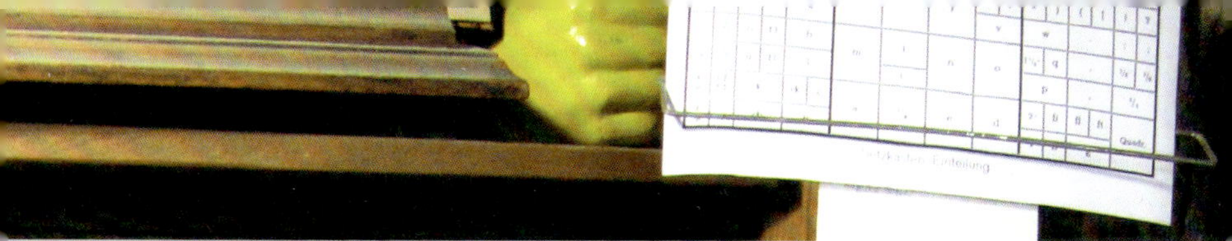

Adresse Schlehengasse 15, 90402 Nürnberg, Tel. 0911/224995, www.rudolf-riess.de, r.riess@rudolf-riess.de | ÖPNV alle U-Bahnen, Haltestelle Plärrer; Bus 34, 36, Haltestelle Plärrer; Tram 4, 6, Haltestelle Plärrer | Öffnungszeiten Mo–Fr 10–18 Uhr | Tipp Ein paar Hausnummern weiter, in der Schlehengasse 31, befindet sich das Irish Castle Pub, in dem regelmäßige Livemusik, ein monatliches Pubquiz sowie Whiskey-Tasting dasselbe irische Lebensgefühl vermitteln wie Guinness und Original Pub-Food.

77_Papierladen

Fest der Sinne

Neulich stand ein junger Mann im Laden und fragte nach einem Schreibheft. Er sitze an einem langen Brief. Ute Burkart hat das gefreut, denn »die große Zeit des klassischen Briefeschreibens ist eindeutig vorbei«. Ausgesprochen zeitlos ist dagegen die Freude, die schönes Papier Menschen bereitet. Und das gibt es in diesen hellen Räumen, zwischen Sandsteinsims und Fachwerkgebälk, zuhauf: liebevoll gestaltetes Geschenkpapier, in Leder gebundene Notizbücher, handgeschöpfte Briefpapiere oder farbige Bögen, die das gerahmte Passepartout erstrahlen lassen. Ein Sinnenfest für die Augen, das in Kindertage zurückversetzt. Wie lieb waren uns damals die Glanzbildchen, wie sorgsam gehegt das Poesiealbum. Schöne Dinge, die mit den Händen zu berühren eigentlich schon zu schade war.

So greifen wir vorsichtig die bunt bedruckten Bögen, durchstöbern Kästen mit Glückwunschkarten, Tischkärtchen oder Postkarten mit Stadtmotiven einer Erlanger Fotografin. Servietten, die garantiert zum Anlass passen, gibt es hier natürlich auch – wie etwa das Brezen- und Maßkrugmotiv in der Bergkirchweihzeit. Wer stilvoll aufbewahren oder verschenken will, findet mit verzierten Schachteln und Kästchen das Gewünschte.

Beliebt sind auch die Fotoalben oder Gästebücher, von Ute Burkart nach individuellen Vorgaben eigens gefertigt. »Viele Kunden wünschen sich etwa Hochzeitsalben, deren Einband genau zur Karte passt.« Einen Tag in der Woche zieht sich die gelernte Buchbinderin in ihre Werkstatt zurück und bindet Seite für Seite zum Buch, das den Besteller oft ein Leben lang begleiten wird. Auch Reparaturaufträge nimmt sie gern an: Omas Kochbuch erhält unter ihren Händen einen stabilen Einband, zerfledderte, aber im Herzen gebliebene Kinderbücher werden – fachmännisch verstärkt – der nächsten Generation vermacht. Und so mag es sein, dass der Brief oder die schriftliche Bewerbung »out« sind. Papier ist es nicht.

Adresse Wasserturmstraße 14, 91054 Erlangen, Tel. 09131/979855, www.papierladen-erlangen.de, email@papierladen-erlangen.de | **ÖPNV** Bus 253, 283, 286, 287, 288, 289, 293, Haltestelle Altstadtmarkt | **Öffnungszeiten** Mo, Di, Mi, Fr 10–18 Uhr, Do 10–19 Uhr, Sa 10–14 Uhr | **Tipp** Die Orangerie am Eingang zum Schlossgarten ist ein beliebter Ort für Hochzeiten. Zudem finden hier regelmäßig Konzerte statt.

78 Parras

Flüssige Feinkost

Wenn man Glück hat, trifft man Julia Parras direkt bei der Arbeit an. Nein, nicht hinter der Verkaufstheke, da steht sie allemal, sondern bei der Herstellung ihres hauseigenen Leinöls oder Kokosfetts.

Die Ölmühle – Schmuckstück des kleinen Ladens – ist mittlerweile beinahe jeden zweiten Tag in Betrieb. Das Öl, das aus biologischem Leinsamen hergestellt wird, gilt als die Spezialität des Hauses und schmeckt am besten frisch, weswegen es meist nur in kleinen Mengen gekauft wird. Dafür aber immer wieder. Geschätzte sechs Liter schafft die Mühle am Tag. »So genau kann ich das aber gar nicht sagen, weil ich schon während des Pressens immer wieder Fläschchen abfülle und verkaufe«, erzählt die Jungunternehmerin und lacht.

Ihre Leidenschaft für flüssige Essenzen kommt nicht von irgendwoher, ihre Eltern besitzen einen Laden im Nürnberger Stadtteil Mögeldorf. Mit dem eigenen Geschäft in der Nähe des Hauptmarktes hat sich Julia Parras einen Traum erfüllt. Hier verkauft sie neben hochwertigen Ölen verschiedener Hersteller auch über 40 ausgewählte Essige, darunter Raritäten wie einen 25 Jahre alten Balsamico oder Waldmeister- und Schokoessig. Vor allem im Sommer besonders beliebt sind die Fruchtessige, die exotische Salate, Süßspeisen oder Aperitifs veredeln. Jede Flüssigkeit darf gekostet werden, und Julia Parras gibt gern auch Rezepttipps, wie Mango-, Blaubeer- oder Haselnussessig am besten seinen Geschmack entfaltet.

Abgerundet wird das Sortiment durch eine Auswahl an Frucht- und Sahnelikören sowie Schnäpsen, die bevorzugt aus der Region stammen. Highlight ist sicherlich der fränkische Whisky, den man sich, genau wie alle anderen Flüssigkeiten, in Schmuckflaschen abfüllen lassen kann. Wer kein Geschenk sucht, sondern für den Eigenbedarf einkauft, kommt stattdessen mit seinem eigenen Behältnis vorbei. Am besten natürlich an einem Tag, an dem die Ölmühle gerade rattert.

Adresse Winklerstraße 10, 90403 Nürnberg, Tel. 0911/5430514, www.parras.de | **ÖPNV** Tram 4, 6, Haltestelle Hallertor; Bus 36, Haltestelle Hauptmarkt; U 1, 11, Haltestelle Lorenzkirche | **Öffnungszeiten** Di–Fr 10–13 & 14–18 Uhr, Sa 10–16 Uhr | **Tipp** Rund um den Hauptmarkt befinden sich die bekanntesten Bratwurstlokale Nürnbergs, darunter das »Bratwursthäusle« (Rathausplatz 1) oder »Bratwurst Röslein« (Rathausplatz 6). Die beliebten »Drei im Weckla« bekommt man aber auch an diversen Buden in den Einkaufsstraßen.

79__Perlenmarkt

Alles außer 0815

Wo treffen sich: die Abiturientin, die zum Sommerkleid noch ein individuelles Armband sucht, der Ingenieur mit gutem Willen, aber ohne passendes Geschenk für die Liebste, die Mutter, die noch schnell ein Event für den Kindergeburtstag organisieren muss? Vielleicht im Perlenmarkt, der in Erlangen schon seit 30 Jahren individuelle Schmuckwünsche jeder Art erfüllt und dabei von der selbst gefädelten Kette zum Materialpreis von um die fünf Euro bis hin zu Colliers internationaler Schmuck-Designer alles zu bieten hat.

Mit ein paar Setzkästen hat Seniorchefin Heidrun Schulze 1984 angefangen. Die Idee: »Schmuck zum Selbstzusammenstellen« – ein Konzept, das seitdem auf großes Interesse stößt. Aus einigen Händen voll Perlen ist heute ein Sortiment von 20.000 Artikeln geworden: Perlen, echter und Modeschmuck, Zubehör und mehr als 8.000 verschiedene Knöpfe. Mittlerweile führt Tochter Rike Ott das Geschäft, Enkelin Franziska steht als Azubi in den Startlöchern.

Doch zurück zur Abiturientin: Sie hat hier die Wahl zwischen Rocailles in 600 verschiedenen Ausführungen, Glas-, Natur-, Zucht- oder Edelsteinperlen – von Achat bis Rosenquarz –, Swarovski-Elementen, Renaissance-, Acryl-, Metallperlen. Gold, Silber, Edelstahl, Verschlüssen für Kette, Ohrringe oder Armbänder, Kettenbändern, Modellierdraht. Dazu ein Tischchen, an dem man alles vor Ort mit fachkundiger Unterstützung und gutem Werkzeug selbst zusammenfügen oder zusammensetzen lassen kann. Regelmäßig finden auch Kurse statt, in denen die richtige Technik vermittelt wird. Der Ingenieur? Findet hier hochwertigen Echtschmuck von Designern, die für ihre Unikate bekannt sind. Die Mutter? Kann die aufgedrehte Geburtstagsrunde der Tochter mit Loom-Armbändern zum Selbermachen so richtig begeistern. Ein Paradies für alle, die individuelle Schmuckträume verwirklichen wollen. Denn hier gibt es alles, nur nichts Beliebiges.

Adresse Bohlenplatz 12, 91054 Erlangen, Tel. 09131/88040, www.perlenmarkt-schulze.de, mail@perlenmarkt-schulze.de | ÖPNV Bus 284, 285, 294, Haltestelle Obere Karlstraße | Öffnungszeiten Mo–Fr 10–18 Uhr, Sa 10–15 Uhr | Tipp Entspannen im Grün des Bohlenplatzes oder fränkisch deftig speisen im »Alten Simpl«, Bohlenplatz 2.

80__Pillowfino

Patchwork und Gespensterkissen

Schöne heile Welt aus Stoff. In unseren Gedanken rattert die Nadel und klappert die Schere, hier möchte man versinken in Muster mit Blumenranken, sommerlichen Streifen oder englischem Landhausstil. Selbst wer nie genäht hat, bekommt prompt Lust, es einfach zu probieren: Hunderte Stoffe für Bekleidung, Dekoration, Vorhänge oder Kissen stehen zur Wahl. In Deutschland gewebter Plüsch in Bio-Qualität, englische Deko-, amerikanische Patchwork- und japanische Kokkastoffe, bunte Kindermuster oder Jersey- und Fleeceware, bei Kundinnen beliebt zum Nähen von Kinderjäckchen oder Loop-Schals. Auch die Inhaberinnen schwingen mit voller Begeisterung die Nadel. So kann das kleine Team um Susanne Terjung das Eintreffen einer neuen Stofflieferung noch immer kaum erwarten. Natürlich haben sie die Muster vorher schon gesehen, aber die Ballen selbst in den Händen zu halten, die zarten Strukturen zu fühlen – und erst das Träumen, was man Schönes damit machen könnte.

Begonnen hat alles mit selbst genähten Kuschelkissen. Terjungs kleiner Sohn war auf eine Gespensterparty eingeladen: statt Süßigkeiten als Mitbringsel nähte die Mutter flugs ein Gespensterkissen, was bei den Kleinen mehr Begeisterung weckte als Hui Buh und die rostige Rasselkette. Noch heute werden die im Laden verkauften Kissen – mit Motiven für Kinder oder Erwachsene –, die aufwendig verarbeiteten Nackenrollen oder niedlichen Wärmflaschenbezüge in Zirndorf genäht.

Auch individuelle Kissenanfertigungen oder Stickereien sind möglich – Letztere von einer Stickerin aus Wendelstein, »eine der letzten in der Region, die das noch wirklich gelernt haben«. Erhältlich sind zudem ausgefallene Borten und Bänder, verschiedenste Reißverschlüsse, Knöpfe, »eine gute Auswahl Handarbeitsbücher« sowie ein umfangreiches Kurzwarensortiment. Alles, was man eben braucht, um aus einem schönen Stoff ein Lieblingsstück zu kreieren.

Adresse Universitätsstraße 3, 91054 Erlangen, Tel. 09131/9749837, www.pillowfino.de, info@pillowfino.de | **ÖPNV** Bus 281, 283, 284, 285, 289, 293, 294, 295, Haltestelle Hugenottenplatz | **Öffnungszeiten** Mo–Fr 10–18 Uhr, Sa 10–14 Uhr | **Tipp** Hugenottenkirche am Hugenottenplatz: Der Grundstein für dieses imposante Bauwerk wurde 1686 gelegt – nur wenige Wochen nach Ankunft der ersten hugenottischen Glaubensflüchtlinge in Erlangen.

81 Pojng

Umhängen und einhüllen

Er schwört auf Leonie. Sie vertraut am liebsten Fritz Aktenordner und Laptop an. Was uns Tag für Tag begleitet, sollte treu und gern auch vorzeigbar sein – wie die Taschen des Labels Pojng. Die farbenfrohen, robusten und bis ins letzte Detail alltagstauglichen Beutel-, Henkel- und Riemenkreationen der Designerin Jutta Rohr laden zum Umhängen, Auspacken und Einhüllen ein. Im Fürther Ladengeschäft bieten sie – zwischen weißen Regalen an den Wänden und Zebrafell auf dem Parkettboden – Damen wie Herren ihre treuen Dienste an.

Die Couriertasche Leonie etwa und das Stauraumwunder Fritz, die knallgelbe lederne Lotte im Gondel-Look oder Max, das mobile Büro. Eine hier geschlossene Verbindung hält oft viele Jahre, denn Pojng steht für langlebige Qualität und zeitlosen Stil. Ihre Kollektionen lässt Jutta Rohr nach eigenen Entwürfen von einer deutschen Täschnerei-Manufaktur fertigen. Vor allem aus Leder, aber auch aus Filz, Baumwolle oder Fellimitaten entstehen Taschen, Mäppchen, Gürtel und Accessoires wie Geldbörsen oder Schlüsselanhänger.

Oberste Priorität: Jede Kreation hat absolut tragbar zu sein und so viel zu verstauen, wie mitmuss. Vor der Produktion testet Rohr die Prototypen ausgiebig: »Jedes Modell ist mit mir schon im Alltag durch dick und dünn gegangen. Da zeigt sich schnell, ob die Tasche für die Riemen zu schwer wird oder noch ein Innenfach fehlt.« Dazu kommt der Stil: Eine Tasche sollte tagsüber und abends funktionieren, zur Jeans oder zum Kleid passen. Doch kann eine knallorangene Business Bag das erfüllen? Sie kann, sagt Jutta Rohr. »Ich selbst würde eine Knallfarbe nicht als Kleidung an mir selbst tragen. Aber als Tasche, Schuhe oder Gürtel ist das schon fast ein Muss.« Überhaupt: So treu wie Leonie und Fritz muss ihr Träger längst nicht sein. Gilt doch für Taschen, dass man nie genug von ihnen haben kann. »Wenn man Lust auf eine hat, zieht man sie raus.«

Adresse Gustavstraße 58, 90762 Fürth, Tel. 0911/9711305, www.pojng.com, info@pojng.com | ÖPNV Bus 175, Haltestelle Grüner Markt | Öffnungszeiten Mi–Fr 12–18 Uhr, Sa 10–14 Uhr | Tipp Der »Gauklerbrunnen« am Grünen Markt.

82__Polsterei Christa Henninger

Unendliche Couch-Geschichten

Im Schaufenster steht ein flippiges Sofa mit ledernen Armlehnen und geblümten Polstern. Daneben beugt sich Christa Henninger über einen alten Holzstuhl, der bald in einem Whiskyladen stehen soll: Auf Rückenlehne und Sitzfläche klammert sie dunkelblaues Leder – »die Farbe peppt das gute Stück ein bisschen auf«. Ein großer Tisch zum Zuschneiden der Stoffe, Nähmaschine, Hammer und Seitenschneider: Unter den Händen der gelernten Polsterin bekommt Opas geliebter Ohrensessel ein neues Innenleben, Eckbänke erstrahlen in modernem Muster, Kaufhaus-Sofas werden mit neuem Bezug zum Unikat.

Wie vom Erdboden verschluckte Reisepässe, Murmeln, Münzen oder gar Strapse hat Henninger schon aus Sesseln und Sofas geborgen. Doch auch ohne Fundstücke erzählt jedes Möbel seine eigene Geschichte. »Bewegend ist, wenn Sofas im Krieg aus brennenden Häusern gerettet wurden. Oder eine junge Mutter einen Sessel bringt, in dem schon ihre Mutter sie als Baby gestillt hat«. Diesen Möbeln gibt Henninger durchs Restaurieren »ihre Geschichte wieder, weil sie nicht mehr auf dem Dachboden vergammeln, sondern in der Familie einen neuen Platz finden.«

Auch einfache Alltagsmöbel werden hier repariert, aufgepolstert und bezogen. Fast 1.000 Stoffe – von edel bis modern, von Leder bis Alcantara – stehen dafür zur Auswahl. Gern berät Henninger Kunden in deren Wohnung, was garantiere, dass der neue Bezug zur übrigen Einrichtung passe und das Möbelstück »zum Hingucker werde«. Durch ihre Arbeit hat sie schon viele Sofas oder Stühle vor dem Wegwerfen gerettet. »Etwas Beständiges zu schaffen, was Leuten Freude bereitet, ist mir sehr wichtig.« Auch geliebte, aber leider schon abgewetzte Muster landen deshalb nicht im Müll: Aus gut erhaltenen Stoffresten alter Sofas näht Henninger Überwurfdecken im Patchworkstil. So kann die Geschichte immer weitergehen.

Adresse Werkstatt: Theaterstraße 15, Büro: Pfarrhof 3, 90762 Fürth, Tel. 0911/314223 & 01577/3080603, www.diesofapolsterin.de, info@diesofapolsterin.de | **ÖPNV** Bus 172, Haltestelle Theaterstraße | **Öffnungszeiten** nach Vereinbarung | **Tipp** Alter Jüdischer Friedhof. Ein Blick auf das sonst nur mit Führung zugängliche Gelände ist unter anderem beim Eingangsportal in der Schlehengasse möglich.

83__Proudhouse

Verlieb dich neu!

Bei den meisten ist es Liebe auf den ersten Blick. Schlagartig, unerwartet und so intensiv, dass man sich nicht erklären kann, wie man jemals etwas anderes in seinem Haushalt hat dulden können. Er sieht aber auch einfach zu gut aus, da nimmt man sogar die Blessuren aus der Vergangenheit in Kauf. Der Neue besitzt schließlich eine Seele, hat viel erlebt und erzählt Geschichten, die uns in Nostalgie schwelgen lassen.

Nein, das Proudhouse ist keine Partnerbörse, sondern ein kleiner, feiner Laden für Vintage und Shabby Chic. Verliebt wird sich hier in Originalstücke aus vergangenen Jahrzehnten, ja sogar Jahrhunderten, die dem Geschäft von Kerstin Eichelsdörfer seine besondere Note geben. Von der Küchenwaage aus den 1950er Jahren über den Jugendstilbilderrahmen bis hin zur Biedermeiertischgruppe findet man immer wieder zauberhafte Einzelstücke und Raritäten, die die Inhaberin selbst mühsam zusammensammelt, liebevoll restauriert und zu moderaten Preisen weiterverkauft. Weil sie die Sachen nicht alle selbst behalten kann, ihnen aber ein neues, schönes Zuhause schenken möchte.

Die Sitzmöbel, Tischchen, Kommoden und Buffets im Vintagestil sind geschmackvoll mit Wohnaccessoires arrangiert, die das nostalgische Flair unterstützen, auch wenn sie auf keine lange Historie zurückblicken können. Denn das Sortiment an Originalstücken wird ergänzt durch Reproduktionen alter Gebrauchsgegenstände wie etwa Kerzenleuchtern, Brotkästen oder Etageren, und andere schöne Dinge ausgewählter Shabby-Chic-Produzenten, darunter Affari, Lisbeth Dahl oder Chic Antique.

Im Proudhouse lässt es sich wunderbar stöbern, und man findet schnell das eine oder andere hübsche Geschenk. Um das ganz besondere Unikat zu entdecken, das einen anlächelt und sagt: »Ich bin dein«, sollte man allerdings häufiger den Schritt über die Schwelle wagen. Denn in diesem Laden gilt das Motto: Sehen. Verlieben. Kaufen.

Adresse Obere Wörthstraße 18, 90403 Nürnberg, Tel. 01573/5752305, www.proudhouse.de, info@proudhouse.de | ÖPNV Bus 36, Haltestelle Weintraubengasse; U1, 11, Haltestelle Lorenzkirche | Öffnungszeiten Di–Fr 11–19 Uhr, Sa 11–17 Uhr | Tipp Das »Kontiki« in der Unteren Wörthstraße ist legendär. Durch die vielen Einrichtungsgegenstände aus Polynesien und eine exotische Speise- und Getränkeauswahl fühlt man sich immer ein bisschen wie im Urlaub.

84 Puppenklinik Peter Groß

Wo tut's denn weh?

Meistens ist es ein Arm- oder Beinbruch, manchmal aber auch ein Augenleiden. Im schlimmsten Fall hat der Hund zugebissen. Zum Glück weinen die Patienten in Peter Groß' Puppenklinik nicht, denn das würde ihm vermutlich das Herz brechen. Mit viel Hingabe und ruhiger Hand verarztet er seit über zehn Jahren Puppen und Teddybären aller Art und ist einer der wenigen noch aktiven Puppendoktoren in Deutschland.

Puppen aus Porzellan oder Celluloid, aber auch Marionetten, Wachs- oder Schaufensterpuppen wurden in dem alten Handwerkshaus am Unschlittplatz bereits wiederhergestellt, viele davon waren Liebhaberstücke aus den 1950er und 1960er Jahren oder Raritäten aus der Zeit um die Jahrhundertwende. »Der Wert einer Puppe aber geht letztlich immer vom Besitzer aus«, erklärt Peter Groß, »in den meisten Fällen steckt ja ein sehr hoher ideeller Wert dahinter.« Das trifft auch immer dann zu, wenn eine junge Mutter bei ihm auf der Schwelle steht und vorsichtig anfragt, ob er nicht die Lieblingspuppe ihres Kindes reparieren könne. Klar kann er. Ob Schildkröt, Barbie oder Baby born, in der Puppenklinik unterscheidet man nicht zwischen Privat- und Kassenpatienten, jedes der heiß geliebten Objekte verdient eine Chefarztbehandlung.

Trotzdem kommt es vor, dass Klebstoff, flüssiges Celluloid oder andere Hilfsmittel nicht ausreichen und nur noch der Blick ins Ersatzteillager bleibt. Rund 500 verschiedene Arme, Beine und Puppenköpfe haben sich hier über die Jahre angesammelt. Dennoch musste schon für so manchen Patienten monatelang recherchiert werden, bis endlich das passende Teil gefunden war. Ähnlich schwer zu kriegen sind Puppenkleider für antike Lieblinge, weshalb es im Laden eine Auswahl an handgefertigten Exemplaren zu kaufen gibt, ebenso wie vereinzelte restaurierte Sammlerpuppen.

Puppenmamis dürfen aufatmen. Solange es diese Klinik gibt, wird jedes Wehwehchen garantiert geheilt.

Adresse Unschlittplatz 12, 90403 Nürnberg, Tel. 0911/5902377 & 0172/8116275, www.puppenklinik-peter.de, pg-gross@web.de | **ÖPNV** Tram 4, Haltestelle Hallertor; Bus 36, Haltestelle Weintraubengasse; U 1, 11, Haltestelle Weißer Turm | **Öffnungszeiten** Mo–Fr 10–18 Uhr, Sa 10–13 Uhr | **Tipp** Auf dem Unschlittplatz tauchte 1828 das erste Mal das berühmte Findelkind Kaspar Hauser auf. Eine Gedenktafel an Haus Nr. 8 erinnert an dieses sonderliche Ereignis, das bis heute Rätsel aufgibt.

85__Puppenstube Leithner

Wunderland für Groß und Klein

Rauschgoldengel, Christbaumkugeln und Weihnachtsplätzchen gibt es auf dem Christkindlesmarkt zuhauf. Trotzdem scharen sich die Besucher Jahr für Jahr um den Stand der Familie Leithner. Tatsächlich: Hier gibt es die süßesten Lebkuchen, putzigsten Adventsgestecke und originellsten Zwetschgenmännle. Warum? Weil sie allesamt besonders klein und niedlich sind.

Der Stand beherbergt aber nicht nur Weihnachtsdekor im Miniaturformat, sondern auch Porzellanservice, Küchengeschirr, aus Modelliermasse gefertigte Naturalien und Blumengestecke, Mini-Möbel sowie die dazu passenden Puppenstubenfiguren. Was die wenigsten wissen: Die Familie Leithner betreibt ganzjährig ein eigenes Ladengeschäft. Die Anzahl der verschiedenen Artikel, die man dort begutachten kann, ist so mächtig, dass nicht einmal Inhaberin Claudia Leithner sie benennen kann: »Auf jeden Fall fünfstellig, wenn nicht sogar mehr.« Allein die Zahl der verschiedenen Tapetenmuster für die kleinen Zimmer liegt bei 453! Darüber hinaus gibt es Holzparkettböden, Dachschindeln, Kunststoff-Fliesen, Klinkersteine, elektrische Lampen, Steckdosenschalter – kurzum: alles, was zu einem »Hausbau« dazugehört.

Viele der Miniaturen werden von Anneliese Leithner, die das Geschäft 1981 mit ihrem Mann Kurt gegründet hat, selbst angefertigt. Die diffizile Arbeit liebt sie schon seit ihrer Kindheit.

Puppenstuben sind aber keine Frage des Alters. Kleine wie große Besucher bekommen leuchtende Augen, wenn sie den Laden durchstöbern, und nicht selten sind es die Erwachsenen, die ganze Städte und Schlösser errichten. Sogar das japanische Fernsehen hat einmal einen Beitrag über das Nürnberger Familienunternehmen gedreht.

Manche kommen aber auch, um nach passenden Utensilien für eine originelle Einladung oder Tischdeko zu suchen. Tolle Idee! Wie wär's gleich zu Weihnachten mit einem Nussknacker, Glühweinpott oder Minibäumchen?

Adresse Johannisstraße 133, 90419 Nürnberg, Tel. 0911/397254, www.puppenstube-leithner.de, puppenstube-leithner@t-online.de | **ÖPNV** Bus 34, Haltestelle St. Johannisfriedhof; Tram 6, Haltestelle Julienstraße | **Öffnungszeiten** Mo – Fr 9 – 18 Uhr, Sa 9 – 13 Uhr, März – Sept. Do geschlossen | **Tipp** Kleine, von Hand gemachte Kunstwerke sind auch die Sushi-Röllchen in der benachbarten Haru Bar (Schnieglinger Straße 11).

87 Samen Edler

Der einzig Überlebende

Jenes kleine gallische Dorf, das sich immer wieder gegen die übermächtigen Römer zur Wehr setzt und hartnäckig seinen Platz auf der Landkarte behauptet – genau daran fühlt man sich hier erinnert: »Früher gab es allein sechs Samenhändler in Nürnberg«, sagt Helmut Edler. Heute ist er der Einzige, der sich mit seinem Ladengeschäft in der Innenstadt noch halten kann. Dort verkauft er Blumen- und Gemüsesamen, Blumenzwiebeln, Schädlingsbekämpfungsmittel, Tiernahrung und Gartengeräte. Das Geschäft wurde 1958 von seinen Eltern wiederaufgebaut, ein Familienbetrieb erster Güte. Die Mutter stand selbst mit 82 Jahren noch hinterm Tresen, die Tante sogar mit 92.

Auch Helmut Edler hat die siebzig bereits überschritten, scheint aber einen Zaubertrank zu besitzen. Allerdings gibt auch er zu, dass es kein Leichtes ist, gegen die großen Gartencenter und Baumärkte zu bestehen, zumal kaum jemand im Profibereich heute noch Blumen und Gemüse ansät. »Man bekommt alles schon vorgezüchtet, als Jungpflanzen in Erde, und muss es dann nur noch im Gewächshaus aufschulen«, so das ernüchternde Resümee. Daher füllt Helmut Edler auch nur noch Tierfutter und vereinzeltes Saatgut selbst ab; die Tütchen mit dem Aufdruck »Samen Edler« sind heute beinahe Raritäten. Den Rest des Sortiments bezieht er von Samenzüchtern, die seinen hohen Qualitätsansprüchen genügen müssen.

Gegen nichts aufzuwiegen ist der Sachverstand, den sich der Samenhändler in mehr als 50 Jahren angeeignet hat. »Es gibt keine Frage, die ich nicht beantworten kann«, behauptet er selbstbewusst – und man glaubt es ihm aufs Wort. Kein Pflanzenschutzmittel, das er nicht selbst getestet hat, kein Trick, den er nicht kennt, um ein Gewächs zum Blühen zu bringen. Dieses Wissen an die Kunden weiterzugeben ist es, was ihn tagtäglich motiviert, das Geschäft weiterzuführen. Und es ist seine Geheimwaffe im Kampf gegen die Römer.

Adresse Hans-Sachs-Gasse 9, 90403 Nürnberg, Tel. 0911/2264139 | **ÖPNV** Bus 46, 47, Haltestelle Heilig-Geist-Spital; U 1, 11, Haltestelle Lorenzkirche (Ausgang Hauptmarkt) | **Öffnungszeiten** Mo – Fr 8.30 – 13 & 14 – 18 Uhr, Sa 9.30 – 12.30 & 14.30 – 17.30 Uhr | **Tipp** Im Heilig-Geist-Spital wurden von 1424 bis 1796 die Reichskleinodien aufbewahrt. Heute birgt es ein gutbürgerliches Restaurant und Weinstuben sowie eine Senioren-Wohnanlage. Ein bekanntes Nürnberg-Motiv ist der Blick von der Museumsbrücke auf das Spital.

88__Sandybel

Kuchen mit Stiel und Petticoat

Ganz zufällig ist hier eines zum anderen gekommen: Cake Pops – kugelrunde, bunt verzierte Küchlein am Stiel – hat Annabel Kuntz selbst in einem Laden gesehen und dann kurz entschlossen das Backen ausprobiert. »Nach drei Versuchen hat's geklappt«, und bald tourte sie gemeinsam mit Sandra León-Gallardo über Stadtfeste, Businessempfänge und Hochzeiten. Die Jung-Bäckerinnen, in geblümten Petticoats und mit Haartollen im Stil der 1950er Jahre, unterwegs auf rosafarbenen Damenrädern mit einem großem Korb voller Cake Pops vor dem Lenker: darin kugelrunde, aber auch als Figuren, Gegenstände oder Landschaften geformte Küchlein, wie ein Krokant-Strand mit tiefblauem Kuvertüre-Ozean und grünen Palmwedeln.

Mittlerweile sind die Cake Pops zum Beruf geworden, vor allem auf Partys oder als Geschenk ist das witzige wie leckere Gebäck gefragt. Ein jedes wird per Hand aus einer Grundmasse – mit einem cremigen Frosting gemischter, zerbröselter Rührkuchen – geformt und dekoriert. Die individuellen Themenkreationen der studierten Grafikdesignerin »Bel« Kuntz sind besonders beliebt: vom Tannenbaum und Osterhasen über die »Simpsons« und Dinosaurier bis hin zu »Drei im Weckla« für Brodwoscht-Fans oder Zauberwürfel für eine Achtziger-Jahre-Themenparty.

In der Fürther Südstadt haben Kuntz und »Sandy« León-Gallardo ein Ladengeschäft mit integrierter Backwerkstatt eröffnet und im verspielten Retrostyle eingerichtet – mit liebevoll restaurierten Möbeln und ganz viel Farbe in Rosa, Hellblau und Weiß. Bald wollen sie in dieser zuckersüßen Barbie-Welt auch ein kleines Café eröffnen. Schon heute kann man hier nach Voranmeldung das Backen und Dekorieren der Miniaturküchlein lernen: Für Kindergeburtstage ab acht Jahren, Junggesellinnenabschiede und alle anderen Cake-Pop-Fans bieten Sandy und Bel Backkurse an. Die Formen und Figuren dabei ergeben sich – natürlich – rein zufällig.

Adresse Amalienstraße 50, 90763 Fürth, Tel. 0911/96049608 & 0179/5014689, www.sandybel.de, info@sandybel.de | **ÖPNV** alle zum Fürther Hauptbahnhof oder Bus 177, 179, Haltestelle Paulskirche | **Öffnungszeiten** nach Vereinbarung | **Tipp** Logenhaus an der Ecke Amalienstraße/Dambacherstraße kurz vor dem Rednitzgrund. Das villenartige Gebäude in einem alten Garten bietet eine ehrwürdige Kulisse für Veranstaltungen und ist auch von außen sehenswert.

89 Der Schallplattenmann

A Kind of Magic

Es gibt Musikalben, die uns ein Leben lang begleiten. Weil sie wie gute Freunde mit uns wachsen und trotz mancher Trennung immer wieder die Seele bewegen. *Eric Burdon Declares »War«* etwa ist für Schallplattenmann Bernhard Sauer eine solche Scheibe: »Ein Album, das ich nur ganz selten höre. Aber wenn, dann ist es immer noch so magisch wie beim ersten Mal.«

Dieses Fünkchen Magie oder – profaner, aber objektiver – ein hoher Anspruch an Qualität und Originalität kennzeichnen Sauers CD- und LP-Sortiment. Ein Laden für alle, die ohne Musik nicht leben können. Nicht die Lieblinge der Plattenindustrie, sondern ausgewählte Werke der Stilrichtungen Rock, Pop, Singer-Songwriter, Indie, World, Roots, Blues und Jazz sind hier zu finden, darunter auch Werke regionaler Künstler. Außerdem eine kleine Auswahl an DVDs und Büchern: Keith Richards' Autobiographie etwa oder ein Band über britischen Folk-Rock der 1970er Jahre.

»Der Laden polarisiert«, sagt Sauer. »Die einen flüchten, weil sie kaum etwas kennen, die anderen wähnen sich im Paradies.« In jede CD kann man sich hier mit »gutem CD-Player und guten Kopfhörern« in Ruhe einhören. Bei den Kunden sind besonders die treffsicheren Empfehlungen beliebt. Mit seiner jahrzehntelangen Erfahrung im Plattenhandel und privater Musikleidenschaft seit frühester Jugend gilt Sauer vielen als wandelnde Enzyklopädie. Wer ungefähr weiß, welchen Stil oder Musiker er mag, wird mit ein, zwei neuen Freunden nach Hause gehen, die gewiss nicht nach dem zweiten Hören im Regal verstauben. »Mir ist wichtig, dass meine Kunden lange Freude an der Musik haben. Bevor jemand etwas kauft, was nicht passt, rate ich lieber ab.« Musik vom Schallplattenmann soll etwas beim Zuhörer bewegen, ihm den Spiegel vorhalten, inspirieren oder ein Stückchen weiser machen.

Der Anspruch an eine gute Platte? »Nach dem Hören nicht mehr derselbe Mensch zu sein.«

Adresse Fahrstraße 12, 91054 Erlangen, Tel. 09131/4000868, www.derschallplattenmann.de, info@derschallplattenmann.de | **ÖPNV** Bus 284, 285, 294, Haltestelle Obere Karlstraße | **Öffnungszeiten** Mo – Fr 11 – 18 Uhr, Sa 10.30 – 14.30 Uhr und nach Vereinbarung | **Tipp** Lust auf Indisch? Gleich um die Ecke in der Oberen Karlstraße 17 liegt das »Sur Mandir«, indisches Spezialitätenrestaurant, das Gäste die Schärfe der Gerichte fein abgestuft auswählen lässt.

90 Scherenschnittstudio

Schnipp-Schnapp

Wofür andere Künstler viel Übung und Geduld brauchen, benötigt Karin Dütz gerade einmal fünf bis zehn Minuten. Schnipp-Schnapp und eine paar feine Schnitte mit dem Grafikmesser, schon hält man ein Porträt in den Händen, das trotz Reduktion auf einen schattenhaften Umriss die charakteristischen Gesichtszüge klar erkennen lässt.

Auf weißes Papier geklebt und mit einem passenden Rahmen versehen, sind Scherenschnittporträts eine aparte Alternative zu Fotografien und sehen zudem noch richtig edel aus. Aber wussten Sie, dass das Silhouettenschneiden im 18. Jahrhundert nur deshalb so beliebt war, weil der Finanzminister Königs Ludwigs XV., Étienne de Silhouette, Farbe einsparen wollte? Das und vieles mehr über die diffizile Kunst erfährt man bei einem Besuch in dem kleinen Handwerkerbetrieb direkt in der Nürnberger Altstadt. Was aber noch wichtiger ist: Hier findet man eine große Auswahl an Scherenschnittbildern, Collagen, Kunstdrucken, Laserschnitt- und Motivkarten – fast ausschließlich Eigenkreationen – und kann sich sogar sein Wunschmotiv anfertigen lassen.

Karin Dütz hat ihr Hobby zum Beruf gemacht. Als freischaffende Scherenschnittkünstlerin war sie unterwegs auf Messen, übernahm Auftragsarbeiten für Werbung, Illustration und Privatkunden. Mit der Eröffnung des Ladens 1996 schränkte sie ihre Mobilität etwas ein, ist aber nach wie vor für Veranstaltungen buchbar und präsentiert im ersten Stockwerk des Fachwerkhäuschens Workshops und wechselnde Ausstellungen. Auch diverse Fernsehsender berichteten über ihre künstlerische Arbeit, so war sie unter anderem in Sendungen wie »Wir in Bayern« und »Sag die Wahrheit« zu sehen.

Besonders beliebt bei den Kunden sind Tier- und Pflanzenbilder. Aber auch die Karikaturen aus dem Berufs-, Alltags- und Sportbereich oder Märchenmotive kommen gut an. Wer also geglaubt hat, Scherenschnitte gäbe es nur in Form von Porträts, hat sich gehörig geschnitten.

Adresse Albrecht-Dürer-Straße 13, 90403 Nürnberg, Tel. 0911/2447483, www.scherenschnittstudio.de, karin.duetz@gmx.de | **ÖPNV** Tram 4, Haltestelle Tiergärtnertor; Bus 36, Haltestelle Burgstraße | **Öffnungszeiten** Di–Fr 13–18 Uhr, Sa & außerhalb der Öffnungszeiten nach Vereinbarung | **Tipp** Das Nürnberger Burgtheater (Füll 13) ist ein Theater für Kabarett und Kleinkunst. Bekannte Kabarettisten sowie aufstrebende junge Kabarett-Talente zeigen hier ihre neuesten Programme.

91 Das Schmuckzimmer

150 Schätze pro Quadratmeter

Willkommen im kleinsten Laden Nürnbergs! Auf gerade einmal dreieinhalb Quadratmeter verteilt sich das Sortiment des »Schmuckzimmers«. Einen passenderen Namen hätte es für den kleinen Raum, bestehend aus einem Schaufenster, einer Einbauvitrine, einem Sessel und einem Ablagetischchen, kaum geben können. Selbst die mit einem Spiegel verkleidete Rückwand kann nicht darüber hinwegtäuschen, dass hier nicht viel Platz für ein üppiges Warenangebot ist. Dennoch: Rund 500 Schmuckstücke bietet Inhaberin Gisela Meyer hier zum Kauf an.

Ihre persönliche Leidenschaft für antiken Schmuck hat sie 2001 dazu bewegt, das kleine Lädchen am Fuße der Kaiserburg zu übernehmen. Seitdem verkauft sie hier Ketten, Ohrringe, Ringe, Broschen und Armreife aus allen Stilepochen, vom Biedermeier über Jugendstil bis hin zu modernem Modeschmuck. Letzteren gibt es schon zu kleinen Preisen, für Raritäten wie den brillantbesetzten Jugendstilring hingegen kann schon mal ein vierstelliger Betrag anfallen. »Ich versuche, ein möglichst breites Spektrum anzubieten«, erzählt Gisela Meyer, »das vom alltagstauglichen Accessoire bis hin zum Sammlerstück reicht.« Besonders beliebt – auch bei jüngeren Schmuckfans – sind derzeit Gemmen, also Schmucksteine mit eingeschliffenem Bild, die es in Form von Ohrschmuck, Anhängern oder Broschen gibt. Auch Medaillons stehen hoch im Kurs.

Neben all den Preziosen ragt aber noch ein anderes Schmuckstück beispiellos heraus: das Haus, in dem sich das »Schmuckzimmer« befindet. Es ist eines der ältesten Gebäude der Stadt und befindet sich im Besitz der Altstadtfreunde, die es um die Jahrtausendwende aufwendig sanieren ließen. Dennoch birgt es einige Tücken. So muss Gisela Meyer ohne sanitäre Anlagen und mit winzigem Stauraum auskommen. Kein Wunder, dass die Öffnungszeiten eng begrenzt sind. Lassen Sie sich davon aber keinesfalls abhalten. Am herzlichen Empfang ändert das nämlich nichts.

Adresse Bergstraße 23, 90403 Nürnberg, Tel. 0173/5660745 | ÖPNV Tram 4, Haltestelle Tiergärtnertor; Bus 36, Haltestelle Burgstraße | Öffnungszeiten Mi 14–17 Uhr, Do & Fr 14–18 Uhr, Sa 11–14 Uhr | Tipp Unweit davon der Tiergärtnerturm, der als einziger Stadtturm seine eckige Form behalten hat und in dem wechselnde Ausstellungen der Künstlerklause Nürnberg stattfinden.

92__Schönheiten in Stoff

Immer wieder anders

Sie haben ein altes Lieblingskleid, das Sie nicht mehr anziehen können? Einen tollen Schal, dessen Löcher nicht mehr zu stopfen sind? Ein Stück Stoff aus Ihrer Kindheit oder ein Erbstück, mit dem Sie besonders schöne Erinnerungen verbinden? Egal, um welche Textilie es sich handelt: Hauchen Sie ihr doch einfach neues Leben ein. Wie? Indem Sie sie in die kreativen Hände von Michaela Mathibe und Réka Csoboth geben.

»Wir lieben Stoffe und sehen sofort, wie man sie miteinander kombinieren kann«, erklären die beiden Damen, die ihr Hobby – Nähen – vor elf Jahren zum (Neben-)Beruf gemacht haben. Ihre Kombinationen sind meist ungewöhnlich, nie identisch und schon gar nicht vorhersehbar – aber immer schön. So entstand auch der Name ihres Labels. »Als wir angefangen haben, haben immer alle gesagt: Ach, ist das schön! Man kann sagen, dass uns unsere Kunden den Namen gegeben haben.«

Leinen, Seide, Samt, Spitze, Filz oder Denim – entscheidend ist nicht das Material, sondern dessen Geschichte beziehungsweise das, was es den beiden Designerinnen erzählt. Das Zusammenspiel entsteht erst im Machen, also nicht nach vorgefertigten Mustern, und jedes handgefertigte Mode- oder Wohnaccessoire, das man im Laden erwerben kann, ist ein Unikat. Zwar produzieren die beiden »Schönheiten« auch mal kleine Serien, aber zweimal exakt dasselbe Teil anfertigen? Höchst ungern!

Es darf alles, nur nicht langweilig werden. Deshalb gestaltet sich das Sortiment auch ausgesprochen abwechslungsreich. Kissen, Poufs, Vorhänge, Tischläufer, Schals, Stolen, Täschchen, Brillenetuis und Stulpen gehören zum Selfmade-Repertoire, abgerundet wird das Ganze mit Kommissionsware, die in Farbe und Form dazu passt.

Immer ein wenig besonders eben. Genau wie Omas Spitzenstola – die jetzt ein modischer Loopschal ist.

Adresse Weinmarkt 12, 90403 Nürnberg, Tel. 0911/2774263, www.schoenheiten-in-stoff.de, kontakt@schoenheiten-in-stoff.de | **ÖPNV** Tram 4, 6, Haltestelle Hallertor; Bus 36, Haltestelle Hauptmarkt oder Weintraubengasse | **Öffnungszeiten** Di–Fr 11–18 Uhr, Sa 11–16 Uhr, Mi 14–17 Uhr | **Tipp** Wer gern selbst Hand anlegt, findet im Fachgeschäft »Tolle Wolle« (Weinmarkt 10) garantiert das passende Garn.

93__Schraubenhandel Fürth

Von Alu-Kalotte bis Zollgewinde

Was haben Eisenwaren mit Emotionen zu tun? Vermutlich nicht viel, werden Sie denken - aber falsch: Verzweiflung, Staunen und große Erleichterung begegnen Ana-Maria Pylypiw und ihrem Team fast täglich: Wenn Kunden nach langem Suchen in Baumärkten endlich das Gewünschte finden. Oder das Päckchen Schrauben zwar gleich viel wie woanders kostet, dafür aber die fünfzehnfache Menge enthält. Oder es doch nicht an uns, sondern am falschen Untergrund liegt, dass der verwendete Dübel partout nicht halten will.

Seit 35 Jahren löst dieses Geschäft mechanische Verbindungsprobleme jeglicher Art. Schrauben, Haken, Flachwinkel, Hülsen, Zugfedern – zum riesigem Angebot an Eisenwaren kommt eine große Auswahl an Markenwerkzeugen, etwa Schraubenschlüssel für Gewindegrößen von M1 bis M48, Bohrer für jeden Untergrund oder Elektrowerkzeuge. Die kleinste Schraube, die hier erhältlich ist, tut ihren Dienst in Brillengestellen oder filigranen Modellbauteilen. Die größte mit M48-Gewinde liegt dagegen schwer wie eine Hantel in den Händen und wird etwa im Formenbau verwendet.

So vielfältig wie das Angebot ist auch das Publikum: Handwerker, die hier im Gegensatz zum Großhandel auch Einzelteile kaufen können; Leute aus der Nachbarschaft, die eben mal was befestigen wollen; Hobbybastler. Sie alle werden überaus freundlich und kompetent beraten, egal ob sie nun eine Schraube oder gleich 30.000 mitnehmen wollen, egal ob Profi oder Amateur. »Viele meinen, sie müssten in einem Fachgeschäft viele Fachbegriffe benutzen«, sagt Pylypiw mit einem Lächeln. »Oft kommt dann einiges durcheinander, aber das ist kein Problem, weil wir uns im Gespräch Schritt für Schritt an die richtige Lösung herantasten.« Denn schließlich geht es hier um Emotionen. Wenn nämlich der alte Koffer dank neuer Scharniere endlich wieder auf große Reise geht oder einfach nur eine lange Suche ihr glückliches Ende findet.

Adresse Ludwigstraße 27, 90763 Fürth, Tel. 0911/774114, www.schraubenhandel-fuerth.de, kontakt@schraubenhandel-fuerth.de | **ÖPNV** S 1, Haltestelle Fürth Hauptbahnhof | **Öffnungszeiten** Mo–Fr 8–17.30 Uhr, Sa 9–12 Uhr | **Tipp** Mediterraner Kurzurlaub im »Ristorante La Palma« in der Karlstraße 22–24, das für seine hausgemachte Pasta, frischen Fisch und italienische Delikatessen bekannt ist.

94__Scotch Broth Whisky & Whiskyakademie

To taste or not to taste

Nein, einen Schottenrock muss man hier nicht tragen, aber zu keinem anderen Ort in Fürth würde das karierte Beinkleid so gut passen. Die schwere Tür fällt ins Schloss, und wir befinden uns in einem schottischen Club. Eine lange Tafel unterm Kronleuchter, Standuhren, karierte Sessel und weiche Ledersofas vor weinroten Wänden: Hier fühlt sich der Kunde wie ein echter Laird, und der Hausherr – der ist vor einigen Jahren tatsächlich im Auftrag des Grandmasters des »Order of Saint Andrew« zum Ritter und Chevalier geschlagen worden, für seine Verdienste als Kulturbotschafter.

Um die Kultur in Fass und Flasche, gefüllt mit edlen Malt Whiskys, geht es bei Andreas Hertl. »Die Aromenvielfalt von Whisky übersteigt die von Wein bei Weitem.« Die Tiefe des Angebots reicht von schottischen Single Malts – darunter viele Raritäten wie Abfüllungen von nicht mehr existierenden »Lost Destilleries« – über Sherryfasslagerungen und Islay-Whiskys bis hin zu Single Malts aus Japan; hinzu kommen ausgewählte Cognac-, Rum- und Ginsorten.

»Es gibt hier das, was es woanders nicht gibt«, sagt Hertl. Und das sogar oft nur für kurze Zeit, manche Lieferungen sind schon vor ihrem Eintreffen komplett verkauft. Doch wer leer ausgegangen ist, hat vielleicht Glück und kann die rare Ware in einem Tasting probieren: Bei diesen regelmäßig stattfindenden Verkostungen schmecken sich die Teilnehmer bei Fingerfood und Begleitgetränken durch bestimmte Whiskythemen, die feinen Unterschiede werden erklärt und Aromen benannt. Für Spezialisten bietet Hertl sogar eine eigene Whiskyakademie: die Lieblingsspirituose von A bis Z, in mehreren Semestern erarbeitet. Natürlich nie ohne einen Wee Dram, den guten Schluck auf Kosten des Hauses, der bei Scotch Broth ohnehin selbstverständlich ist: Fast jeden Whisky kann man hier vor dem Kauf probieren, »auch die ganz teuren«. Das freut sogar echte Schotten, die gern vorbeischauen.

Adresse Königstraße 33, 90762 Fürth, Tel. 0172/8322848, www.whisky-akademie.de, scotch-broth@gmx.net | **ÖPNV** U1, Bus 125, 173, 174, 175, 177, 178, 179, Haltestelle Rathaus | **Öffnungszeiten** Fr 17–19 Uhr, Sa 10–14 Uhr und nach Vereinbarung | **Tipp** Ein paar Hausnummern weiter, Königstraße 27, befindet sich im barocken Sandsteinbau das Wilhelm-Löhe-Haus. Besichtigungen des Geburtszimmers des Theologen mit kleiner Ausstellung sind nach Vereinbarung möglich.

95 Secondo Nobile

Luxus für jedermann

Hermès, Prada oder René Lezard – wer in Nürnberg nach diesen und ähnlichen Marken sucht, begibt sich für gewöhnlich in die Kaiserstraße. Dass Luxusshopping aber auch anders geht, beweist Rosa Maria Fößel mit ihrem Geschäft Secondo Nobile, welches nur ein paar 100 Meter weiter in der Winklerstraße liegt. Seit über zehn Jahren verkauft sie dort ausgewählte Designermode aus zweiter Hand.

An den Kleiderstangen reihen sich Jacken, Mäntel und Kleider bekannter High-Fashion-Marken wie Burberry, Yves Saint Laurent, Jil Sander oder Dior. Das Angebot an Taschen und Accessoires reicht von Gucci über Fendi bis hin zu Louis Vuitton, und in den Schuhregalen entdeckt man Exemplare aus aktuellen Kollektionen von Miu Miu oder Dolce & Gabbana. Die Liste ließe sich endlos fortsetzen. Gemeinsam sind allen jedoch die besondere Qualität und ein einwandfreier Zustand. Speziell bei Schuhen handle es sich oft um ungetragene Ware, verrät die Besitzerin, denn hier werden bekanntlich die meisten Fehlkäufe getätigt.

Ihre Ware erhält Rosa Maria Fößel ausschließlich auf Kommission und von Privatpersonen, die das teure Stück Stoff lieber heute als morgen aus ihrem Kleiderschrank verbannen möchten. Fast täglich bekommt sie etwas angeboten, die meisten rufen an oder bringen die Sachen direkt zur Inspektion vorbei. Und was des einen Leid, ist des anderen Freud, denn bei Secondo Nobile gibt es die hochwertigen Markenartikel meist schon zu einem Drittel des Originalpreises. Da verwundert es nicht, dass begehrte Stücke innerhalb kürzester Zeit weiterverkauft werden. Grundsätzlich aber wird jedes Teil bis zu einem halben Jahr im Laden behalten.

Klar, wer auf Nummer sicher gehen möchte, wird sein Lieblingsstück wohl auch weiterhin in der Kaiserstraße suchen. Wer hingegen Lust hat, auf Entdeckungsreise zu gehen und dabei wahre Schnäppchen zu machen, der ist hier an der richtigen Adresse.

Adresse Winklerstraße 16, 90403 Nürnberg, Tel. 0911/5984430 | **ÖPNV** Tram 4, 6, Haltestelle Hallertor; Bus 36, Haltestelle Hauptmarkt; U 1, 11, Haltestelle Lorenzkirche | **Öffnungszeiten** Di–Fr 12–17 Uhr, Sa 11–16 Uhr | **Tipp** Das Atelier Urban (Winklerstraße 13) hat sich auf italienische Wohnideen spezialisiert. Als einziges Geschäft in der Region führt es Home-Accessoires des Kultlabels Missoni.

96__Sedat's Schlüggla

Der fränkische Türke

Ein wenig nach Hollywood klingt die Geschichte von Sedat Kudal: Vom Einwandererkind mit schlechten Deutschkenntnissen und einer holprigen Schullaufbahn ackerte er sich langsam hoch zum Jungunternehmer, der mit einer genialen Idee und eisernem Willen die Herzen der zugegebenermaßen oft stoffeligen Franken berührt hat. Wie er das geschafft hat? Mit Bier natürlich!

»Ich bin der erste fränkische Türke, der sein eigenes Bier auf den Markt gebracht hat«, erzählt er stolz. Die Inspiration dafür zog er aus den vielen guten fränkischen Biersorten, die er erst vor ein paar Jahren kennen- und lieben lernte – als er nämlich 2006 eine Tankstelle pachtete und nach einem Lockmittel suchte, das dem angeschlossenen Getränkemarkt wieder Leben einhauchen sollte. Ein fränkisches Bierparadies sollte es werden; beim Durchprobieren stieß er auf so unterschiedliche Geschmacksrichtungen, dass er sich bald selbst an eine Rezeptur wagte. Ein Bier, das die Essenzen des hellen, dunklen und Pils-Biers miteinander vereinte, goldbraun in der Farbe, würzig und dennoch süffig – »Sedat's Schlüggla« war geboren, die erste von mittlerweile sieben Eigenkreationen, die er in Zusammenarbeit mit der Brauerei Wagner in Merkensdorf produziert.

Im April 2014 dann der nächste Coup: Sedat Kudal eröffnet einen eigenständigen Getränkemarkt, in dem er rund 400 Biersorten regionaler Kleinbrauereien anbietet. Dazu ein paar exklusive Weine, Geschenkboxen, Tabakwaren, importiertes Knabberzeugs aus Amerika und natürlich der Türkei. »Schon als ich Sedat's Schlüggla kreiert habe, hatte ich dieses Konzept eines modernen und außergewöhnlichen Getränkemarkts im Kopf«, so der lokale Star der Integration. Sieben Jahre später hat er sich seinen Traum erfüllt.

Und Hollywood? Nein, die haben ihn noch nicht angerufen. Aber wenn wir etwas aus Sedat Kudals Geschichte lernen können, dann ja wohl das: Man sollte niemals aufhören zu träumen.

Adresse Am Kohlschlag 10, 90571 Behringersdorf, Tel. 0911/54847954, www.sedats-schlüggla.de, info@sedats-schlüggla.de | **ÖPNV** Regionalbahn R3, Haltestelle Behringersdorf Bahnhof; Bus 40, Haltestelle Behringersdorf Bahnhof | **Öffnungszeiten** Mo–Sa 8–20 Uhr | **Tipp** Das Behringersdorfer Barockschloss aus dem 18. Jahrhundert war ein Herrensitz der Patrizierfamilie Tucher und ist heute noch in Familienbesitz. Das Schloss ist daher nur von außen zu besichtigen.

97__Senfgelb

Einer ist nie genug

So schnell kann's gehen. Knapp ein Dreivierteljahr lang verkaufte Marina Wachsmann Schmuck und Kunsthandwerk ihres Labels »Senfgelb« in ihrem Ladenatelier in Gostenhof, schon stand die Eröffnung eines zweiten Ladens auf dem Programm. Diesmal in St. Johannis und mit Hauptaugenmerk auf Antiquitäten und schönen Dingen im Vintagestil.

Wie es dazu kam? »Es schauten immer wieder Leute vorbei, die meine Möbel, Lampen und anderen Einrichtungsgegenstände kaufen wollten und enttäuscht waren, dass es sich hierbei um die unverkäufliche Deko für meinen Schmuck handelte«, erzählt die Jungunternehmerin. »Aber da ich selbst ein Faible für Inventar im Vintagestil habe und bereits eine große Sammlung besitze, lag es nahe, einen zweiten, speziell darauf ausgelegten Laden zu eröffnen.« Seitdem radelt sie fast täglich zwischen den beiden Stadtteilen hin und her, die durch die gemütlichen Pegnitzauen miteinander verbunden sind.

Selber machen, formen, gestalten und mit Farben spielen – all das faszinierte Marina Wachsmann schon als Kind. Dennoch entschied sie sich nach dem Abitur erst einmal für ein solides Studium. Gefäßkeramik und Schmuck fertigte und verkaufte sie nur so ein bisschen nebenher. Bis sie mit den Bestellungen nicht mehr nachkam. Verständlich, denn die Ohrringe, Anhänger, Ringe und Broschen aus Keramik, Steinzeug und Vintagematerialien, die mit farbenfrohen Glasuren veredelt werden, sind ein klarer Fall von Augenweide. Zudem sind sie erschwinglich, denn der Großteil des Sortiments ist Modeschmuck. Die Designerin verarbeitet aber auch Echtsilber und andere Edelmetalle. Unser persönlicher Staun-Tipp: Schmuckstücke mit echten, in Kunstharz eingegossenen Blüten.

Ein wenig Nostalgie schwingt immer mit. »Dadurch entsteht diese besondere, angenehme Atmosphäre«, meint Marina Wachsmann. Sie hat recht. Von daher hätten wir nichts dagegen, bald auch »Senfgelb«-Laden Nummer drei zu entdecken.

Adresse Bärenschanzstraße 103, 90429 Nürnberg & Helmstraße 10, 90419 Nürnberg, Tel. 0176/31427188, www.senfgelb.com, senfgelb@freenet.de | **ÖPNV** Gostenhof: U 1, 11, Haltestelle Bärenschanze; St. Johannis: Tram 6, Haltestelle St. Johannisfriedhof; Bus 34, Haltestelle Großweidenmühlstraße | **Öffnungszeiten** Gostenhof: Mi–Fr 12–18 Uhr, Sa 12–19 Uhr; St. Johannis: Mi–Fr 18–20 Uhr, Sa 13–18 Uhr | **Tipp** Ein Spaziergang durch die Pegnitzauen führt Sie vom einen zum anderen Laden und dauert gerade einmal eine Viertelstunde.

98__Senfladen

Mittelscharfer Dürer

Scharf, mittelscharf, süß. So weit, so Senf, denkt sich der Franke und klappt fast aus den Socken, wenn Inhaberin Elke Kokott das Sortiment des ersten und bisher einzigen Nürnberger Senfladens erklärt. Mehr als 230 Sorten Senf sind ständig im Angebot: von süß-scharf über pikant-scharf bis sehr scharf, von alkoholisch bis fruchtig, von Albrecht-Dürer-Senf als mittelscharfes Nürnberg-Souvenir, über Eierlikör-, Hagebutten-, Papaya- bis hin zu Sternzeichen-Zwillinge- oder Tor-zur-Hölle-Senf. Außerdem gibt es Senfsuppen, in Senf eingelegte Früchte, Senfpralinen und eine kleine Auswahl an Gewürzen und Würzkonfitüren.

Wer einmal auf den Senf gekommen ist, wird hier schnell Stammkunde. Doch gilt das Würzkorn noch immer als kulinarischer Geheimtipp. Elke Kokott ist eine echte Senfpionierin, die viel erklärt, berät und Tipps für Rezepte gibt. »Senf ist vielseitig und geht einfach zu allem«, sagt sie. Fleisch, Wurst, Käse oder Fisch erhielten so den richtigen Pfiff, Soßen und Salatdressings sowieso. Auch bei Erkältungen wirke der Senf als Brustwickel wahre Wunder oder helfe im Fußbad gegen Durchblutungsstörungen.

Jede einzelne Sorte im Laden hat Elke Kokott eigens verkostet und für gut befunden. »Wichtig ist ein stimmiger, runder Geschmack.« Genuss ist also garantiert, und die Qual der Wahl wird leichter, wenn man sich über das »Wie scharf?« und »Zu welcher Speise?« im Klaren ist. Besonders für fortgeschrittene Senfgenießer sind auch Herkunft und Machart der gelben Würze interessant: Der Senfladen steht für höchste Qualität. Alle Lieferanten sind kleine, inhabergeführte Senfmühlen, die die Körner ausschließlich kaltvermahlen. So bleiben die ätherischen Öle erhalten, die jedem Senf die eigene Note geben. Ein Zusatz von Aromen, wie bei Industriesenfen üblich, ist weder nötig noch gewollt. Denn vielfältig soll er sein, der Senf. Und nicht nur scharf, mittelscharf, süß.

Adresse Bergstraße 27, 90403 Nürnberg, Tel. 0911/3944977, www.senf-laden.de, senfladen@franken-online.de | **ÖPNV** Bus 36, Haltestelle Burgstraße | **Öffnungszeiten** Di–Fr 10–18 Uhr, Sa 11–18 Uhr | **Tipp** Fränkische Spezialitäten (auch mit Senf) im Gewölbekeller aus dem 12. Jahrhundert in der »Alten Kuch'n« (Albrecht-Dürer-Straße 3) – wie im Mittelalter schmausen beim Ritter- und Kaiseressen.

99__Shushu

Schuhtick mit Folgen

Was tut man, wenn der Lieblingsschuhladen zumacht? Ganz einfach: Man eröffnet eine eigene kleine Boutique und kauft exakt die Marken ein, die man nun so schmerzlich vermisst. Bei Christina Lottes ist es genauso gelaufen. Zudem wollte sich die professionelle Styling- und Make-up-Artistin ein zweites Standbein schaffen. Seit zehn Jahren nun erweist es sich als sehr belastbar. Ihr Erfolgsgeheimnis? Schuhe, Kleider und Accessoires, die es nicht überall gibt und die Menschen ansprechen, denen Mode noch als Ausdruck von Individualität und Kreativität gilt.

Am Anfang stand die italienische Schuhmarke »Vic Matié«, die auch heute noch einen Schwerpunkt im Sortiment bildet. Nach und nach kamen dann andere internationale Marken hinzu wie beispielsweise »Wonders«, »INK« oder »Ilse Jacobsen«. Dazu ein bisschen Schmuck von »Icon« oder »Uno de 50« und ein ausgewähltes Taschenangebot, das von »Ina Kent« über »FAB« bis hin zu »Raison d'Etre« reicht. Seit ein paar Jahren vertreibt Shushu auch Kleidung, bevorzugt von »Lanius« oder »King Louie«.

Bei der Auswahl der Labels achtet Christina Lottes immer darauf, dass sie nicht in zahlreichen anderen Geschäften in Nürnberg erhältlich sind. Sollten doch einmal zu viele Nachahmer gesichtet werden, wird das Label durch eine andere Marke ersetzt. Damit gewährleistet Christina Lottes ihren Kunden die Exklusivität, die sie selbst zeit ihres Lebens an Mode schätzt, die jedoch immer schwerer zu erreichen ist. Exklusiv heißt bei Shushu aber nicht immer gleichzeitig teuer. Zu jedem Lieblingsstück findet man auch eine preislich akzeptable Alternative, weswegen sich Kunden verschiedenster Couleur gern bei ihr umschauen.

Das Konzept scheint aufzugehen, denn mittlerweile ist die Boutique zu Christina Lottes' erstem Standbein geworden. Die Liebe einer Frau zu ihrer Schuhmarke ist nicht umsonst legendär und sagenumwoben. Auf dem Schuhtick steht es sich stabil. Einen Probelauf, bitte!

Adresse Weinmarkt 1, 90403 Nürnberg, Tel. 0911/2425361, www.shushu-nbg.de, info@shushu-nbg.de | **ÖPNV** Tram 4, 6, Haltestelle Hallertor; Bus 36, Haltestelle Hauptmarkt oder Weintraubengasse | **Öffnungszeiten** Mo – Fr 11–18.30 Uhr, Sa 11–16.30 Uhr | **Tipp** In der imposanten Sebalduskirche ruht der Nürnberger Stadtpatron St. Sebald in einem Schrein von außergewöhnlicher Schönheit, geschaffen von dem Nürnberger Erzgießer Peter Vischer.

100_Sine

Abgefahrenes Upcycling

Ein geflickter Fahrradschlauch wird hier zum Kultobjekt. Dann nämlich, wenn aus ihm eine Tasche genäht ist, ein Federmäppchen, Kosmetikbeutel oder die Laptophülle nach individuellen Maßen. Doch ist der Flicken heutzutage eher selten – was ihn umso attraktiver macht: 80 Prozent der alten Schläuche, die Brigitte Wullenweber – Spitzname Sine – von einem Fahrradgeschäft bekommt, sind nicht geflickt. »Und ich klebe auch nicht extra welche drauf, auch wenn Kunden gerade nach Flicken auf den Taschen suchen.«

Mit alten Stoffen – die Wegwerfgesellschaft als Rohstofflieferant –, frischen Ideen und einer Pfaff-Nähmaschine hat sich die studierte Musikwissenschaftlerin und begeisterte Fahrradfahrerin den Traum vom eigenen Geschäft erfüllt: Hinten wird genäht, vorne lockt ein großes Sortiment aus eigenen und zugekauften Produkten. Taschen und Täschchen aus Schlauchmaterial, Jeansstoff, Fischfuttersäcken, alten Kaffeetüten oder Lkw-Planen; Ohrringe und Eierbecher aus recycelten Skateboards, bunte Regenhauben aus Wachstuch, Gürtel aus abgefahrenen Fahrradmänteln, Steckenpferde oder Bastelsets für Papiermaschinen. Ein Laden mit hohem Verführpotenzial: Vor allem wer vom virulenten Taschenvirus besessen ist, wird hier im Handumdrehen schwach: »Viele kommen, weil sie ein Geschenk suchen, und entdecken dann etwas für sich selbst.«

Auch wer sich von Omas Vorhang, dem alten Pulli oder der geliebten Jeans nicht trennen mag, kann diese hier gekonnt »upcyceln« lassen: Wullenweber näht daraus gern eine »garantiert einzigartige« Tasche. Für diesen Zweck stehen im Laden auch mehr als 100 verschiedene Stoffe zur Auswahl, gefertigt wird nach Maßen und Designvorstellungen des Kunden. Oder man lässt sich einfach von einer frischen Idee überraschen – Prototypen aus immer neuen Materialien entstehen hier fast wöchentlich. Manch einer wird zum Kultobjekt.

Adresse Fahrstraße 11, 91054 Erlangen, Tel. 09131/9732050, www.sine-design.de, bw@sine-design.de | **ÖPNV** Bus 284, 285, 294, Haltestelle Obere Karlstraße | **Öffnungszeiten** Mo & Mi 10–18 Uhr, Di & Do 10–15 Uhr, Fr 10–14 Uhr | **Tipp** Erlanger Biertradition: Nur einen kurzen Spaziergang entfernt liegt die »Kitzmann-Brauerei« mit Bräuschänke, Südliche Stadtmauerstraße 25.

101 Soulfood Low Carberia

Schlanke Dickmacher

»Ich muss Essen nur anschauen, schon nehme ich zu.« Sie kennen diesen Spruch? Sie haben ihn vielleicht sogar selbst schon einmal beim Anblick süßer Leckereien mit einem niedergeschlagenen Seufzer von sich gegeben?

Jasmin Mengele sagt's – und lacht dazu. Wer die zierliche Brünette sieht, mag allerdings kaum glauben, dass sie sich ihr Leben lang mit Figurproblemen herumgeschlagen hat. Bis zu dem Tag, an dem sie Low Carb, also kohlenhydratarme Ernährung, für sich entdeckt hat. Aber komplett auf Kuchen & Co. verzichten? Bitte nicht!

Eineinhalb Jahre lang opferte sie fast jeden Abend ihrer selbst auferlegten Mission: aus gesunden, hochwertigen und zugleich kohlenhydratarmen Zutaten Cupcakes, Muffins und Kuchen zu kreieren, die nicht dick machen. Heute betreibt sie Deutschlands erstes und bislang einziges Low-Carb-Café, in dem es mittlerweile auch selbst gemachtes Eis, Brot und deftige Schmankerl gibt. Die Stars aber heißen: »Doppelte Schokolade«, »Weiße Vanille« oder »Schwarzwälder Kirsch«. Ein Genuss ohne Reue? »Statt mit Zucker süße ich meine Speisen mit dem natürlichen Zuckeralkohol Xylit«, erklärt die Selfmade-Bäckerin, »und anstelle von Getreidemehl verwende ich entölte Nussmehle, allen voran Mandel- und Kokosmehl.« Durch diese Rezeptur haben ihre Leckereien nicht nur bis zu 20 Prozent weniger Kalorien, sondern sind zudem auch glutenfrei und für Diabetiker geeignet.

Und was sagt der Geschmackstest? Die Konsistenz des Teigs ist zwar ein wenig fester, in gustatorischer Hinsicht aber werden unsere Geschmacksknospen einem ihnen wohlbekannten Erlebnis unterzogen: Himmlisch lecker! Wer's nicht glaubt, sollte es selbst ausprobieren. Das geht notfalls auch ganz leicht über eine Bestellung im Onlineshop.

Der lebende Beweis ist Jasmin Mengele. Und sie möchte ihre Erfahrungen allen Diät-Geplagten weitergeben. Eine bekannte Zeitschrift nannte sie kürzlich deshalb »die Sixpack-Konditorin«.

Adresse Johannisstraße 47 a, 90419 Nürnberg, Tel. 0911/377775433, www.soulfood-lowcarberia.de, info@soulfood-lowcarberia.de | **ÖPNV** Tram 6, Haltestelle Hallerstraße; Bus 34, Haltestelle St. Johannisfriedhof | **Öffnungszeiten** Mo – Sa 9 – 19 Uhr | **Tipp** Besuchen Sie die Grabstätten der berühmtesten Nürnberger auf dem danebenliegenden Johannisfriedhof. Hier ruhen in Frieden: Albrecht Dürer, Veit Stoß, Martin Behaim, Ludwig Feuerbach, Willibald Pirckheimer u. v. m.

102 Spitz Maßdesign

Kleider blühen Seele auf

Am Anfang stellt Susanne Spitz ihren Kunden eine Frage: Wie möchten Sie sich fühlen, wenn Sie dieses Kleidungsstück tragen? Aus den Antworten – elegant, bequem, bewundert, begehrt, respektiert – entwirft die Schneiderin dann einen Schnitt, der zu Mensch und Anlass passt und fein abgestimmt ist mit Materialien, die sitzen und sich tragen wie die beliebte »zweite Haut«. Typgerecht soll ihre Maßkleidung sein, den Anspruch des Menschen an einen Anlass erfüllen und »die Sicherheit und Freiheit geben, keinen Gedanken mehr an die Kleidung verschwenden zu müssen«.

Eine Oberbürgermeister-Gattin, die Batik mag, hat so ein Ballkleid bekommen, auf dem zerrissene Stofffetzen sehr elegant befestigt waren. Ein Geschäftsmann, der Anzüge nicht leiden kann und trotzdem welche tragen muss, sagt heute, dass er sich im hier gefertigten durchaus wohlfühlt. Und selbst Star-Wars-Prinzessin Leia konnte sich in einem aktuellen Video von FX-Filmer Nick Maley ganz auf ihr Lichtschwert konzentrieren – in einem Kostüm von Susanne Spitz.

Abendroben, Brautkleider, Herren- und Hosenanzüge – und unter der Linie Provoqué auch »phantasievolle Schlafzimmerbekleidung« – entstehen im kleinen Atelier. »Ähnlich wie ein Friseur oder Barkeeper« arbeitet die Schneiderin nah an der Seele ihrer Kunden. Entworfen wird gemeinsam: die Kunden bestimmen selbst über Material, Schnitt und Farbe. »Die meisten kommen mit einer Grundidee, auf der ich aufbaue.« Das Erwartete durchbricht Spitz gern mit verblüffenden Details. So entsteht ein Kleidungsstück, das perfekt sitzt und der eigenen Persönlichkeit wie kein zweites entspricht. Ihre Kunden sind Menschen, die auf Qualität Wert legen und »oft auch keine Zeit haben, danach lang zu suchen«. So wundert es nicht, dass vor allem Herren hier gern auch Komplettpakete mit Hemden, Schuhen, Gürtel und Socken kaufen – und sich sehr zufrieden fühlen, weil einfach alles passt.

Adresse Mittlere Schulstraße 2, 91054 Erlangen, Tel. 09131/9740461 & 0172/8505681, www.spitz-massdesign.de, atelier@spitz-massdesign.de | ÖPNV Bus 283, 286, 287, 288, 289, 293, Haltestelle Martin-Luther-Platz | Öffnungszeiten Mo–Fr 9.30–18 Uhr | Tipp Filme mit Charme und Tiefgang zeigen »die Lamm-Lichtspiele« in der Hauptstraße 86.

103__Süße Freiheit

Pompös verführt

Im Baedecker von 1909, dem damals maßgeblichen Reiseführer, sind diese Räume bereits vermerkt. Das Hotel Kütt hatte hier seine Empfangshalle, die pompösen Säulen und stuckverzierten hohen Decken zeugen noch heute vom Glanz jener Tage – der seit 2008 eine Neuauflage erlebt. Ein Ort wie geschaffen, um die Sinne zu verführen und Raum zu geben für eine süße Auszeit, hat sich Frauke Meißner-Pölloth damals gedacht. »Wenn ich mich selbstständig mache, dann in diesen Räumen.«

Entstanden ist: ein Schokoladenfachgeschäft, das von ausgesuchten Pralinen, edlen Plantagenschokoladen über Nougat-Busserl bis hin zu Trinkschokoladen-Riegeln kaum einen Schokowunsch offenlässt und dabei höchste Qualität bietet, möglichst nach Bio- und Fairtrade-Standards. Dazu: eine Kuchentheke, bei der der Schokobananenkuchen zwar absoluter Renner ist, jedoch am Käsekuchen oder einer sommerlichen Erdbeer-Mascarpone-Torte auch kaum ein Leckermäulchen vorbeikommt; alles wird täglich frisch und von Hand gebacken. Außerdem: ein Café, in dem man an der Bar schnell einen Espresso trinkt – die Bohnen stammen von einer kleinen Rösterei aus Venezien –, oder aber bei Cappuccino, heißer Schokolade und »beschwipstem Azteken« leicht den ganzen Nachmittag verplaudert.

Für Frauke Meißner-Pölloth und ihren Mann Heinz ist die Süße Freiheit wie ein zweites Wohnzimmer. »Wir möchten den Ort und die Freiheit bieten, sich einfach mal ein Stück Süßes zu gönnen.« Diese Genießeratmosphäre lässt sich auch bei Events erleben. Regelmäßig finden Wein-Schoko-Abende oder magischer »Schokus-Pokus« mit dem Zauberer Eduardo statt. Beliebt ist auch das Frühstück – auf Vorbestellung von Montag bis Samstag – mit frischen Brötchen und allem, was »bei einem großen Sonntagsfrühstück dazugehört«. Marmeladen, Käse, Wurst und Obst, serviert auf schönen Tellern und edlen Etageren. So stilvoll und genussreich wie seinerzeit.

Adresse Friedrichstraße 5, 90762 Fürth, Tel. 0911/7043774, www.suessefreiheit.de, info@suessefreiheit.de | **ÖPNV** Bus 173, 174, 177, 178, 179, Haltestelle Fürther Freiheit | **Öffnungszeiten** Mo–Fr 9–19 Uhr, Sa 9–18 Uhr | **Tipp** Entspannen bei Wasserspielen im Garten Eden: Der Paradiesbrunnen des Künstlerpaares Barbara und Gernot Rumpf auf der Dr.-Max-Grundig-Anlage, der »Kleinen Freiheit«, liegt nur ein paar Schritte entfernt.

104_Ton Art Keramik

Die Struktur des Zufalls

»Ich wollte den Laden unbedingt haben, alles hier strahlt für mich Harmonie aus«, so beschreibt Thomas Kummer sein kleines Atelier. An den meisten Tagen trifft man ihn bei der Arbeit. Dann sitzt der Keramikkünstler – mit ständiger Ausstellung bei Majolika in Karlsruhe und Dior in Paris – hoch konzentriert in der kleinen Werkstatt im Nebenraum. In der einen Hand ein Werkstück, in der anderen den Pinsel. Hinter ihm der große Ofen, in dem jedes Gefäß dreimal gebrannt wird.

Er bittet dann, Platz zu nehmen auf dem roten Sofa oder geblümten Sessel, uns umzuschauen und der Neugier freien Lauf zu lassen. »Es soll hier leicht zugehen. Niemand soll sich zum Kauf gezwungen fühlen.« An der Sandsteinmauer hängt, leuchtend grün, die Detailaufnahme eines Blatts. Die Strukturen der Natur, oft nur unter dem Mikroskop sichtbar, inspirieren Kummer: Seine Teeschalen, Bierkrüge, Vasen, Kerzenhalter oder Latte-Macchiato-Becher bemalt er mit schachbrettartigen Mustern, Streifen, Kreisen, Dreiecken oder floralen Elementen. Im Stil von Op-Art und Art déco, schwarz-weiß, bunt und meist auch vergoldet. Alles wirkt wie zufällig hingeworfen. Tatsächlich folgt jeder Pinselstrich einer Ordnung, die der Künstler klar vor Augen sieht und freihändig auf die Objekte bringt. Jedes Stück ist ein Unikat, und trotzdem für den Gebrauch bestimmt. »In meine Vasen sollen Blumen, aus den Bechern darf getrunken werden.«

Wer Thomas Kummer beim Arbeiten zuschaut, merkt schnell, dass man das Töpfern zwar an der Volkshochschule lernen kann – die Kunst dieses Handwerks aber gleichsam Gabe wie Ergebnis einer jahrzehntelangen Auseinandersetzung mit Formen, Farben und Material ist. Nicht nur Kunden vergucken sich hier in eine Vase oder venezianische Mokkatasse. Auch Kummer fällt es oft schwer, Stücke wegzugeben. »Jedes Gefäß hat für mich eine besondere Ausstrahlung. Manche wirken melancholisch, andere froh.«

Adresse Waagstraße 5, 90762 Fürth, Tel. 0911/776320, www.ton-art-keramik.de, info@ton-art-keramik.de | **ÖPNV** U 1, Bus 125, 173, 174, 175, 177, 178, 179, Haltestelle Rathaus | **Öffnungszeiten** Di–Sa 13–19 Uhr | **Tipp** Ein paar Schritte entfernt an der Ecke zur Gustavstraße liegt das Lim- (Limoges- und Limousin-) Haus, die »kleine französische Botschaft in Franken«.

105_Töpferei am Dürerhaus & Café im Atelier

Mach mer halt a weng …

Was kommt heraus, wenn sich zwei Künstlerinnen zusammentun, deren Leidenschaft der Ton ist? Eine Keramikwerkstatt mit Livemusik! Und weil sich Musik gut mit Gastronomie verträgt und Gastronomie wiederum mit Tongeschirr, haben sich Keramikmeisterin Katja Hagenhofer und Profimusikerin Birgit Endres gedacht: »Mach mer halt a weng a Café!«

Aus dem »a weng« ist mittlerweile »a haufen« geworden, denn das Café im Atelier ist eine Institution dort oben am Tiergärtnertorplatz. Nicht nur, weil man hier schön sitzen und ab und an wohligen Gitarrenklängen lauschen kann, sondern auch, weil es die Kaffeetasse zum Cappuccino gleich mit dazugibt. Vorausgesetzt man möchte das.

In ihrer kleinen Werkstatt setzt Katja Hagenhofer die über 40-jährige Tradition der elterlichen Töpferei Hempel fort und fertigt Gebrauchskeramik, die von Hand glasiert wird. Tassen, Teller, Krüge & Co. sind dank hoher Brenntemperatur kratz-, backofen-, mikrowellen- und spülmaschinenfest und »halten garantiert ein Leben lang«. Und wem das Kaffeegeschirr gefällt, der wirft meist noch schnell einen Blick in das kleine Atelier. Dort hüpfen Dürer-Hasen zwischen Trinkbechern mit Nürnbergmotiv oder Namenstassen hin und her – »a weng a Souvenir-Shop halt«. »A weng« gibt es auch vom selbst gefertigten Schmuck, denn die beiden Frauen fühlen sich auf vielen künstlerischen Parketten wohl und strotzen vor Ideen. So haben sie zusätzlich zu den Kaffee- und Kuchenspezialitäten auch Bier aus regionalen Privatbrauereien, ausgesuchte Weine und populäre Mixgetränke mit auf die Karte genommen. »Bei uns bekommt man nicht nur Hugo, sondern auch Bruno, Johanna und Rosmarie.« Eigenkreationen, wohlgemerkt, denn die Kompositionen erstrecken sich von der Musik über die Tonkunst bis hin zum Mixen von Getränken. Gaumen und Gehörgang meinen: Genau den richtigen Ton getroffen!

Adresse Neutormauer 25, 90403 Nürnberg, Tel. 0911/226585, www.toepferei-am-duererhaus.de, info@toepferei-am-duererhaus.de & www.cafe-im-atelier.de | **ÖPNV** Tram 4, Haltestelle Tiergärtnertor; Bus 36, Haltestelle Burgstraße | **Öffnungszeiten** Mi–Sa 10.30–18 Uhr, So 11–18 Uhr, Café bei schönem Wetter bis 23 Uhr geöffnet, Jan. & Feb. geschlossen | **Tipp** Direkt über der Töpferei kann man von der Burgmauer aus »den schönsten Blick auf Alt-Nürnberg« genießen. Der begehbare Wehrgang ist über den Burggarten zu erreichen.

106 Trommelwirbel

Waschen mit Lassie & Co.

So mancher kriegt schon allein beim Wort »Waschsalon« Juckreiz. Andere wiederum erinnern sich nur mit Grauen an die unzähligen Stunden, die sie vor rotierenden Maschinen verbracht haben, einsam und auf unbequemen Bänken kauernd. Nicht so die Kunden im Trommelwirbel. Wer einmal hier war, dem tut es möglicherweise sogar leid, eine eigene Waschmaschine zu besitzen, so viel gibt es hier zu entdecken.

Das gesamte Interieur des Waschsalons ist im Siebziger-Jahre-Stil gehalten. Mit all den kultigen Accessoires, Retro-Designs und Pop-Schlager-Hymnen im Hintergrund erinnert der Laden fast an ein Museum, in dem jedoch alle gesammelten Fundstücke käuflich erworben werden können. Zum Zeitvertreib liegen Zeitschriften, Bücher und Spiele herum, die die Flower-Power-Periode nahezu unversehrt überstanden haben und so manchem Studenten von heute womöglich nicht einmal mehr bekannt vorkommen. Manche kommen aber auch, um hier ihr Kaffeekränzchen abzuhalten oder sich beim Plausch im Bügelzimmer die schnöde Hausarbeit zu versüßen.

»Das Konzept besteht aus vier verschiedenen Welten«, erklärt Nele Gilch, die den Kultsalon zusammen mit Petra Schinz 2010 eröffnet hat. In der Waschwelt stehen 17 Waschmaschinen für die Nutzung bereit; Kaffee und Kuchen sind das Herzstück der Genusswelt; Lesungen, Konzerte oder soziale Projekte bilden die Erlebniswelt; die Kaufwelt offeriert neben Prilblumen, Monchichis & Co. auch eigene Merchandisingprodukte und die zuckersüßen Waschtronauten-Plüschtiere, ebenfalls eine Eigenkreation der Betreiberinnen.

Ob mit oder ohne Wäschesack, willkommen ist jeder. Zudem wird Nachhaltigkeit, genau wie Hygiene, großgeschrieben. Eine der Maschinen – »Lassie« – ist extra für Tierhaardecken reserviert, damit alle anderen Trommeln davon befreit bleiben.

Wundern Sie sich also nicht, wenn Ihr Gegenüber beim Wort »Waschsalon« demnächst glänzende Augen bekommt.

Adresse Bayreuther Straße 21, 90409 Nürnberg, Tel. 0911/3769347, www.trommelwirbel.de, info@trommelwirbel.de | ÖPNV U2, 21, Haltestelle Rennweg | Öffnungszeiten Mo–Mi 10–20 Uhr, Do 10–22 Uhr, Fr & Sa 8–20 Uhr | Tipp Im fußläufig entfernten Stadtpark lohnt ein Abstecher zum Neptunbrunnen, der bis 1962 auf dem Nürnberger Hauptmarkt stand. Das grüne Drumherum jedoch sorgt für mehr Flair und Erholung zu Füßen des Meeresgottes.

107_Ultra Comix

Asterix bis Yu-Gi-Oh!

Welche Comics kennen Sie? Micky Maus, Asterix, Superman, Tim und Struppi … Aber was ist mit Zimbus, Watchmen oder Silver Surfer? Von Mangas wie Sailor Moon oder Yu-Gi-Oh! ganz zu schweigen.

Man ahnt das große Abwinken. Denn Comics werden allgemein noch immer als minderwertige Kunst oder Kinderliteratur angesehen, da sie eine idealisierte Welt voller Klischees präsentieren, in der Gut und Böse so einfach zu unterscheiden sind wie Senf und Ketchup. Dabei sollen Comic-Leser überdurchschnittlich intelligent sein. Und auch wenn Ultra-Comix-Mitbegründer Ulrich Trautner die Kundschaft in Deutschlands größtem Fachgeschäft für Comic, Fantasy und Science-Fiction als sehr vielschichtig beschreiben würde, bestätigt er gleichermaßen, dass sie den Kinderschuhen meist entwachsen ist und ungewöhnlich oft einem akademischen Beruf nachgeht.

Die Geschichte von Ultra Comix liest sich wie – nun ja, vielleicht nicht wie ein Comic, aber zumindest wie ein klassischer Entwicklungsroman. 1990 gründeten die Brüder Ulrich und Stefan Trautner einen kleinen Comic-Laden. Bald darauf übernahmen sie einen zweiten, fusionierten mit einem Spieleladen und zogen schließlich 2005 an ihren heutigen Standort inmitten der Nürnberger Fußgängerzone. Seither ist das Geschäft nicht nur Eldorado für Comic- und Mangafans, Sammelkarten-, Brettspiel- und Live-Rollenspieler sowie Lesern von Science-Fiction- und Fantasy-Büchern, sondern zieht auch Laufkundschaft in seinen Bann. Zudem lohnt ein Blick in den Veranstaltungskalender. Spiele-Events und Turniere finden wöchentlich statt, aber auch Release-Partys, Signiertermine und Lesungen nationaler und internationaler Künstler stehen immer wieder auf dem Programm.

Ach ja: Den ultimativen Comic-Helden gibt es übrigens nicht. Den muss jeder für sich selbst entdecken. Ob nun Batman, Sailor Moon oder Silver Surfer: Hier werden Sie garantiert fündig, von *Aaarrgh* bis *Zack*! Doing!

Adresse Vordere Sterngasse 2, 90402 Nürnberg, Tel. 0911/289966, www.ultracomix.de, info@ultracomix.de | ÖPNV Tram 5, 8 und 9, Haltestelle Hauptbahnhof; Bus 43, 44, Haltestelle Hauptbahnhof; U 1, 2, 3, 11, 22, Haltestelle Hauptbahnhof oder U 2, 22, Haltestelle Opernhaus | Öffnungszeiten Mo–Fr 10.30–19.30 Uhr, Sa 10–18 Uhr | Tipp Die »Straße der Menschenrechte« des israelischen Bildhauers Dani Karavan führt zum Eingang des Germanischen Nationalmuseums.

108 Weinkost Auch

An der richtigen Adresse

Im Spätmittelalter war der Weinmarkt in der Sebalder Altstadt alles andere als ein ruhiges Plätzchen. An Markttagen kamen zahllose Händler auf den Umschlagplatz und verkauften ihre Weine direkt vom Fuhrwagen. Heute dagegen gilt das Weinmarktviertel als eine Oase der Ruhe, flankiert von wunderschönen kleinen Geschäften und gehobener Gastronomie.

Dazu gehört auch der Weinhandel von Karlheinz Auch, der hier ein Ladengeschäft und eine Weinbar betreibt. Die älteste in Nürnberg, wohlgemerkt. 2006 zog er aus seinem 300-Quadratmeter-Domizil in der Weißgerbergasse an seinen jetzigen Standort – und braucht plötzlich nur noch 30 Quadratmeter zum Glücklichsein. Denn so fühlt er sich, wenn er seinen Kunden tagsüber köstliche Weine verkaufen und abends bis spät in die Nacht mit ihnen über Rebsorten, Qualitätsstufen und die richtige Lagerung diskutieren kann.

Gerade einmal 30 Gäste finden in der kleinen Bar Platz. Nichtsdestotrotz werden jeden Abend 18 offene Weine zur Verkostung angeboten. Diese wählt Karlheinz Auch je nach Belieben aus seinem Gesamtsortiment aus, das 250 Weine von 50 verschiedenen Winzern umfasst. Seine Vorliebe gilt österreichischen Weißweinen und Toskanern, die aus der Sangiovese-Rebe gepresst werden. Die Auswahl fördert aber auch ein paar prominente deutsche Rieslinge zutage wie Maximin Grünhaus. Experimentierfreudigen und neugierigen Weintrinkern empfiehlt der Händler dagegen den »Wiener Gemischten Satz« des Weinguts Zahel, Amphorenweine (auch als »Orangene Weine« bekannt) oder einen süffigen »Rosarot«, ein fast schon kultiger, trockener Roséwein mit erfrischender Beerennote.

Samstags ab 22 Uhr geht's in der Weinbar dann ans »Restlä dringn«. Für unschlagbare zwei Euro pro Glas werden alle offenen Flaschen bis auf den letzten Tropfen geleert. Danach herrscht Ruhe in der Sebalder Altstadt. Nur ein zarter Weinduft wabert noch über den geschichtsträchtigen Platz …

Adresse Weinmarkt 10, 90403 Nürnberg, Tel. 0911/221670, www.weinkost-auch.de | ÖPNV Tram 4, 6, Haltestelle Hallertor, Bus 36, Haltestelle Hauptmarkt oder Weintraubengasse | Öffnungszeiten Weinhandel: Mi–Sa 14–20 Uhr, Weinbar: Mi–Sa ab 17 Uhr | Tipp Direkt gegenüber, am Weinmarkt 3, liegt Nürnbergs einziges Sternerestaurant, das »Essigbrätlein«.

109 Weinmarkt Sieben

Wahrheit in Wabi-Sabi

Der Laden von André Schreiber ist leicht zu übersehen, trotz günstiger Lage. Weder ein besonders auffälliges Ladenschild noch reich bestückte Schaufenster ziehen die Aufmerksamkeit der Vorbeieilenden auf das kleine Geschäft, in dem schon Kundinnen aus New York zu schrillen Begeisterungsrufen hingerissen wurden. Die nämlich haben ein sicheres Auge für jene Art von Mode, die in einer Symbiose aus Werkstatt und Laden entsteht und verkauft wird.

Als Quelle seiner kreativen Betätigung dient André Schreiber Kleidung, die durch den Alterungsprozess eine gewisse Patina und Steigerung an Wert erfahren hat – also Vintage in seiner ursprünglichsten Bedeutung. Unter seinem Label Andor Író – das ungarische Pendant seines bürgerlichen Namens – entwirft er Damen- und Herrenmode, die aus alten und neuen Versatzstücken zusammengesetzt wird, jedoch immer den Anschein des Unperfekten, Unbeständigen und Unvollständigen behält. Dafür reißt er schon mal ein altes Abendkleid in Stücke und zaubert ein Bustier daraus oder näht alte Taufkleider auf ein Fünfziger-Jahre-Cocktailkleid.

Ein bisschen abgefahren wirkt das Ganze, ja, aber hinter alldem steckt ein schlüssiges ästhetisches Konzept, das insbesondere in Japan sehr verbreitet ist: Wabi-Sabi. »Wahre Schönheit befindet sich demnach nicht in der Blüte, sondern im Entstehen und Vergehen«, erklärt der Designer, weswegen raue, zerschlissene Oberflächen, Asymmetrie, müde Farben, Falten und sogar Löcher in seinen Entwürfen praktisch gang und gäbe sind. Nach diesem Gestaltungsprinzip hat André Schreiber auch seinen Laden eingerichtet, in dem vereinzelte moderne Deko-Elemente sich abwechseln mit nackten Glühbirnen und Putz, der von der Decke kommt.

Selbstbewusste Fashionistas lieben diesen Look. Und auch der gemeine Franke wird, wenn er den Laden erst einmal entdeckt hat, nicht leugnen können, dass »unprätentiös« doch irgendwie schick ist.

Adresse Weinmarkt 7, 90403 Nürnberg, Tel. 0911/65003173 & 0178/1478782, www.facebook.com/weinmarktsieben | **ÖPNV** Tram 4, 6, Haltestelle Hallertor; Bus 36, Haltestelle Hauptmarkt oder Weintraubengasse | **Öffnungszeiten** Di–Fr 13–18 Uhr, Sa 11–16 Uhr | **Tipp** Der Besuch des idyllischen Cafés »La Kritz« (LGB-Gartenbahn-anlage) im Spielzeugmuseum (Karlstraße 13–15) ist auch ohne Museumseintritt möglich.

110__Wein & Meer

Beim Altstadt-Bacchus

Der Anfang: In seiner Wohngemeinschaft kocht Volker Heybeck, wann immer Zeit dafür ist. Am großen Tisch sitzen alle zusammen, man trinkt Wein, philosophiert bis spät in die Nacht.

Später macht er mit seiner Frau Katrin immer wieder in Italien Urlaub – gutes Essen, guter Wein –; es dauert nicht lange, bis sie einige Winzer persönlich kennen und immer mehr Kisten des so vorzüglich vergorenen Traubensafts für sich und Freunde mit nach Hause nehmen.

Die Gelegenheit: Hobbykoch Heybeck beeindruckt auf Veranstaltungen und präsentiert »seine« Weine, die schnell größeren Anklang finden, als der heimische Keller an Lagerraum bietet. In der Zeitung ist ein kleiner Laden in der Altstadt annonciert – mit niedrigen Decken, aber genügend Platz für Regale, Bartische und Stühle, die Espressomaschine und – das Wichtigste – eine kleine Küche.

Das Konzept: italienischer – und in kleinerer Auswahl auch fränkischer – Wein, Grappa und Spumante. Von Winzern, die traditionell und mit regionalen Rebsorten arbeiten, aber mit neuen Ideen Qualität und Geschmack optimieren und Innovatives ausprobieren – etwa Weißweine aus Rom oder Apulien. Die Heybecks kennen jeden Produzenten persönlich, und ganz besondere Freude macht es, »wenn der Winzer es beim Wiedersehen gar nicht erwarten kann, uns im Keller einen neuen Wein vorzuführen«.

Der Genuss: ein Gläschen Wein im oder – bei schönem Wetter – vor dem Laden probieren, mit Freunden anstoßen und später vielleicht ein paar Flaschen mit nach Hause nehmen. Dazu einen Espresso oder einen Teller mit dampfender, selbst gemachter Pasta, die der Maestro meist persönlich serviert und dabei immer Zeit für einen kleinen Plausch hat. Wer tiefer einsteigen will, dem seien Volker Heybecks Weinseminare und Kochworkshops empfohlen: Stunden voller Leidenschaft für Essen und feine Weine – wir lassen uns gern anstecken und philosophieren bis spät in die Nacht.

Adresse Gustavstraße 43, 90762 Fürth, Tel. 0911/9759656 & 0170/5701312, www.wein-meer.de, wein-meer@t-online.de | **ÖPNV** Bus 175, Haltestelle Grüner Markt | **Öffnungszeiten** Do & Fr 15–20 Uhr, Sa 10–15 Uhr | **Tipp** Backfrische Torten und mehr gibt es in der trendigen »Maxx Café-Bar«, Gustavstraße 42.

111_Xanido

Handmade in Bali

Eine Reise nach Südostasien für zwischendurch. Leise Musik, wie wir sie aus der Yogastunde kennen. Handgeschnitzte Buddhas lächeln neben grimmigen Hausgeistern in den Regalen. Bunte Sarongs, Silberschmuck und mit Intarsien verzierte Vollholzmöbel, so leicht und ungezwungen wie das Leben in den Tropen. In einer Ecke hängt ein balinesischer Haustempel, »vorschriftsmäßig« ausgerichtet nach Südost. Und rauscht nicht im Hintergrund das Meer?

Den Ozean und den Wind in den Palmen haben Mona und Axel Haendle noch nicht aus Indonesien nach Erlangen gebracht. Dafür wunderschöne Möbel, Figuren aus Holz, Stein und Bronze, Klangschalen, Schmuck, Lampen, Bilder, Schamanentrommeln, Windspiele und vieles mehr. Zweimal im Jahr reisen die Haendles nach Indonesien: Im Frühjahr besuchen sie »ihre« Handwerker und Künstler – hauptsächlich auf Bali, aber auch anderen Inseln – und ordern die Ware, die sie im Herbst im Container nach Deutschland verschiffen. »Während des Sommers fertigen die Familienbetriebe die Ware in Handarbeit« sagt Axel Haendle. »So können individuelle Wünsche umgesetzt werden, und das Geld geht direkt von uns an die Produzenten.« Will heißen: Alles bei Xanido ist Fair Trade – und wer hier ein schönes Regal sieht, das aber leider zu breit ist, bestellt das Stück einfach zehn Zentimeter schmaler – wenn er bis zum nächsten Herbst warten kann.

Schon als Kind hat Mona Haendle einige Jahre in Indonesien gelebt. Auch für ihren Mann Axel ist das Land längst zweite Heimat, seit sich das Paar 1998 auf einer Bali-Reise spontan entschloss, Kleidung zu kaufen und nach Deutschland einzuführen. »Uns war es von Anfang an wichtig, die Ware vor Ort zu kaufen. So kennen wir von jedem Stück Herkunft und Entstehung.« Viele der Produzenten sind längst zu Freunden geworden, die schon darauf warten, dass Mona und Axel wieder nach Indonesien reisen – und ein Stück Bali nach Franken bringen.

Adresse Friedrichstraße 21, 91054 Erlangen, Tel. 09131/626874, www.xanido.de, mail@xanido.de | **ÖPNV** Bus 284, 285, 294, Haltestelle Obere Karlstraße | **Öffnungszeiten** Mo–Fr 10–18 Uhr, Sa 10–16 Uhr | **Tipp** Brasilianische Gaumenfreuden in Bio-Qualität, Fair-Trade-Kaffee, fruchtige Smoothies und eine große Auswahl für Veganer gibt es im »Café Bananeira« in der Friedrichstraße 23.

1
Großgründ-
lach
Boxdorf
Neunhof
Kraftshof
Bislohe
Sack
Buch
Flughafen
Heroldsberg
2
A3
N
0
1 km
Kartographie: www.altancicek.de
Buchenbühl
2
Poppen-
reuth
4
Ziegelstein
2
96
Thon
Marienberg
Erlenstegen
Wetzendorf
3
14
Laufamholz
Pegnitz
Maxfeld
St. Jobst
St. Johannis
62
31
8
Wöhrd
Mögeldorf
NÜRNBERG
A73
Gostenhof
Zerzabelshof
Gaismannshof
St. Lorenz
Steinbühl
Schweinau
Dutzend-
teich
4
Gebersdorf
Gibitzenhof
14
Röthenbach
8
Gartenstadt
Langwasser
Altenfurt
Eibach
A73
Falkenheim
Mooren-
brunn
Koppen-
hof
A6
2
Rednitz
Pillenreuth
Reichelsdorf
Main-Donau-Kanal
Herpersdorf
Worzeldorf
A73
Gaulnhofen
A6
Röthenbach
bei St. Wolfgang
Wolkersdorf
Neukatz-
wang
Kornburg

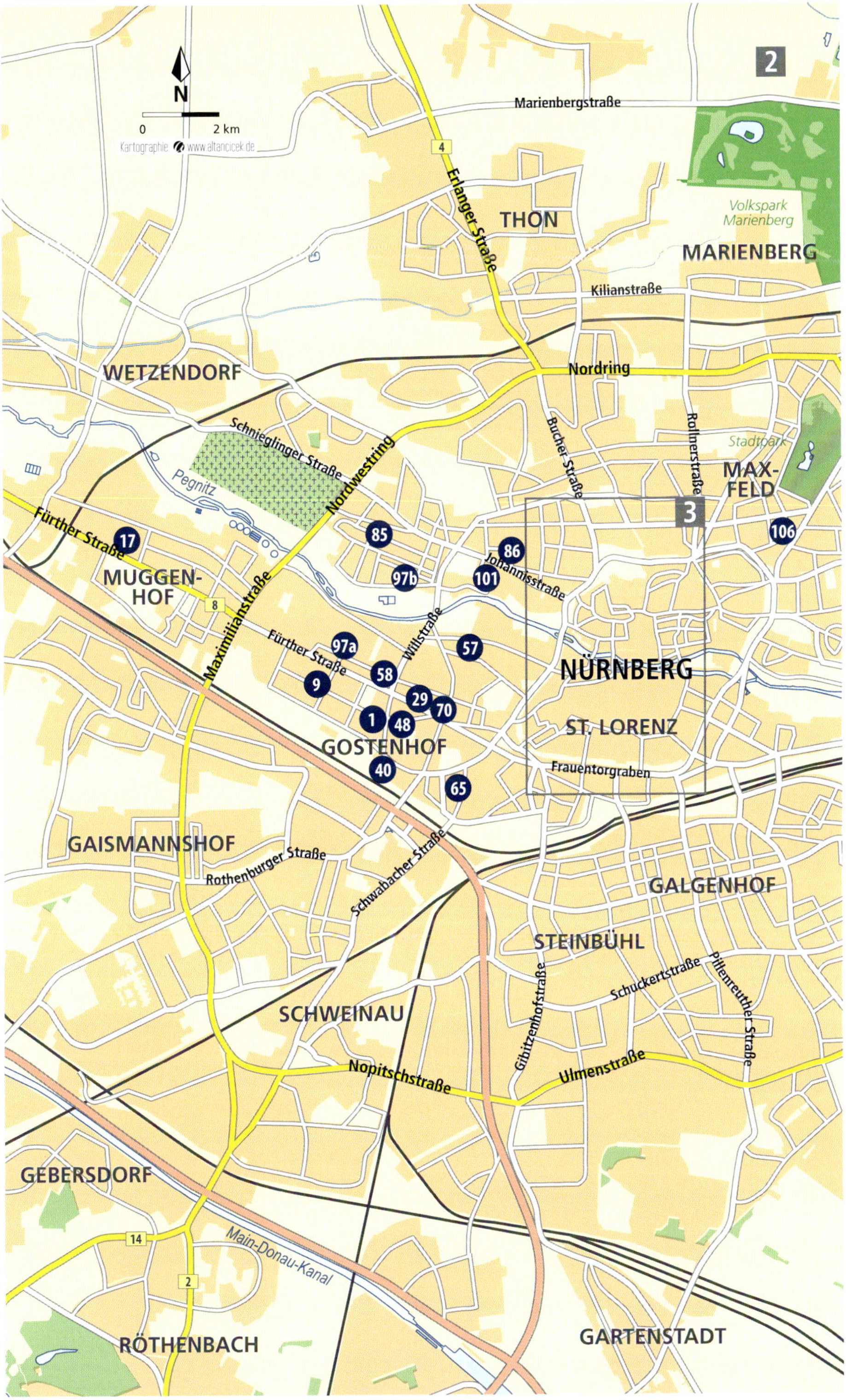

2
N
0
2 km
Kartographie: www.altancicek.de
Marienbergstraße
Erlanger Straße
4
THON
Volkspark Marienberg
MARIENBERG
Kilianstraße
WETZENDORF
Nordring
Schnieglinger Straße
Nordwestring
Bucher Straße
Rollnerstraße
Stadtpark
MAX-FELD
Pegnitz
3
Fürther Straße
17
85
86
106
Johannisstraße
MUGGEN-HOF
97b
101
8
Maximilianstraße
Willstraße
Fürther Straße
97a
57
NÜRNBERG
9
58
29
70
1
48
ST. LORENZ
GOSTENHOF
40
Frauentorgraben
65
GAISMANNSHOF
Rothenburger Straße
Schwabacher Straße
GALGENHOF
STEINBÜHL
Schuckertstraße
Pillenreuther Straße
Gibitzenhofstraße
SCHWEINAU
Nopitschstraße
Ulmenstraße
GEBERSDORF
14
Main-Donau-Kanal
2
RÖTHENBACH
GARTENSTADT

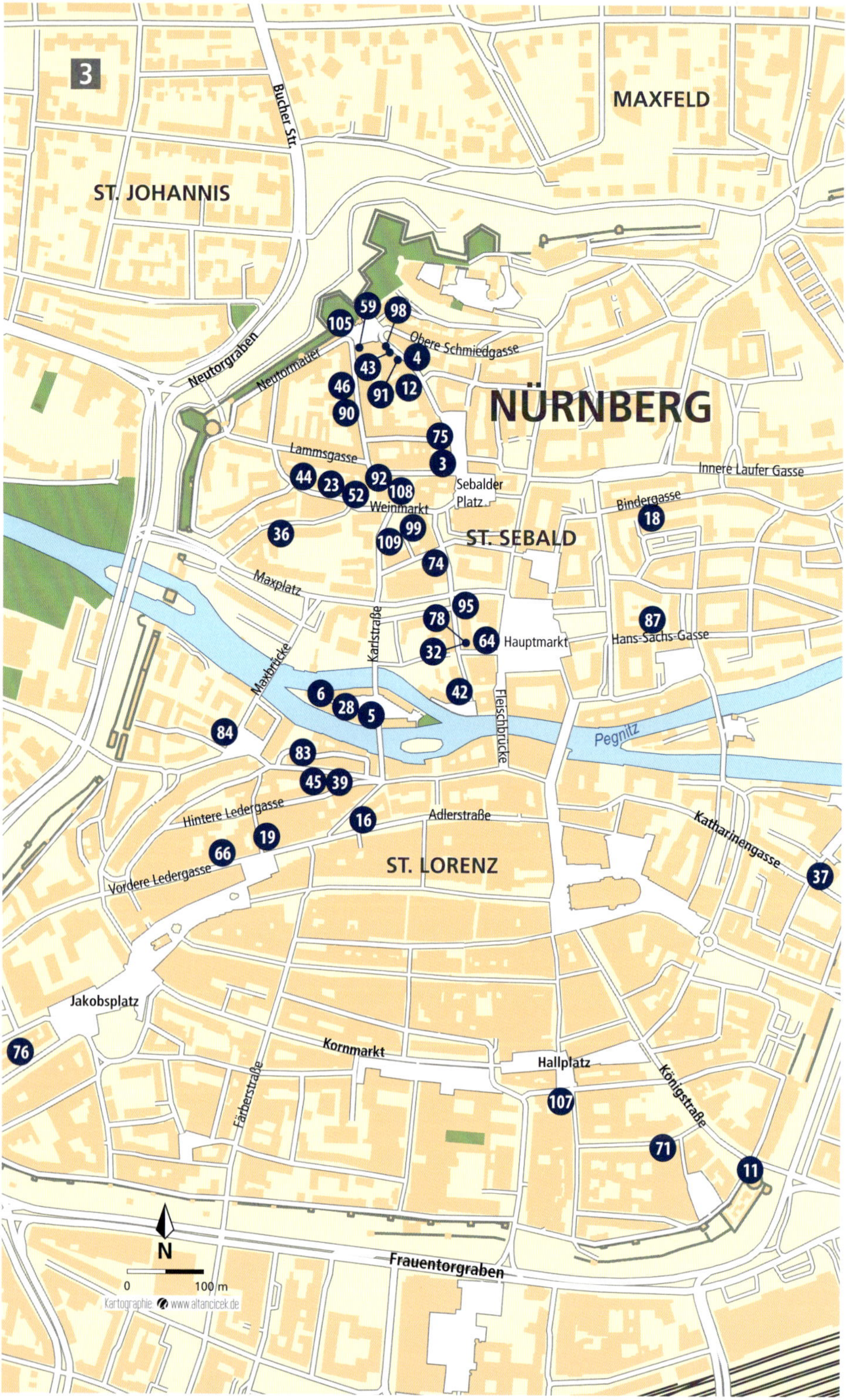

3
MAXFELD
ST. JOHANNIS
Bucher Str.
Neutorgraben
Neutormauer
Obere Schmiedgasse
NÜRNBERG
Lammsgasse
Innere Laufer Gasse
Sebalder Platz
Weinmarkt
Bindergasse
ST. SEBALD
Maxplatz
Karlstraße
Hauptmarkt
Hans-Sachs-Gasse
Maxbrücke
Fleischbrücke
Pegnitz
Hintere Ledergasse
Adlerstraße
Katharinengasse
Vordere Ledergasse
ST. LORENZ
Jakobsplatz
Kornmarkt
Hallplatz
Königstraße
Färberstraße
Frauentorgraben
N
0
100 m
Kartographie: www.altancicek.de
59
98
105
4
43
46
91
12
90
75
3
44
23
92
52
108
18
36
99
109
74
95
78
87
64
32
42
6
28
5
84
83
45
39
16
19
66
37
76
107
71
11

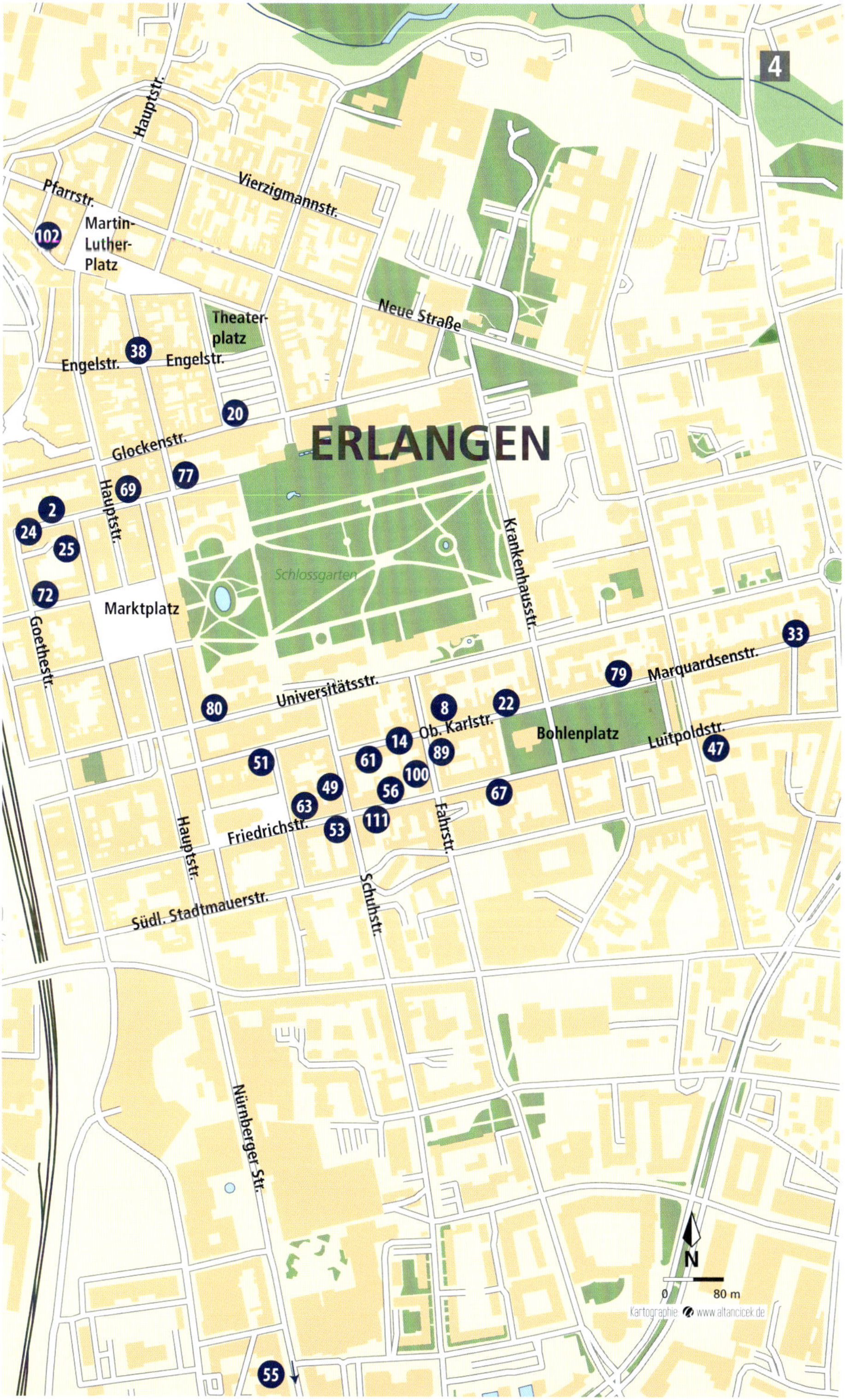
4
ERLANGEN
Hauptstr.
Pfarrstr.
Vierzigmannstr.
Martin-Luther-Platz
102
Neue Straße
Theaterplatz
38
Engelstr.
Engelstr.
20
Glockenstr.
77
69
Hauptstr.
2
24
25
72
Marktplatz
Goethestr.
Schlossgarten
Krankenhausstr.
33
79
Marquardsenstr.
Universitätsstr.
80
8
22
Ob. Karlstr.
14
89
Bohlenplatz
Luitpoldstr.
47
51
61
100
49
56
67
63
Friedrichstr.
53
111
Fahrstr.
Hauptstr.
Schuhstr.
Südl. Stadtmauerstr.
Nürnberger Str.
N
0
80 m
Kartographie www.altancicek.de
55

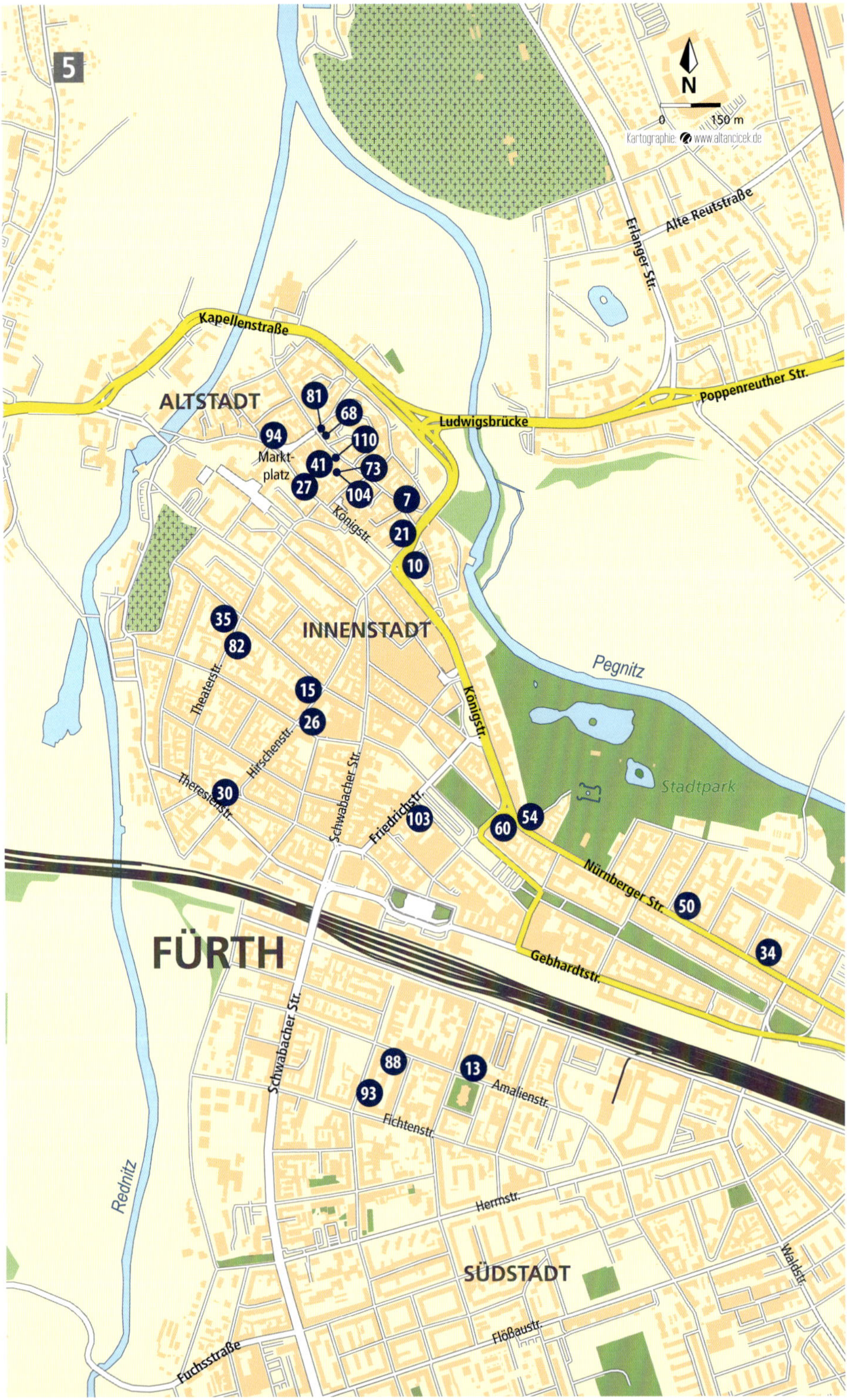

5
N
0
150 m
Kartographie: www.altancicek.de
Alte Reutstraße
Erlanger Str.
Kapellenstraße
ALTSTADT
Poppenreuther Str.
Ludwigsbrücke
Markt-
platz
Königstr.
INNENSTADT
Pegnitz
Theaterstr.
Hirschenstr.
Theresienstr.
Schwabacher Str.
Friedrichstr.
Stadtpark
Nürnberger Str.
Gebhardtstr.
FÜRTH
Amalienstr.
Fichtenstr.
Herrnstr.
Rednitz
SÜDSTADT
Waldstr.
Flößaustr.
Fuchsstraße
81
68
94
110
41
73
27
104
7
21
10
35
82
15
26
30
103
54
60
50
34
88
13
93

Alexandra Brücher-Huberova

111 GESCHÄFTE IN MÜNCHEN, DIE MAN ERLEBT HABEN MUSS

ISBN 978-3-95451-204-1

Paul Klein

111 GESCHÄFTE IN HAMBURG, DIE MAN ERLEBT HABEN MUSS

ISBN 978-3-95451-218-8

Nicoletta Cascio, Brigitte Cordes

111 GESCHÄFTE IN ROM, DIE MAN ERLEBT HABEN MUSS

ISBN 978-3-95451-317-8

Kirstin von Glasow
111 GESCHÄFTE IN LONDON, DIE MAN ERLEBT HABEN MUSS
ISBN 978-3-95451-340-6

Dagmar Sippel
111 GESCHÄFTE IN PARIS, DIE MAN ERLEBT HABEN MUSS
ISBN 978-3-95451-458-8

Mark Gabor, Susan Lusk
111 GESCHÄFTE IN NEW YORK, DIE MAN ERLEBT HABEN MUSS
ISBN 978-3-95451-455-7